全球量化宽松：十年演进

胡　滨　郑联盛　等著

中国金融出版社

责任编辑：黄海清
责任校对：李俊英
责任印制：陈晓川

图书在版编目（CIP）数据

全球量化宽松：十年演进/胡滨，郑联盛等著 . —北京：中国金融出版社，2019.4

ISBN 978 – 7 – 5049 – 9994 – 8

Ⅰ.①全…　Ⅱ.①胡…②郑…　Ⅲ.①货币政策—研究—美国　Ⅳ.①F827.120

中国版本图书馆 CIP 数据核字（2019）第 030261 号

全球量化宽松：十年演进

Quanqiu Lianghua Kuansong：Shinian Yanjin

出版
发行　　中国金融出版社

社址　　北京市丰台区益泽路 2 号
市场开发部　（010）63266347，63805472，63439533（传真）
网上书店　http://www.chinafph.com
　　　　　　（010）63286832，63365686（传真）
读者服务部　（010）66070833，62568380
邮编　100071
经销　新华书店
印刷　保利达印务有限公司
尺寸　169 毫米 ×239 毫米
印张　17.5
字数　280 千
版次　2019 年 4 月第 1 版
印次　2019 年 4 月第 1 次印刷
定价　56.00 元
ISBN 978 – 7 – 5049 – 9994 – 8
如出现印装错误本社负责调换　联系电话（010）63263947

十年轮回

2008 年，美国次级住房抵押贷款问题引发了"大萧条"以来全球最为严重的金融危机。国际金融危机对国际金融市场和世界经济体系带来了重大的冲击，美国股票市场遭遇了重创，国际原油价格从 147 美元每桶下跌至 30 美元每桶。欧洲发生了严重的主权债务危机，新兴经济体先是相对独立于美国而"脱钩"蓬勃发展再是被美国"反脱钩"而陷入重重困境。

为了应对"大萧条"以来全球最为严重的金融危机，相关经济体出台了史无前例的救援措施和政策协调。雷曼兄弟破产使得美国资金市场几乎停摆，引发了全球短期"信用骤停"，美联储与其他经济体的流动性互换机制使得流动性枯竭得以改善。在 AIG、花旗银行等面临困境之时，内在关联性及其系统性风险的处置成为刻不容缓的任务，美国政府亲自主导了大型复杂金融机构的救援直至收归国有。在国际层面，七国集团（G7）让位于二十国财政部长及央行行长升级后的二十国集团峰会（G20），对危机救援、金融稳定和经济复苏等进行了重要的政策协调，全球经济治理体系发生了深刻的变化。

国际金融危机带来的最大的政策变化就是非常规货币政策的普遍化。以美国、欧盟、日本为核心的发达经济体，在国际金融危机期间及其后出台了包括超低利率、零利率、量化宽松、质化宽松、负利率等非常规货币政策，货币政策似乎超越于财政政策成为危机应对和经济增长的基础政策。在非常规货币政策框架中，量化宽松政策成为核心变量。

危机十年轮回，回顾、讨论和反思宏观经济政策是极其有意义的。在过去十年美国量化宽松政策的演进过程中，美国货币政策经历了危机救援、经济复苏和政策整固三个阶段，基本形成了一个金融货币政策的完整周期。

第一个阶段是危机救援。2007 年美国房价泡沫破灭，大规模次贷危机造成美国金融市场濒临全面崩溃，全国经济陷入深度衰退。美联储连续进行 10 次降息操作将基准利率降低至零区间，但是，美国金融市场仍然没有摆脱危机，美国经济更是陷入了大萧条以来最为严重的衰退，美国失业率迅速攀升至 10% 的水平，美国传统货币政策已经难以有效应对金融危机。

第二个阶段是经济复苏。为挽救处于水火之中的美国经济，自 2008 年起美联储先后推出了四轮非常规的量化宽松货币政策，主要目标是进一步缓释金融体系的流动性风险和降低长期利率以提振实体经济发展。从量化宽松政策的发展来看，量化宽松政策始创于日本，但是，政策实践最为全面系统的应该是美国。

第三个阶段是政策整固。2014 年美国经济基本恢复至金融危机之前的水平，美联储考虑到大规模量化宽松政策可能对潜在通货膨胀以及金融风险定价存在扭曲，在 2014 年底开启非常规货币政策的正常化进程：一是退出量化宽松政策，二是加息，三是央行资产负债表整固。2018 年初美联储已经进入加息深化期和资产负债表缩表启动期。

过去十年，国际金融危机、国际金融市场波动以及发达经济体政策给中国带来了重大的外溢效应，成为中国经济平稳发展、转型升级和防范风险的重大外部变量。在危机应对中，史无前例的金融危机使得中国出台了史无前例的应对政策，"四万亿"刺激计划在危机应对中是具有必要性、及时性和针对性的，但是，刺激计划实施过程中，刺激计划一定程度上被放大了，最后导致了产能过剩严重、地方债务高企、房地产市场泡沫化等问题。

2012 年以来，在经济增长速度换挡期、经济结构调整阵痛期、前期刺激政策消化期"三期叠加"中，中国经济进入了"新常态"。大洋彼岸的美国已经基本从国际金融危机中恢复过来，并逐步走向了重构全球经济政治秩序的新政策框架。最为凸显的就是重回亚太战略、跨太平洋伙伴关系协定（TPP）启动以及美联储政策的转向。这使得中国面临更为复杂的世界经济与地缘政治环境。尤其是 2015 年以来，中国经济面临更为显著的下行压力，而美国经济则逐步走向金融危机以来的经济周期高峰，美联储在 2014 年底退出量化宽松政策并于 2015 年开始加息，这使得美元指数持续上扬，人民币面临重大的贬值压力并形成了显著的"破七"市场预期，同时资本流出压力十分凸显，且与汇率贬值形成一种汇率贬值－资本流出的恶性循环。

2016 年特朗普政府上台以来，中国面临的外部环境更加复杂。特朗普实施了退出 TPP、大规模减税、放松金融监管等政策，随后，中美贸易摩擦不断升级，对中国金融体系的稳定产生冲击，中国资本市场波动加剧。同时，美联储加息节奏加快并开始进行资产负债表整固，这一系列政策具有重大的外溢效应，人民币整体处于相对弱势之中，资本流出仍具有显著的压力，2018 年底人民币再度经历"保七"的市场考验。

更值得注意的是，美国、欧元区和日本等的政策取向发生了重大的分化，其对中国经济的外溢影响更加复杂。美联储退出量化宽松、深化加息政策并逐步进行资产负债表整固中，欧元区时至 2018 年底尚未实质性退出量化宽松政策，欧元区统一的货币政策和分散的财政政策的结构性矛盾使得欧元区货币政策面临诸多的不确定性。日本实施量化宽松政策时间最长但尚未实质性缓释通缩压力，负利率、质化宽松和量化宽松何时退出仍有待观察。

从国际金融危机爆发到金融危机应对，从危机应对模式到经济复苏模式，从一致政策取向到各自政策分野，过去 10 年的全球货币政策体系和政策工具发生了重大的变化，且正处于结构性分化过程之中。这对于与世界经济互动日益深化的中国经济带来了复杂且实质的影响。

鉴于此，我们组织所内外的专业研究人员特别是青年学者从事国际金融危机及反思、量化宽松政策基本框架、主要经济体量化宽松政策实践、量化宽松政策对我国经济的影响等。十年轮回，刹那间。美国经济似乎到了本轮周期的高点，美国股票市场下跌调整压力较为凸显，世界经济主要经济体差异化发展态势成为常态，量化宽松等非常规货币政策路向何方，这是值得我们进一步思考和研究的问题。

是为序。

目　　录

第一章　绪　　论

由美国次贷问题引发的国际金融危机是一次系统性金融危机，不仅国际金融市场遭遇重创，而且全球经济陷入了"大萧条"以来最为严重的衰退。为了应对这个系统性金融风险，很多经济体出台了史无前例的政策措施，以挽救崩溃的金融体系和失衡的经济体系，全球主要发达经济体货币政策纷纷走向宽松的政策框架，基准利率不断下调至零利率。

面临名义利率为零的"零约束"，美国、欧元区、日本等部分经济体陷入了传统政策的困境，面对不断恶化的经济状况和就业市场，美国、欧元区、英国、日本等发达经济体纷纷出台非常规货币政策，尤其是量化宽松货币政策。量化宽松货币政策实质上是相关货币政策当局在面对传统政策难题尤其是名义利率"零约束"以及金融市场结构性问题日益凸显的情况下，开动"印钞机"，以总量扩张的方式向市场输入流动性，同时还以各种资产规模计划变相为财政融资或为企业部门提供信用保障。在市场信心缺失、投资萎缩的情况下，量化宽松货币政策向市场释放巨量流动性，以缓释市场紧张导致的估值体系崩溃和防止"明斯基时刻"引致的信用骤停，进而扭转投资信心，最后实质改善经济状况和就业状况。

2011 年以来，从全球范围看，非常规货币政策愈演愈烈，除了进行大规模的资产购买计划、实施量化宽松政策之外，一些经济体甚至逐步突破了货币政策框架的"零约束"，进入了名义利率为负的时代。2012 年 7 月，丹麦政府开始实施负利率政策；2014 年 6 月，欧洲中央银行将隔夜存款利率降至 -0.1%，启动了负利率政策；2014 年 7 月，瑞典重启金融危机时期内短暂实施过的负利率政策；2014 年 12 月，瑞士中央银行将超额活期存款利率设为 -0.25%。日本中央银行在 2016 年 1 月 29 日宣布将对超额准备金实行负利率，至此，瑞士、欧元区、瑞典、丹麦和日本等五个经济体都实施了不同程度的负利率政策。2015 年 4 月，瑞士政府成为有史以来首个以负利率发行基准十年期国债的政府。2016 年 7 月，欧元区最大经济体德国首次以负收益率发售 10 年期国债。

在美国走向相对独立的发展历程和逐步退出非常规货币政策过程中，美联储加息节奏整体低于市场预期，这导致美国整体流动性是过剩的，美国股票市场屡创历史新高，被称为"扎实的泡沫"（Solid Bubble），存在潜在的估值调整压力。欧洲、日本为了促进经济复苏，阻止本国货币相对于美元升值，冲击本国出口行业，进一步恶化本国经济，而竞相深化量化宽松货币政策。在量化宽松政策的影响下，欧洲、日本等经济体的国债收益率创出历史新低。综观全球，一方面是美国政策相对独立且逐步走向正常化，另一方面是外围经济体日益强化量化宽松政策甚至出台负利率政策，国际货币体系进入了一个新的不确定的时代。

值得重点关注的是，2017 年以来，全球货币政策进一步出现重大的分化。在 2014 年底开始宣布停止资产购买计划之后，美联储政策一直在徘徊摇摆，甚至还有研究认为，美联储可能重新走上新的量化宽松政策，如果说 2015 年和 2016 年美联储的政策方向仍然相对不明朗，那么，2017 年美联储"走出"量化宽松政策的趋势就十分明显：一方面，美联储在 2017 年 3 月 16 日、6 月 15 日和 12 月 14 日分别加息各 25 个基点；另一方面，美联储从 2017 年 10 月开始进行资产负债表的缩表行为。美联储"走出"量化宽松政策或货币政策正常化"三部曲"全部展现出来：一是停止购买资产；二是提高基准利率；三是资产负债表整固。

2017 年以来，欧洲的政策开始出现新的变化，欧元区预计从 2018 年开始逐步收缩量化宽松的规模，甚至可能进行欧元区中央银行的资产负债表整固，即欧元区也可能开始走向货币政策的正常化进程。但是，日本仍然保持 20 世纪 90 年代末以来实施的量化宽松政策。大型新兴经济体的货币政策呈现相对分化的态势。美国和欧元区可能正在引领一种"走出"量化宽松政策的趋势，而日本则无法从长期量化宽松政策中真正"走出"。

中国已经成为全球第二大经济体，中国经济与全球经济互动日益显著。量化宽松政策及负利率政策的实施使得全球无风险收益率，以及风险资产收益定价发生了重大的改变，可能深刻改变我国的无风险收益率和风险溢价，从而对整个金融货币及经济体系造成重大的影响。2017 年以来，非常规货币政策开始出现分化的趋势，这将对中国的经济和金融体系带来明显的溢出效应。国家开发银行作为开发性金融机构，在中国的经济社会发展以及中国与全球经济的互动中发挥了重要的作用。为了更好地支持全面深化经济体制改革，为了更好地服务全面实现小康社会的目标，为了更好地统筹国内和国际两个大局，继续跟踪、逐步深化对量化宽松等非常规货币政策的研究，对于我国更好地防范化解系统性金融风险，更好地实践"十三五"时期转型发展战略，更好地实现全面建成小康社会、实现中华民族伟大复兴中国梦等都具有重大的理论价值和重要的现实意义。

党的十九大和2017年第五次全国金融工作会议对我国面临国际金融货币风险、内外风险关联机制以及潜在的系统性金融风险防范提出了重要的要求。防范化解包括外部冲击在内的系统性金融风险已经成为党和国家的重大任务和方针政策，2017年第五次全国金融工作会议和党的十九大报告都严格要求，要把防范化解金融风险放到更加重要的位置，确保不发生系统性金融风险，确保我国金融体系稳定和金融安全。

2017年7月14日，习近平总书记在全国金融工作会议上强调，金融是国家重要的核心竞争力，金融安全是国家安全的重要组成部分，金融制度是经济社会发展中重要的基础性制度；必须加强党对金融工作的领导，坚持回归本源、优化结构、强化监管、市场导向四个原则，完成服务实体经济、防控金融风险、深化金融改革三项任务的各项目标。[①] 这是党中央首次将金融安全提升至国家安全的战略高度。2017年10月18日，在党的十九大报告中，习近平总书记在部署加快完善社会主义市场经济体制中进一步强调，要深化金融体制改革，增强金融服务实体经济能力，提高直接融资比重，促进多层次资本市场健康发展。健全货币政策和宏观审慎政策双支柱调控框架，深化利率和汇率市场化改革。健全金融监管体系，守住不发生系统性金融风险的底线。[②] 2019年2月底，习近平总书记在中共中央政治局就完善金融服务、防范金融风险举行的第十三次集体学习中强调，坚决打好防范化解金融风险攻坚战，深化金融供给侧结构性改革，增强金融服务实体经济能力。

过去四五年以来，由于外部冲击、要素结构、发展模式和风险暴露等

---

① 新华社：《第五次全国金融工作会议通稿》，2017年7月17日。

② 习近平：《决胜全面建成小康社会 夺取新时代中国特色社会主义伟大胜利——在中国共产党第十九次全国代表大会上的报告》，2017年10月27日。

多重因素的影响，中国经济增长面临较大的下滑压力，经济增长平均速度从 10% 以上下移至 6.5% 左右，同时，面对在不合理国际货币体系下日益独立的美国经济，外向型经济面临日益严重的挑战，向内需、向消费的高质量转型成为我国经济转型的重大任务，这个压力在"十三五"时期表现得更为迫切。

在这个过程中，人民币从长期缓慢升值转变为双向波动态势，经常项目顺差增速开始放缓甚至出现顺差的萎缩或个别季度的逆差，资本和金融项目长期大额顺差的状况也发生实质性变化，其中，资本流出成为国际收支的重要影响因素。与此同时，我国的货币政策框架发生了实质性转变，从一个外汇占款高企、冲销压力巨大的体系转变为外汇占款式微、亟待流动性创造的新框架，货币政策框架转向寻找新的"锚"，多种流动性管理工具被创造且广泛用于金融市场之中，价格决定、市场机制及其在货币政策传导中的作用更加凸显。

随着美联储加息节奏的加快，2017 年以来，包括美联储政策调整等外部因素的统筹更加重要，中央政府和货币当局都强化了系统性金融风险防范化解的各项工作，金融监管逐步强化，市场体系主动去杠杆。但是，叠加美联储加息等多种外部因素影响，中国货币市场供求波动有所加大，流动性整体呈现偏紧状态。中国人民银行在防范化解系统性金融风险的要求下，强化货币市场的流动性管理，加强预调微调和市场沟通，综合运用逆回购、中期借贷便利、抵押补充贷款、临时流动性便利等工具，调节货币市场流动性条件，银行间市场整体交易活跃，货币市场流动性整体相对合理。人民银行相机抉择、削峰填谷管理流动性，一方面，强化金融去杠杆政策要求，强化市场微观主体的利率敏感性，降低金融体系严重依赖短期融资市场的脆弱性；另一方面，保持流动性相对合理稳定、结构偏紧，防止出现内生性或政策性的流动性风险。

美国等经济体可能逐步"走出"量化宽松政策，在一个不平等、不均衡和不对称的国际货币体系中，美元和美国处于核心地位，包括中国在内的一些发展中国家处于外围，核心国家基本不承担经济失衡的调整责任，往往是以汇率和资本流动等作为渠道转移其内部失衡和内外失衡的责任，为此，美国政策具有极其重大的外溢效应。同时，美国单边主义发动贸易战，中美贸易摩擦可能是一个长期性问题。美国政策的变化对于中国的贸易、金融和经济的冲击存在较大不确定性，甚至可能引发国内风险与外部风险共振而产生系统性风险，为此，需将外部因素纳入中国系统性风险防控的理论研究和政策应对框架之中。

2019 年 2 月底，在政治局第十三次集体学习上习近平总书记强调，要正确把握金融本质，平衡好稳增长和防风险的关系，精准有效处置重点领域风险，深化金融改革开放，增强金融服务实体经济能力。金融管理当局应以完善金融服务、防范金融风险为重点，以金融供给侧结构性改革为主线，构建金融体系与实体经济良性互动、共生共融的内生机制。

一方面，防范化解金融风险特别是防止发生系统性金融风险，是金融工作的根本性任务，也是经济平稳发展的基础保障。深化宏观杠杆率的整体控制，重点把控流动性风险。实施结构性去杠杆，重点降低地方政府、国有企业和金融机构的杠杆率，继续防范房地产泡沫化风险。坚持影子银行及资产管理严格监管方向不变，适度调整节奏和力度，持续有效防范监管套利、混业经营、虚假创新等风险。防范外溢效应冲击，重点关注美联储加息、缩表和贸易战的走势及其对中国的影响，重点警惕外部冲击与内部因素共振的风险。

另一方面，实体经济健康发展是防范化解金融风险的基础。应深化实体经济供给侧结构性改革，加快经济结构优化，逐步向高质量发展转型，夯实金融稳定的经济发展基础。首先，认清稳增长和防风险的关系。没有经济的平稳增长和高质量发展，金融风险防范和金融稳定维系就是"无本之木"。防风险、稳金融需要与经济平稳增长相统筹，实现防风险、稳金融和稳增长的有效统一。在人口老龄化和资本投入约束大的情况下，创新和技术是全要素生产效率提升的关键。要强化创新驱动战略，强化技术创新、模式创新和组织创新，促进经济创新升级，实现防控金融风险、完善金融服务和实现高质量发展的有效平衡。

本书将以全国金融工作会议、党的十九大精神和习近平总书记在政治局第十三次集体学习的讲话精神为指导，基于过去一段时间的全球经济金融背景，在简要梳理量化宽松政策的理论发展和政策发展的基础上，重点分析美国、欧洲、日本等经济体量化宽松政策的实施、绩效以及未来演进的具体情况，尤其是分析负利率及其在货币政策传导机制中的最新趋势。在此基础上重点分析三大经济体量化宽松政策及其变化的外溢效应特别是对中国经济金融的影响，尤其是对经常项目、资本项目以及银行业、房地产业等的影响。最后提出我国的应对策略。为了防范化解内外共振潜在的系统性金融风险，中短期内重点防范美国税改、美联储加息和"缩表"对于我国资本流动、币值稳定、外汇储备安全和金融稳定等的潜在影响。未来更应该有效统筹短期资本流动管理、中长期汇率机制改革、长期资本项目开放以及同人民币国际化的关系，构建内外市场有效互动、内外风险防控有效的制度安排。同时，平衡好稳增长和防风险的关系，深化金融供给侧结构性改革，更好地服务高质量发展。

第二章 量化宽松货币政策：理论、根源与发展

量化宽松政策的思想起源于 20 世纪 30 年代的大萧条时期，在常规的低利率货币政策无法有效地为市场注入流动性的情况下，量化宽松政策以货币作为直接的政策工具，通过增加货币的供给量，直接为市场提供充足的流动性，以达到促进经济增长、维护金融稳定的目的。但是，零利率和量化宽松政策思想的实践首度出现于 20 世纪 90 年代末和 21 世纪初的日本。国际金融危机以来，量化宽松政策成为日本、美国甚至欧元区重要的政策选择，从而成为货币政策框架中的一个具有普遍意义的工具。

金融危机是量化宽松政策的基本应对目标。自 20 世纪 80 年代以来，由于全球进入一个加息周期和全球化时代，随着第二次石油价格泡沫破灭，美国随后在 1987 年发生了严重的储蓄贷款危机，美国、日本和欧洲等世界主要经济体受到重大打击。同时，拉美经济体的债务问题持续呈现，拉美债务危机又给全球经济发展带来新的创伤。20 世纪 90 年代中期，东亚金融危机对泰国、马来西亚、韩国等危机国家和东亚地区造成了系统性的影响。这些危机的发生需要重要的宏观经济政策特别是货币政策加以应对。

日本是量化宽松政策的最先实践者。在危机相对频发的背景下，叠加《广场协议》之后的政策失误和国内的经济结构问题，日本陷入较为长期的低迷状态，甚至一度陷入了通货紧缩，日本率先"创造性"地实施了量化宽松的货币政策，以稳定本国的经济。21 世纪以来，随着全球化的深入发展和国际分工体系再造，全球经济进入了新的繁荣期，但是，2008 年金融危机给全球经济带来重创，成为大萧条以来全球最为严重的金融危机。

本轮国际金融危机使得量化宽松政策成为一个普遍性的政策选择。为了应对新一轮系统性经济金融危机对贸易、金融和经济的不利影响、刺激

经济增长，各主要经济体大幅度降低利率水平甚至接近或达到零利率水平，并大幅向市场注入流动性，以防止出现"信用骤停"和市场停摆的情况。在传统政策面临约束之后，主要经济体先后开始实施了非常规货币政策特别是量化宽松的货币政策。在"百年一遇"的金融危机应对中，日本、美国、欧元区、英国等主要发达经济体都实施了量化宽松政策，非常规的量化宽松政策在国际金融危机的应对中成为一种普遍性政策选择。"量化宽松"无疑是最重要的反危机"遗产"。

第一节　量化宽松货币政策的内在逻辑

量化宽松政策是国内学术界和政策界重要的研究主题。20世纪90年代中后期，量化宽松政策成为日本的重要政策实践，但是并不具备普遍政策工具的意义。2010年以来，量化宽松货币政策是一些经济体在传统货币政策失灵时使用的创新型货币政策。实施该政策时，一般通过向金融机构和非金融机构购买或抵押金融资产的方式，在基础利率（名义利率）为零的情况下向经济体注入流动性，以实现对经济的扩张性刺激作用。21世纪以来，美国、日本、英国、欧元区等相继实施了量化宽松货币政策，为后危机时代全球经济复苏起到了关键的作用，但也强化了流动性泛滥的风险。发达国家货币政策持续量化宽松，已成为当前世界经济运行的重要特征和面临的主要风险，也成为学术界、政策制定者、市场机构竞相研究的热点。

在过去30多年，由于全球化的发展，全球储蓄率水平处于上升状态（Bernanke，2013），同时，杠杆率不断提升（Adrian and Shin，2014），资本价格随之下行，长期实际利率下降了4.5个百分点，这使得全球的中央银行面临着更多的复杂约束（Yellen，2014）。金融危机过去7～8年时间内，即使在史无前例的经济刺激之后，很多国家的通货膨胀水平远低于目标区间，经济复苏也十分艰难，此前货币政策拇指法则面临实质性的纠正，非常规货币政策大行其道，甚至开始出现名义负利率（Olsen，2015）。

非常规政策是全球经济发展困局中少有的政策选择，但是，该政策对于货币政策空间的改善是有限的。中央银行实行多种非传统货币政策工具面临着政策的约束。特别是资产购买计划，本质上就是"直升机撒钱"

（Bernanke，1999），但是，会面临诸多的约束（Gertler，2013）。一是资产购买计划会增加公共支出；二是使得金融部门风险承担反而更高（Borio and Zhu，2008）；三是中央银行资产负债表扩张不是无限的，除非中央银行资产负债表扩张能够导致真正的增长效应；四是长期的资产购买会恶化中央银行的公信力，甚至会面临政治性问题（Minskin，2010）；五是从应对经济衰退的角度看，财政政策可以发挥更大的作用，其基础性地位要强于货币政策（Stein，2012）。

货币政策需要更加长期的视角。长期经济停滞（Secular Stagnation）（Summer，2014）、低利率水平以及大型经济体政策外溢可能是"新常态"，这将长期约束外围经济体的政策空间、政策独立性以及汇率的弹性，尤其是低利率可能难以创造总需求和总供给的新平衡，反而使得经济陷入了总需求低、资源利用率低以及通货膨胀水平更低的困局之中。虽然，有研究认为目前的经济困境是超级债务周期（Debt Supercycle）而非长期经济停滞（Rogoff，2015），但是，从实际运行的角度看，这种困局可能会与超级债务周期相互强化，使得周期性的总需求不足演变为长期性的总需求不足，严重恶化债务周期，并带来更多的结构性问题。这种变化对于中国经济发展模式的转型升级和高质量发展是一个重要的外部因素（郑之杰，2015a）。

非常规货币政策的外溢效应十分明显。货币政策的利率传导机制实际上与通货膨胀的预期是紧密相关的，但是，通货膨胀的预期又与政策利率水平紧密相连。由于经济全球化，量化宽松政策在大型经济体之间形成相互的反馈机制，量化宽松政策对于总需求扩张的效果有待观察，但是，对于通货膨胀预期的恶化反而是相对直接的（IMF，2015），这对外围经济体是一种冲击。特别是大型经济体的货币政策具有外溢效应，对于小型开放经济体以及发展中经济体都有重大约束力。包括中国在内的新兴经济体与全球经济互动日益深化，如何应对非常规货币政策的外溢效应及其分化趋势成为国内重大的政策议题（郑之杰，2015b）。特别是，美国货币政策变化与财政政策调整相互关联，比如美联储加息与特朗普政府减税相互叠加，这对于美国国债收益率、美元指数以及风险资产定价等都是一个实质性的影响因素。

非常规货币政策开始出现分化的趋势，使得国际金融货币体系出现新的分野。IMF（2016）调高了全球经济增长预期，认为全球经济进入了一个稳步复苏的态势，全球金融的潜在风险有所缓释。Yellen（2014）认为美国中短期内物价水平将相对"锚定"，货币政策整体将保持稳定，美联储将如期在 2017 年 10 月开始进行资产负债表整固及收缩进程。ECB（2017）认为，在全球经济复苏，大宗商品价格有所反弹的情况下，欧元区面临外部价格和内部流动性相对宽松的双重影响，可能存在一定的通货膨胀压力，但是，欧元区复苏的基础仍然不牢固，欧元区货币政策整体保持稳定，同时对于欧洲中央银行的资产负债表进行调整，以缓释货币供给对于未来通货膨胀的压力。全球货币政策格局的变化，对于中国的金融体系可能带来显著的溢出效应（郑之杰，2017），对于汇率稳定以及内外经济平衡都有重大的影响。

根据学术检索的情况看，国内对于量化宽松政策的研究成果比较多，但是，主要集中在量化宽松政策的根源、实施等状况，对于量化宽松政策的分化趋势、绩效评估、政策反思、制度改革以及外溢效应等的研究相对不够深入。特别是，量化宽松政策对于全球无风险收益率以及对中国金融风险资产定价等的影响仍相对不足。鉴于学术重复性检索的情况，深化对量化宽松政策、新近出现的负利率政策以及英国脱欧等重大事件等的研究具有重要的学术价值和现实意义。

第二节 量化宽松货币政策的缘起：日本衰退

一、日本量化宽松政策的实施背景

《广场协议》导致日本经济金融体系的系统性调整和宏观经济政策的重大失误。日本政府自 1985 年与美国和英国等主要国家签订了《广场协议》之后日元迅速升值，与之相伴的是日本出口的大幅度下滑，以及日本国内经济增长率的持续下滑，日本金融体系的问题也日益显性化。日本中央银行为了缓解本国经济下行的压力，从 1986 年开始大幅下调利率，试图通过低利率来振兴本国的经济，甚至出现了过度宽松的政策趋势。但是事与愿违，过度宽松货币政策的实施并没有如期地促进实体经济的复苏，反而成为一个重大的政策失误，最后的结果是日本的经济泡沫越来越大，尤其是房地产市场更为明显。20 世纪 90 年代初日本经济泡沫破灭，日本房地产价格和股票市场最大下跌幅度高达 70%，叠加日本产业转移和人口老龄化，日本进入了长期的经济萧条时期。

东亚金融危机导致日本金融体系脆弱性凸显，流动性风险成为显性挑战。东亚金融危机给刚刚经历泡沫危机的日本经济以新的重创。1998 年日本的实际 GDP 增速下降到 -2.0%，包括三洋证券、德阳城市银行等金融机构在内的大量企业破产使得失业率高达 4.1%，经济环境进一步恶化。与此同时，商业银行的不良贷款率激增，据统计日本金融机构不良贷款总规模在 1998 年达到了 88 万亿日元，并且呆坏账现象非常严重，金融体系存在发生系统性风险的可能性。这些问题直接导致日本金融机构削减对企业的贷款，据统计日本商业银行的贷款总额在 1998 年减少 0.9%。而国际金融市场降低日本金融机构的信用等级，加剧了信贷规模的萎缩，使得日本金融市场的流动性严重不足。

在应对内生性泡沫危机、东亚金融危机以及国内经济结构问题中，日本中央银行面临重大的"零利率"约束，日本货币政策陷入困境。日本中央银行为应对经济萧条而带来的通货紧缩和经济衰退，不得不继续采取低利率措施，在泡沫破灭的最初五年间先后九次下调再贴现率，一度将短期名义利率降低到 0.5% 的水平，但是，日本的经济状况仍然没有得到改善。为此日本中央银行再次将贴现率下调到 0.25%，不过超低利率的货币政策在面对日本整体经济萎靡和通货紧缩的困境时效果甚微。日本经济增长率在 1999 年第三季度仍保持在 -1% 的历史低水平，而通货膨胀率在 2000 年创造了 -0.7% 的历史纪录。一直萎靡不振的经济状况迫使日本中央银行在 1999 年推出了零利率的货币政策，这一政策的推行使得日本经济在该年出现了 0.5% 的正增长，日经平均股指恢复到 1.5 万点以上，日元汇率出现回落。虽然这一政策的实施使得日本经济重新出现增长的趋势，但是当时日本整体经济仍处于萎靡状态，企业的生产经营不再以利润最大化为目标，而是急于调整资产负债表来实现负债最小化，因此即便是利率处于极低的水平，仍无法刺激企业增加投资。与此同时，伴随着零利率带来的国际游资撤离、本国资本外流、财政高额赤字，日本陷入"流动性陷阱"。因此，当日本中央银行在 2000 年 8 月决定结束零利率货币政策并上调银行间无担保隔夜拆借利率和再贴现率后，日本经济陷入更加窘迫的局面。

创新性提高货币供应和信用供给成为日本当局的重大政策目标。根据经济学原理，名义利率等于自然利率与预期通货膨胀率二者之和。一般来说，名义利率与通货膨胀率之间是正相关的，但是当预期通货膨胀率急剧下降甚至为负时，便会出现名义利率大于自然利率与通货膨胀率之和的情况。这种现象在经济学上被称为"通货紧缩非均衡"。由于日本的经济长期处于通货紧缩的状态，潜在的经济增长率存在严重的缺口，预期通货膨胀率极低，日本进入"通货紧缩非均衡"状态，即使政府采用了零利率政策，缺乏下调空间的利率政策和负的通货膨胀率预期带来的物价的负增长，无法如期改善日本的经济状况。在利率政策无法正常发挥效力的时候，扭转日本通货紧缩状态、提高通货膨胀率预期的关键就是增加货币的供应量。日本中央银行只有通过宽松的货币政策和创造性的量化宽松政策，增加货币的供应量，才有望提高预期通货膨胀率，从而达到增加投资、就业、需求的目的，进而使日本摆脱通货紧缩的局面。

二、日本量化宽松政策的实施

量化宽松政策是日本中央银行在面临"零约束"下的重大政策创新。日本中央银行为扭转日本经济急速衰退和金融风险加速爆发的严峻形势，于 2001 年 3 月正式开始"创造性"实施量化宽松的货币政策。该政策包括三方面的内容：一是更换货币政策目标，日本中央银行将过去一直使用的以隔夜同业拆借率为基础的货币政策目标更改为以商业银行在中央银行的准备金账户余额（CAB）为货币目标。日本中央银行不仅重新启动零利率政策，并且将再贴现率降低到 0.1%，经常账户余额目标由 5 万亿日元提高到 35 万亿日元。二是加大对长期政府债券的购买力度。为了使市场具有足够的流动性，日本中央银行不断加大长期国债的购买力度，日本中央银行每月长期国债购买的目标在 2001 年的时候为 0.4 万亿日元，而到 2004 年该目标就提高到了 1.2 万亿日元，日本中央银行所持有的长期国债余额也由 2001 年的 56 万亿日元增加到了 2004 年的 100 万亿日元。除此之外，日本中央银行还大量购买商业银行的外汇汇票，此举不仅增加了货币的供给量，还可以使中央银行通过超额准备金的形式实现经常账户余额目标。三是承诺量化宽松政策在 CPI 回归为零或恢复正增长之前，中央银行会继续实施量化宽松政策。这是中央银行预期管理特别是"阈值目标"的重大实践，数年后美联储实施量化宽松政策和逐步退出量化宽松的市场预期管理、市场沟通和"阈值管理"的政策逻辑与日本中央银行的政策逻辑是相通的。

从 2001 年 3 月量化宽松政策正式实施到 2006 年 3 月的五年间，日本中央银行的基础货币投放量增加 61%，平均年增长率达到 10%，中央银行总资产五年间增加了 38.1 万亿日元，增幅 32%。但是银行业的信贷业务并没有因为量化宽松政策的实施而活跃起来，反而出现了平稳的态势，这也意味着日本的经济并没有因为量化宽松政策而出现明显的改善。消费价格指数 CPI 在 2005 年前仍处于下滑的状态，直到 2005 年以后恢复正增长，实际 GDP 增长率稳定在 2% 左右（见表 2－1），通货紧缩状况有所改善，量化宽松初见成效。由于日本量化宽松政策实施的五年经济情况有所好转，因此日本中央银行于 2006 年 3 月 9 日宣布暂时停止量化宽松政策。

表 2－1　　　　　　　　2003—2006 年日本主要经济指标

年份	名义 GDP 增长率（%）	实际 GDP 增长率（%）	失业率（%）	企业营业收益（%）	消费支出（%）	消费物价指数（%）
2003	0.8	2.1	5.1	14.6	3.5	—
2004	1.0	2.0	4.6	18.7	－0.2	－0.2
2005	0.9	2.3	4.3	9.5	－0.4	0.1
2006	1.5	2.3	4.1	3.3	－2.2	0.1

资料来源：《日本经济与中日贸易关系发展报告（2009）》。

第三节　量化宽松货币政策的普遍化：国际金融危机

一、国际金融危机与零利率

以低利率为支撑的货币政策框架是国际金融危机前的政策基调，埋下了危机的种子，也为量化宽松政策实施奠定了政策性的基础。回顾 2008 年的金融危机，不难发现在金融危机爆发的前十年，全球经济存在一个共同的特征就是低利率，尤其是实际利率，这导致了全球流动性过剩（Global Liquidity Surplus），这是本轮国际金融危机的重大根源。从表 2－2 可以看出，美国的实际利率极低，并且 2003 年到 2005 年的三年间，实际利率为负值。低利率不仅刺激了各国群众的消费、助推了房地产泡沫，还促进了贷款模式的创新，使得负债消费、杠杆融资以及金融创新日益兴盛。表面上看，低利率政策维持了经济的繁荣，但实际上使得国际金融市场对金融风险出现系统性低估，全球金融市场出现了系统性过剩，这为金融危机埋下了隐患。

表 2 – 2　　　　　　　　　　　　　　美国实际利率

年份	美国（%）
2000	1.5
2001	3.0
2002	1.5
2003	– 0.5
2004	– 0.75
2005	– 1.0
2006	0
2007	1.0
2008	1.0
2009	0.5

资料来源：CEIC。

第一，负债消费普遍化。20 世纪六七十年代以前，人们的基本消费观是先储蓄再消费。但是从 20 世纪 80 年代开始，人们的消费观发生了改变，立即购买的观念深入人心，银行和其他贷款者乐于随时放贷更是促进了大众消费观念的转变。1989 年至 2000 年，美国的家庭债务比从 100% 上升到 140%，英国的家庭债务占可支配年收入的比例也持续维持在 100% 的水平，许多家庭的负债超出了家庭可以负担的能力。

第二，房地产泡沫逐步累积。持续的低利率刺激了住房市场的发展，1997 年至 2007 年，美国房价平均上涨了 125%，其中加利福尼亚州涨幅超过了 200%，西班牙房价上涨了 180%，英国房价上涨了 200%，爱尔兰房价上涨了 250%。在房地产市场存在泡沫时，房价的上升不仅没有使人们的预期需求下降，反而过分乐观的心态导致了需求的上升。在家庭住房自有率大幅上升的同时，拥有二套房的业主比例上升，买后出租的行为也进一步推高了房价。美国买后出租的住房贷款占美国抵押债务余额的比重由 2000 年的 2% 上升到 2008 年的 11%。

第三，资产证券化和其他金融创新盛行，金融风险分布更加广泛。房地产市场的繁荣离不开抵押贷款业务，传统的贷款模式是"发起—持有"的模式，银行发放抵押贷款后，愿意持有到期。虽然银行每年会有利息收入，并可以收回部分本金，但是如果借款人违约，银行也将承担损失，因此在传统的模式下，银行会对借款人进行严格的审查。房地产市场的繁荣需要银行贷款业务的配合，新的贷款模式的出现又助推了房地产市场泡沫进一步膨胀。在新的"发起—分销"贷款模式下，银行虽然仍以房产作为抵押发放贷款，但是不再持有到期，而是将债权出售给另一家专业的金融机构或银行，后者再将这些抵押贷款打包，以抵押贷款证券的形式出售给其他金融机构。在这一资产证券化的过程中，贷款发起银行因为不再持有抵押贷款的债券，必然放松对借款人的审批程序，甚至出现诱骗贷款的现象。美国政府颁布的《社区再投资法案》更是怂恿了次级贷款业务。

第四，影子银行业务兴起，金融监管有效性大大降低，金融内在关联性大大增强。以雷曼兄弟为代表的影子银行，为场外衍生品市场提供了巨大的交易量，到 2008 年合约面值将近 700 万亿美元，在金融危机爆发之前发放的贷款额略高于传统银行系统发放的贷款总额。但是影子银行机构不需要遵守安全性和稳健性监管，也不需要保有和贷款水平相匹配的资本金，其财务杠杆水平较高，债务占流动资产比例也较高，并且不能享受中央银行作为最后贷款人的融资支持。当无法实现短期债务再融资时，容易发生破产。众多专家指责影子银行系统加重了次贷危机，并且是次贷危机演化成为国际金融危机的主要推手。

2008 年 10 月，金融危机全面爆发，世界经济急速下滑、金融市场动荡不安，美国次贷危机演化为大萧条以来最为严重的国际金融危机。美联储、日本中央银行、欧洲中央银行等都迅速作出了响应，目的是尽快结束恐慌、恢复银行间借贷市场的正常资金流量、防止经济崩溃，并为经济复苏奠定基础。一方面通过财政政策维持需求水平，防止经济衰退；另一方面通过货币政策，提供充足的流动性，防止通货紧缩。

在主要经济体货币政策当局下调基准利率直至接近或达到零利率之后，传统的货币政策在面对金融危机的巨大冲击下显得无能为力。一是因为利率对经济发挥作用一般需要经过大概 12～18 个月的时间，短时间无法见效。二是当名义利率降至零，中央银行便无法再通过降低利率来启动经济。当然，也有一些国家实施的是负利率政策，但是政策效果并不明显。三是一旦出现通货紧缩，即使名义利率降至零，实际利率还会很高。

在长期低利率环境下，常规货币政策被挤压了政策框架，在大萧条以来最严重的金融危机冲击下，美国、日本、欧洲等主要发达经济体在严峻的经济形势考验下，先后不得不实施非常规政策手段——量化宽松政策，以此维护金融稳定，并致力于推动经济复苏。

二、日本进一步深化量化宽松政策

自 20 世纪 90 年代末第一轮量化宽松政策实施后，日本经济在 21 世纪初刚刚企稳回升，日元汇率维持了贬值的态势，但是受美国次贷危机的影响，在美联储不断降息和抛售美元资产的巨大压力之下，日元兑美元的汇率飙升 30%，再一次打击了日本的经济。虽然日本在美国次贷危机爆发之前便推出了积极的应对措施，包括财政措施 12 万亿日元、金融措施 63 万亿日元以及下调银行间隔夜拆借利率至 0.3%，但是政策效果十分有限。

第二次世界大战以后，日本经济增长率最大降幅为 1998 年的 -2.0%，但是在美国次贷危机爆发之后的 2008 年，日本经济增长率降幅高达 -3.5%，日本陷入第二次世界大战后最严重的衰退时期。主要表现在以下几个方面：一是外部出口大幅度减少，2008 年日本出口总额为 81.492 万亿日元，与上年相比同比减少 3.4%，这是自 2001 年第一次量化宽松政策实施以来首次出现的负增长。二是工矿业生产急剧下降，仅 2008 年第四季度工矿业生产指数下降幅度环比达到 10% 左右。三是制造业投资持续减少，2008 年的四个季度制造业设备投资分别下降 5.7%、7.6%、13.3% 和 17.3%。四是企业倒闭数量增加，受经济危机影响，国际原油价格和资源价格不断上涨，企业生产经营成本提高，仅 2008 年日本倒闭企业数量达到 12 681 家，同比增长 15.7%。五是失业率上升，大量企业破产带来的直接影响便是失业率的上升，2008 年日本全年平均失业率为 4.0%。六是个人消费持续疲软，2008 年 3 月开始两口人以上的家庭消费支出处于负增长状态。七是股市暴跌，金融危机给日本股市带来的打击更为严重，仅 2008 年

9月到10月的两个月时间，日经225种平均股指下跌幅度高达44%。在日本经济严重恶化的情况下，日本中央银行不得不在2008年12月再次施行量化宽松政策。

日本新一轮的量化宽松政策实施力度要远高于第一轮量化宽松政策，首先下调银行间隔夜拆借利率，2008年12月将银行间隔夜拆借利率下调到0.1%，2010年10月下调到0~0.1%。其次扩大货币的供给量，2010年8月日本实施6个月固定利息担保资金供给计划，同年10月开始实施35万亿日元的资产购置计划，2011年3月将资产购置规模提高到40万亿日元，同年8月提高到50万亿日元。随后的2012年2月、3月、7月、9月、10月和12月分别提高到60万亿日元、65万亿日元、70万亿日元、80万亿日元、91万亿日元以及101万亿日元。在强劲的市场流动性注入下，2012年上半年日本经济出现短暂的回暖，但是到2012年下半年随着出口回落，经济再次下滑。

三、美国首度实行量化宽松政策

在金融危机的应对中，美联储基准利率迅速进入零区间。美国在发生次贷危机之后，大量抵押贷款公司纷纷破产，由于为数较多的金融机构采用杠杆融资的方式融资，随着次贷危机的爆发，这种融资方式无法继续维持，对资金的大量需求与投资者因恐慌而减少的货币供给之间的矛盾，使得市场陷入了流动性短缺。在雷曼兄弟倒闭引发的金融海啸之后，从2007年9月开始，美联储连续10次下调基准利率进入零利率区间，希望大幅降息和超低利率能够缓释流动性危机，并刺激经济发展，但是中长期利率上升势头仍然不减，严重地阻碍了企业的发展和房地产市场的回暖，再加之商业银行惜贷现象严重，又进一步引发了信贷危机。2009年第一季度，美国利率处于0~0.25%的历史低水平，失业率高达8.3%，GDP增长率为−6.7%。超低利率的货币政策没有实质性改善美国金融市场条件，金融危机的冲击继续深化，就业市场形势严峻，美联储的货币政策面临传统货币政策框架的"零约束"。

在财政政策方面，美国政府采用了扩张性的财政政策来挽救不断恶化的经济，在次贷危机之后，美国政府的财政赤字高达上万亿美元，多个地方政府也面临破产的风险，继续采用扩张性财政政策，使得美国债务上限不断提高，公共债务风险日益显性化。对于美国而言，美元是霸权的重要基础，美元霸权的背后实际上是美国的主权信用。但是，加速累积的公共债务和债务上限问题使得美国政府在财政扩张上面临更加复杂且实质的约束，美国财政政策的持续扩张同样面临硬约束。

在扩张性财政政策和常规性货币政策都难以为继之时，美联储于2009年3月18日正式启动量化宽松政策（QE1）。美国量化宽松政策的具体措施包括以下几个方面：一是购买美国长期国债。二是购入房地美和房利美发行的抵押贷款支持证券。三是为小企业提供1万亿美元的贷款。四是为AIG提供300亿美元的援助资金。

面对"百年一遇"的系统性金融危机，美联储和财政部同时作出重大的努力和政策创新，但是美国经济在2010年第三季度仍然接近衰退的临界点，失业率在9.5%以上居高不下，通货膨胀率仅仅在1%的水平，为此，2010年11月3日美联储开始了第二轮量化宽松政策（QE2），美国量化宽松政策成为一种"常规"工具。此轮量化宽松政策的主要目的是解决美国政府的财政危机和高失业率问题，美联储宣布维持0～0.25%的低利率水平不变，并于2011年6月前购买6000亿美元的长期国债。到2011年第四季度美国经济有所好转。

2010—2012年的欧洲主权债务危机使得美联储继续维持量化宽松政策的框架。面对欧洲主权债务危机的影响以及新兴经济体增长出现调整态势，美国经济复苏整体较为乏力，并且核心通货膨胀率持续下降。美联储于2012年9月13日推出第三轮量化宽松政策（QE3），计划每月购买400亿美元的抵押贷款支持证券并且继续压低利率，目的是支持房地产，解决出口和就业问题。为了保证美联储长期利率处于较低水平，缓解财政赤字的不利影响，美联储于2012年12月13日又进一步推行了第四轮量化宽松政策（QE4），每月增加国债购买量450亿美元。

随着四轮量化宽松政策的推出，美国经济开始稳步复苏，到2014年底，美国经济的各项指标基本恢复至国际金融危机之前的水平，美国企业部门的盈利水平和现金流状况甚至好于金融危机之前的水平。当时，除房地产市场价格尚未恢复之外，美国金融市场也出现全面复苏的态势，股票市场指数持续上扬，市场预期股指将走向新高。

四、欧元区突破制度约束实施量化宽松政策

由于欧元区自身经济状况就存在很多问题，再加之 2008 年国际金融危机在全球的扩散，欧元区的经济面临内部结构和外部环境的双重压力，欧洲中央银行不断突破其政策约束，相继采取了一些非常规的货币政策作出应对，形成了"欧洲版"的量化宽松政策。

在金融危机的应对中，欧洲中央银行虽实施宽松政策和多项资产购买计划，但是，基本没有突破原有政策框架。2008 年金融危机爆发之后，欧洲中央银行迅速降低存款基准利率，并为缓解金融机构美元流动性短缺的困境，将外币存款提高了 6 倍，达到 222.3 亿欧元。2009 年 5 月欧洲中央银行开始施行担保债权购买计划（CBPP1），包括购买 600 亿欧元的担保债券和启动延长到期日的长期再融资操作（LTRO）。但是，由于欧洲中央银行不是直接购买成员国国债或机构债，欧洲中央银行仍然是在原有政策框架下进行政策宽松，即严格限制欧洲中央银行购买成员国国债，欧洲中央银行不能为成员国直接融资。

欧洲中央银行在流动性注入政策实施中面临一个政策传导有效性问题。欧洲中央银行大举向欧元区提供流动性的手段，并未能阻止欧债危机的爆发，西班牙、意大利、葡萄牙、希腊等国出现了较为严重的财政问题，欧洲主权债务危机在 2010 年春季全面爆发，甚至法国都出现了较为显著的融资风险，德国国债收益率也随之上升。面对主权债务问题演化为系统性风险的严峻形势，2010 年 5 月欧洲中央银行被迫执行证券市场计划（SMP），首次在二级市场上购买希腊等国的政府债券，以缓解这些国家的压力，购买规模约 260 亿欧元。2011 年 11 月欧洲中央银行继续推出新一轮资产担保债券购买计划（CBPP2），2012 年又相继推出两轮三年期长期再融资操作（LTRO），为欧洲银行提供近万亿欧元的贷款。三轮长期再融资计划主要是希望为金融机构提供新的流动性购买成员国国债，以降低长期利率水平。

2011 年 11 月 1 日，德拉吉接替特里谢成为欧洲中央银行行长，欧洲中央银行政策框架开始逐步被突破，但是，这些操作面临一个政策执行有效性的问题，不管是证券市场计划还是长期再融资操作，欧洲中央银行的目标是降低欧元区成员国的长期国债收益率，缓解债券市场以及银行间市

场的流动性冲击，欧洲中央银行购债或扩大抵押品范围从金融机构获得相关的债券，但是，大部分金融机构不愿意将从欧洲中央银行获得的资金拿去购买欧元区成员国的国债，这样使得欧洲中央银行政策面临传导效率问题，欧元区成员国 10 年期国债收益率居高不下甚至屡创新高，欧债危机并没有得到实质性缓解。

直接货币交易计划实质性突破了欧洲中央银行不能直接购买成员国国债的制度约束，欧洲中央银行进入了真正的量化宽松时代。2012 年 9 月，随着西班牙国债收益率迅速攀升，欧洲中央银行停止先前的证券市场计划，开始执行直接货币交易计划（OMT），并且宣布欧洲中央银行购买债务的规模是"无限的"，以保证这些陷入债务危机的国家不会出现国债违约的风险。除了挽救欧债危机，欧洲中央银行仍持续为欧元区市场注入流动性，以促进欧元区的经济复苏。

日本、美国和欧元区迫于经济压力先后实施了量化宽松政策，其政策的实施既具有相同点，也存在差异性。其量化宽松政策具有以下几点共同之处：首先是量化宽松政策实施的背景相同，都是在低利率的常规货币政策无法有效地发挥作用的情况下，为提高通货膨胀率预期、激发企业投资的欲望、扩大就业等，不得已采取的非常规货币政策。其次是量化宽松政策的实施目的相同，无论是美国还是日本和欧元区，都希望通过量化政策为市场注入充足的流动性，恢复市场信心。最后是量化宽松政策的实施方式相同，美国、日本和欧洲都通过增加资产负债的规模为市场注入流动性。

即使美国、日本、欧元区的量化宽松政策具有相同的实施背景和目的，但是在具体的操作过程中各自的侧重点不同，仍存在很大的差异性。主要表现在以下几个方面：第一，货币投入方式不同。美国主要是通过公开市场操作的直接融资方式，通过购买信贷资产组合为市场投入相应的货币。日本早期的量化宽松政策主要采用的是直接融资方式，通过购买债券的方式投放货币。欧元区主要采用提高对银行等金融机构信贷支持的间接融资方式，来增加市场的流动性。第二，政策实施效果不同，美国采用公开市场操作的同时对资产结构进行调整，能够较为有效地控制货币供应量，从而在恢复经济增长的同时可以控制通货膨胀压力。因此美国的量化宽松政策短期效果显著。日本早期的量化宽松效果甚微，而后期安倍执政之后开始采用直接融资和间接融资相结合的方式，一方面继续通过购买债券来实现货币的投放，另一方面通过向银行等金融机构提供信贷支持，间接地满足企业融资需求。之后日本经济才开始走上复苏，但是通货紧缩和失业问题仍不乐观。欧元区由于包含了众多的成员国，在实施量化宽松政策的时候需要权衡各成员国原有的信贷水平，政策的实施过程相对美国和日本要更加复杂，因此量化宽松政策不仅收效慢，而且存在很大的不确定性。

第四节 长期增长停滞下的政策分化

自各国相继推出量化宽松政策应对经济危机之后，世界经济总体上复苏乏力，陷入了所谓的"长期增长停滞"（Secular Stagnation）。综观世界经济版图，经济形势不容乐观，主要表现在以下几个方面：首先，世界各国的经济增长速度普遍低于预期的增长，各主要发达经济体的物价水平总体还保持在较低水平，加大了通货紧缩的风险。其次，受欧洲经济衰退的影响，全球贸易面临巨大的冲击，使得全球贸易短期内仍处于低迷状态。更重要的是，美国特朗普政府上台之后，逆全球化的趋势较为显著，贸易冲突呈现多点爆发的态势。最后，虽然各主要经济体的财政状况基本处于可控范围内，政府债务水平迅速攀升的势头得以遏制，总体趋于稳定，但是部分国家应对债务风险的能力较弱，给经济可持续发展带来较大的不确定性。尤其是日本公共债务率超过经济产出 2.5 倍以上，对于美联储加息引致的全球利率中枢上行的敏感性值得重点关注。

一、长期增长停滞

经济危机之后，经过各国的努力，世界经济呈现复苏趋势。复苏的主要动力来源于发达经济体实施量化宽松政策为市场带来的流动性。但是大量的流动性并没有流入实体经济，而是流向了银行等金融部门，这进一步催生了虚拟经济泡沫，为经济发展埋下了隐患。反观实体经济，长期的投资放缓带来的失业率上升、GDP 增速减慢等，可能说明全球经济正处于"长期增长停滞"时期，主要表现在以下几个方面。

第一，全球主要国家的 GDP 增长速度减慢。国际金融危机之后主要经济体的总体表现不尽如人意，对 GDP 预期中枢水平阶梯式下调，说明全球的经济增长速度正不断减慢。新兴经济体的增长率提高，在一定程度上弥补了发达经济体的损失，但是，2012 年之后，新兴经济体的经济增长水平也开始呈现放缓态势，部分经济体甚至出现较大的经济下行风险。对比金融危机之前的世界经济增长率，目前各国的经济增长率都处于较低水平。

虽然量化宽松政策支持了发达经济体短期内的增长，但是高债务率、银行高不良贷款率、通货紧缩以及低投资等问题，导致发达经济体对货币政策的依赖程度仍然较高，由生产率放缓和老龄化引起的问题仍然无法得到改善，因此，世界经济短期无法摆脱"长期增长停滞"的困局。

第二，失业率不断上升。由于量化宽松为市场注入的资本主要流向虚拟经济，金融危机之后实体经济始终处于萎靡状态，对全球的劳动力市场打击严重，全球失业率水平不断上升。根据统计数据显示，2015 年全球失业人口达 1. 971 亿人，比 2014 年增加 70 万人，比金融危机前增加了大约 2 700 万人，其中 1/4 的失业人口来自发达经济体，全球失业率高达 5.8%。《中国劳动保障发展报告（2016）》分析结果显示，2016 年和 2017 年全球失业率将继续上升，2016 年全球失业人口数同比增加大约 230 万人，2017 年全球失业人口数将同比增加大约 110 万人。由于投资需求不足、实体经济衰落、长期增长停滞，高失业率不可避免。

第三，实际利率不断下降。2001 年到 2008 年金融危机爆发前，全球各国的实际利率已经从 20 世纪 90 年代的 3.5% 下降到 2%。2008 年金融危机之后，许多国家的实际利率已经下降到零的水平，甚至部分国家开始实行负利率政策。实际利率不断下降的现象，印证了全球经济处于"长期增长停滞"的事实。发达经济体实施的宽松的货币政策所带来的流动性压低了利率，使经济向虚拟经济方向发展，同时也促进了实体经济的转变。作为企业的管理者，为了寻求更大的利益，将企业发展方向转向金融、房地产等虚拟经济部门。经济虚拟化以及加杠杆的放大效应虽然在短期营造了繁荣的假象，但并没有从根本上创造出更大的需求，伴随着实体经济的衰落，意味着"增长停滞"是具有长期性的。虽然 2015 年以来，美联储加息使得名义利率开始上升，2017 年美联储加息相对频繁，但是，欧洲、日本等其他大型经济体仍然保持超低利率甚至零利率，德国国债发行利率甚至为负，全球低利率的格局仍然没有改变。

二、超级债务周期

国际金融危机之后，各国中央银行不仅采取了宽松的货币政策，同时也采取积极的财政政策促进经济复苏，在货币政策和财政政策的双重作用下，主要发达经济体的政府债务和赤字水平大幅攀升，纷纷出现不同程度的债务问题。

美国政府为挽救金融危机，在 2008 年到 2009 年期间，实施了减税方案、问题资产处置方案和经济刺激方案，涉及金额分别为 1 680 亿美元、7 000 亿美元和 7 870 亿美元。在这些方案实施之后，美国的赤字率攀升到第二次世界大战之后的最高水平，到 2009 年底，美国的赤字率达到 9.9%，赤字额达到 1.42 万亿美元。为弥补财政赤字，美国政府在实施救市计划的同时开始发行国债，到 2009 年底，美国的国债余额高达 11.87 万亿美元。但是，这并不是美国国债余额的顶峰，随后几年美国国债余额一直不断攀升，到 2014 年底，美国国债余额达到了 17.79 万亿美元。美国联邦政府的总债务占其国内生产总值的比重从 2008 年初的 64.34% 增加到 2015 年的 105.8%。但是，美国国债的收益率在金融危机之后一直走低，到 2012 年美国国债的收益率低于 2%，虽然随着量化宽松政策实施力度的加大，美国国债收益率开始出现上升的趋势，不过这种势头的持续时间并不长，在美联储削减了国债购买力度之后，国债收益率又开始下降。美国实施了四轮的量化宽松政策，除了第一轮之外，余下的三轮量化宽松政策都关系到国债的购买。实际上，美联储已经通过量化宽松政策直接购买美国国债，已经在为美国政府直接融资。

面对美国债务水平的不断上升，美国国会虽然制定了债务上限，确保美国政府的债务偿还能力，但实际上，这一债务上限形同虚设。每当美国债务水平接近上限时，美国国会就会上调债务上限，仅 QE1 到 QE4 实施期间，美国国会就先后 6 次上调了债务上限。美国的高额财政赤字和债务上限政治化，使得其债务风险不断增加。公共债务不日将突破联邦政府法定债务上限，将迫使国会提高法定债务上限，但是，债务上限问题政治化将使得公共债务问题的风险更加复杂。2018 年 1 月 20 日，美国参议院投票因不达 3/5 多数，未能通过联邦政府拨款的临时预算法案，美国政府非必要部门自 21 日起暂时关闭。特朗普未来的预算方案特别是债务上限问题可能会面临较为激烈的冲突，即立法层面对行政层面的不信任可能使得未来联邦政府债务问题更加突出。

日本一直是超级债务大国，早在 2015 年日本的总债务规模已经达到了 GDP 的 248.1%，位居发达国家的第一位。从表 2-3 可以看出，日本的总债务占 GDP 的比重大约是美国的 2 倍，是欧元区的 2.5 倍左右。虽然日本的债务规模远大于美国和欧元区，但是日本的失业率相对于美国和欧元区来说一直保持着较低的水平，日本的失业率大约为美国的 1/2、欧洲的 1/3 左右。加上日本拥有庞大的外汇储备，以及较高的产业国际化水平，因此日本一直没有爆发债务危机。即便如此，日本内阁仍然面临着在缩减赤字和促进经济增长之间的选择，如果日本内阁选择刺激经济增长，那么日本将面临债务规模继续扩大、债务风险加大的问题。日本面临退出质化量化宽松政策与公共债务风险之间的权衡压力，如果日本退出质化量化宽松货币政策，那么代表日本通货膨胀水平在提高，日本政策调整将使得利率水平提升，结果是日本公共债务的负担在提高。由于日本公共债务占 GDP 比重超过 250%，利率提高 1 个百分点就使得日本公共债务成本提高将是 GDP 的 2.5%，假定当年日本 GDP 增长 2.5%（非常乐观的估计水平），那么新增产出将基本用于支付公共债务的新增成本。

欧元区虽然不是债务水平最高的地区，却是最先爆发主权债务危机的地区。欧元区的整体债务规模一直处于上升趋势，总债务规模占国内生产总值的比重从 2010 年的 84% 增加到 2015 年的 93.2%。欧元区债务危机最为严重的国家希腊、爱尔兰、葡萄牙和意大利，其总债务规模占国内生产总值的比例长期高于 100%。从全球债务水平来看，欧元区的债务水平远低于日本、略低于美国，但是欧元区实行的是统一的货币政策，其成员国高额的财政赤字无法通过货币政策来弥补，只能提高国家的负债率，从而引发了欧洲主权债务危机。国际上公认的负债率安全线为债务总额占 GDP 比重的 60%，目前欧元区的负债率仍远高于国际上公认的安全线，部分成员国的高赤字率，使得欧元区仍然面临较大的债务风险。

表 2-3　　主要发达经济体总债务占 GDP 比值（%）

国家（地区）＼年份	2010	2011	2012	2013	2014	2015
美国	94.7	99.0	102.5	104.8	105.0	105.8
日本	215.8	231.6	238.0	244.5	249.1	248.1

续表

年份 国家（地区）	2010	2011	2012	2013	2014	2015
欧元区	84.0	86.6	91.3	93.4	94.5	93.2
意大利	115.4	116.5	123.3	128.9	132.5	132.6
英国	76.6	81.8	85.3	86.2	88.2	89.3

资料来源：IMF（2016）。

美国、日本、欧洲三大主要经济体承受如此大规模的债务压力，是第二次世界大战以来的第一次，也是最严重的一次。从 IMF 发布的数据来看，主要发达经济体的债务规模一直处于上升趋势，目前在未偿还债务总额中，长期债务的比例占80%～85%，OECD 国家平均债务到期期限为7.5年。虽然大多数国家债务到期期限都延长了1～4年不等，但是到2015年，债务总额中约有40%的债务到期，目前长期债务周期已经接近末期。债务水平过高，长期会导致偿还性风险，短期会导致流动性风险，如何顺利走出超级债务周期，避免重蹈欧洲主权债务危机的覆辙，需要宽松的货币政策和紧缩的财政政策相配合，以保证财政紧缩政策实施的同时不会引起投资者抛售国债的风险。因此，发达经济体在面对经济疲软以及有限财政政策效果时，不得不采取非常规的货币政策，美国、日本、欧洲等纷纷将购买长期债券作为量化宽松政策的主要举措。

三、美国、日本、欧洲的政策分化

（一）日本继续实施质化量化宽松政策

2013 年刚刚上任不久的日本首相安倍晋三，为了加快刺激本国经济的复苏，改善通货紧缩的问题，振兴日本经济，进一步强化了量化宽松的货币政策，推出了质化量化宽松货币政策（QQE）。质化量化宽松政策以"稳定价格"为目标，将日本年核心通货膨胀率设定为 2% 的水平。从2013 年 4 月 4 日起，日本中央银行实施了开放式资产购买计划，提高长期国债、ETF 指数基金等购买计划和贷款支持计划（LSP），2014 年 4 月日本中央银行又将资产购买计划的规模提升至 80 万亿日元。2015 年 4 月日本中央银行宣布将以每年 80 万亿日元的增速增加基础货币供应量。虽然日本的基础货币投放程度不断增加，但是通货膨胀目标始终没有实现，日本的信贷增速和出口增速仍处于下降趋势。因此，2016 年 1 月 29 日日本中央银行宣布开始施行负利率，日本成为继瑞典、瑞士、丹麦、欧元区之后又一个施行负利率政策的经济体。

2017 年日本经济增长 1.6%，实现了连续 8 个季度的正增长，但是，日本通货膨胀水平尚未显著脱离通货紧缩压力，而且随着 2017 年美国政策的调整，日本经济面临的外部不确定性在增加，日本中央银行预计在未来 1～2 年内可能不会实质性调整其质化量化宽松货币政策。2018 年 3 月 2 日，日本中央银行黑田东彦行长指出，在应对通缩上日本经济取得了稳步的进展，日本经济有实质性改善，但是，日本中央银行尚未达到 2% 的通货膨胀目标，未来政策将把物价目标的实现放在优先水平。如果有必要，甚至可能会进一步扩大宽松的水平。

（二）欧洲或调整量化宽松政策的结构

欧元区自经济危机爆发后开始实行一系列的货币政策，为市场注入大量的流动性，但是到 2013 年 10 月，欧元区的通货膨胀率已经接近 1% 的水平，低于欧洲中央银行通货膨胀率目标的 50%，并且到 2014 年 12 月欧元区出现了负通货膨胀率，通货膨胀率下滑至 -0.2%。与此同时，欧元区 2014 年的平均失业率高达 11%，欧盟部分国家的失业率甚至超过 20%，给欧元区经济复苏和社会稳定带来了极大的威胁。因此，2015 年 1 月 22 日，欧洲中央银行正式开启实质性的"欧洲版"量化宽松政策，为支持欧元区经济的复苏，欧洲中央银行开始实施了扩展资产购买计划（EAPP），包括每月购买 600 亿欧元的欧元主权债券、扩大欧洲中央银行资产购买计划，并且欧洲中央银行宣布其购买计划要与物价稳定的目标相协调。目的是防范低物价对工资的冲击，通过刺激投资和消费使通货膨胀率回升。

在欧洲中央银行重大的制度突破下，欧洲中央银行真正承担了最后贷款人的职责，同时，通过直接货币交易计划和扩大资产购买计划为欧元区成员国提供融资便利，并使得长期利率水平保持在较低位置。2016 年欧元区经济实现了超预期的复苏，年化增长率达到了 1.8%，2017 年继续保持良好的增长态势，增长率可能达到 2.4%，截至 2017 年底，欧元区实现了 18 个季度的正增长，可以说欧元区经济也开始了较为实质性的复苏。

但是，与日本不一样的是，欧元区通货膨胀水平开始抬升。德国联邦统计局的初步数据显示，2017 年德国通货膨胀水平达到 1.8%，为过去五年来的新高。物价接近 2%，说明欧元区经济复苏较为有效，但是同时也可能显示欧元区面临一定的通货膨胀压力。由于德国在欧洲中央银行中的特殊地位，欧洲中央银行可能会在 2018 年系统评估其量化宽松政策的积极影响及潜在挑战，从而结构性调整其量化宽松货币政策以及欧洲中央银行的资产负债表。2018 年欧洲中央银行可能引入前瞻性指引或阈值指引，以引导市场对量化宽松政策调整的预期，以及利率政策变化的预期。

（三）美国退出量化宽松政策

美国经济复苏较为扎实，美联储在 2014 年底就开始退出量化宽松政策，开启美国货币正常化的第一步。与日本和欧洲大规模的强化量化宽松货币政策相反，美国在经历了四轮量化宽松政策之后，经济形势不断好转，出现了稳步上升的势头。从 2013 年开始，美国的房地产市场、制造业、居民消费等各项指标表现良好，失业率降低速度超过预期，因此，2013 年 6 月 9 日美联储主席伯南克正式将退出量化宽松政策提上议程，并于 2013 年 12 月 18 日宣布，从 2014 年 1 月起将美联储购买的债券总规模由每月的 850 亿美元下调至 750 亿美元。随后联邦公开市场委员会（FO-MC）宣布将机构抵押贷款担保券和长期政府公债的收购规模每月下调 50 亿美元。2014 年 9 月，美联储宣布退出量化宽松货币政策的步骤和时间，引导市场合理预期，并于 2014 年 10 月终止资产购买计划。

随着美国经济的进一步复苏，就业市场持续改善，并基本达到充分就业水平，美联储在 2015 年开始加息，开启货币政策正常化的第二步。2015 年 12 月 16 日，美联储宣布将联邦基金利率上调 25 个基点，达到 0.25% ~ 0.5% 的水平，这是美联储自实行量化宽松政策以来的首次加息，也代表着美国的宽松货币政策面临结束。但是，美国经济复苏基础并不牢固，不确定性因素较多，因此量化宽松的退出过程也是一个缓慢而长期的过程。2016 年仅加息一次，远远低于市场的预期。2017 年也仅加息一次，也是比市场预期的 2 ~ 3 次少。可以看到，虽然美国经济整体算是全球发达经济体中的一面"旗帜"，但是，美联储实质上还在权衡经济增长与非常规货币政策的关系，防止货币政策正常化过快进行而对经济增长和就业带来新的冲击。

美国经济全面复苏至国际金融危机之前的水平，甚至明显好于国际金融危机之前的状况，比如企业部门现金流、利润以及金融市场指标等，美国三大股指均屡创历史新高，美联储开始着手进行货币政策正常化的第三步，即调整中央银行资产负债表。2017 年 10 月，美联储在加息 5 次之后开始进行金融危机以来的资产负债表整固计划，2017 年从市场回收 300 亿美元流动性或减少 300 亿美元资产，2018 年预计从市场回收 4 200 亿美元流动性或减少 4 200 亿美元资产。

四、美国、日本、欧洲未来政策走势及影响

日本经济增长预期虽然维持稳定，但是通货紧缩仍是困扰日本的主要问题。虽然日本近年来表现出较为稳健的复苏态势，但是日本经济已经不具备高增长条件，考虑到人口老龄化问题、政府高债务问题、产业结构转移等结构性因素的影响，虽然量化宽松政策并没有给经济增长带来预期的效果，但是，如果没有持续的量化宽松政策，日本经济可能更加困难。基于日本经济的基本面以及量化宽松政策的重要性，预计未来 1～2 年日本仍将维持相对稳定的质化量化宽松政策。

欧元区受能源价格上涨的影响，2016 年底的年化通货膨胀率达到了 1.1%，CPI 同比上升 1.1%，均创国际金融危机以来的新高。2017 年以来，欧元区物价也保持温和上行的状态，2017 年 12 月欧元区 CPI 同比上涨 1.4%，德国 2017 年 CPI 同比增长 1.8%，这说明欧洲中央银行量化宽松政策和成员国结构调整中，欧元区通货紧缩的风险在一定程度上得到缓解。欧元区受石油价格相对较低和宽松货币政策的影响，私人消费将增强，这将在一定程度上抵消净出口下降的影响。整体上欧元区和欧盟经济呈现温和复苏的状态。但是，由于欧元区社会经济结构性改革力度不够，欧元区统一货币政策和分散财政政策的二元结构矛盾尚未解决，经济增长基础不够稳固，以及成员国政治因素的不确定性，欧元区未来经济增长仍处于持续弱增长态势，因此欧洲全面退出量化宽松时机尚不成熟，预计 2018 年欧元区将继续维持零利率政策，并整体维持量化宽松政策框架，2018 年秋季之后欧洲中央银行可能会适当调整其资产负债表的结构，一定程度上实施"结构性"缓慢退出政策，以权衡量化宽松政策的利弊，这个态势预计将在 2018 年中期后进一步明朗化。

美国作为全球最具实力的经济体，随着货币政策和经济结构调整成效的初显，美国经济在就业、投资和消费领域逐步回升。由于美联储加息预期的升高，全球资本回流趋势明显，美国经济增长将逐渐向常态回归。但

是，由于美国财政政策、货币政策等经济政策的实施时机和实施规模等仍面临诸多的不确定性，美元升值和长期失业率下降带来的通货膨胀率上升，使得美联储加息的概率不断加大，预计未来美国会继续收紧货币政策，并实质性地进行资产负债表整固，即缩表过程，这也意味着美国退出量化宽松正稳步进行。

受美联储加息预期提高的影响，制造业将受到负面影响，并且石油价格相对低位将进一步抑制石油、天然气等采矿业的投资。除此之外，美元汇率的大幅波动，将给公司资产负债表和融资带来压力。但是，由于美国不断加强住房市场和劳动力市场投入，并且金融条件相对宽松，因此整体经济将继续保持较为强劲的增长势头。与此同时，美国的新市场、新行业和新技术，将成为未来经济发展的新的增长点。美国退出量化宽松之路将给新兴经济体尤其是中国带来巨大影响，在美联储加息与中国中央银行放松货币政策的过程中，中美两国货币政策的分化，会给中国货币政策操作带来牵制。随着美元和人民币利差的收窄，人民币兑美元汇率将继续面临贬值压力，给中国维持汇率稳定带来难度。并且随着人民币贬值预期增加，会导致短期资本外流，使得中国国内银行面临流动性短缺的风险。

第五节　量化宽松政策环境下的国际协调

在经济全球化日益深化的情况下，发达经济体的量化宽松政策不仅对本国经济，乃至对世界经济都产生重要的影响。美国逐渐收紧的货币政策与欧洲和日本持续扩张的货币政策，将通过对汇率和资本流动的影响，同时作用于各国进出口贸易。由于欧洲和日本经济的低迷，全球总需求扩张基础薄弱，新兴经济体外部需求不足，资本流出可能性增大，部分新兴经济体仍将面临严重的金融风险。与此同时，欧洲主权债务危机虽然给欧洲带来了结构调整和制度改革的动力，但是欧元区统一的货币政策和分散的财政政策的二元结构矛盾没有得到实质性的改善，加上欧洲实施大规模且长时间的宽松货币政策，不仅使得欧洲未来的实质性复苏充满变数，同时由量化宽松政策所创造的流动性，将对新兴经济体产生外溢作用，尤其是给全球的金融市场带来较大的不确定性。一方面，宽松的货币环境使得国际金融市场中以投机为目的的投资增加，包括高收益、低级别债券发行势头强劲、杠杆性银团贷款出现上升势头、股票市场上股价与公司基本面的关联性减弱，等等。另一方面，美联储逐步退出量化宽松、提高联邦基金利率、进行资产负债表整固，这相当于是一个信用相对收缩的过程，将使新兴经济体面临国际资本大量撤离的风险，这对新兴经济体本币有贬值压力，对负债率较高、资本项目开放的国家来说是极大的挑战。再者，由于美国和日本的高负债率，一旦发生风险就可能导致全球性的金融危机。因此，必须促进量化宽松政策在全球范围内的协调，以化解金融危机再次发生的风险。

2016 年 9 月 G20 杭州峰会，二十国集团领导人在加强政策协调、创新增长方式、建设高效的全球经济金融治理、促进强劲的全球贸易和投资、推动包容和联动式发展以及影响世界经济的重大全球性挑战等几个方面达成共识，积极应对金融市场潜在动荡和经济增长动力不足等问题。G20 强调，为实现经济可持续增长和全球增长动力转型，增强各经济体抗风险能力，必须加强政策设计和协调，包括货币政策、财政政策和结构性改革政策。以货币政策维持价格稳定，以财政政策确保债务水平占 GDP 比重保持在可持续水平，以结构性改革政策促进经济增长，通过清晰明确的政策制定，协调各发达经济体量化宽松政策在全球范围内的外溢，减少政策的不确定性及负面外溢效应。G20 领导人认为，加强应对资本过度流动带来的风险管理，建立全球金融安全网；完善金融监管框架，构建具有抗风险能力的开放金融体系；建立全球公平、现代化的国际税收体系，提高税收确定性，促进税收增长；推动绿色金融，支持全球可持续发展；强化包容增长，促进基础设施投资，创造高质量就业，推动包容和联动式发展；积极应对英国脱欧公投给经济和金融带来的不确定性。

2017 年 G20 汉堡峰会同样对全球宏观政策协调给予了重要的关注。汉堡峰会的主题是"塑造联动世界"，核心议题涉及三个方面：经济稳定性、改善可持续性以及负责任发展，汉堡峰会整体仍然延续 2016 年杭州峰会的核心关注，重点强调全球经济稳定发展及其政策框架。汉堡峰会领导人宣言强调，各个经济体要继续各自以及共同使用所有政策工具，包括货币、财政和结构性改革政策，以实现我们强劲、可持续、平衡和包容性增长的目标，同时增强经济和金融韧性。货币政策将继续支持经济活动，保持价格稳定，与中央银行职责相一致。

一、加强国际金融监管协调

量化宽松政策所带来的国际资本流动问题，是各主要发达国家以及新兴经济体所关注的重要问题。在全球范围内对资本流动进行有效监管、降低资本流动性风险，是维护世界金融稳定的关键，为此需要加强国际间的金融监管协调。

（一）建立具有韧性的国际金融监管制度

目前，《巴塞尔协议》是国际上较为系统的国际金融活动规则，但是由于该协议覆盖面较小，普适程度尚不清晰，虽然对全球金融监管具有重要的参考和指导意义，但是仍不能作为全球统一的国际金融监管制度。随着金融全球化程度的加深，资本的流动性打开了金融的国界，国际金融市场需要一个统一的规则和具有韧性的金融体系。因此，建立统一的国际金融监管制度是国际金融监管改革的一项重要内容。G20 是全球主要经济体发挥协调作用的平台，中国作为世界第二大经济体，应该借助 G20 平台大国作用，积极促进建立国际统一的金融监管制度，在保护本国金融产业的同时，提升中国在国际金融领域的影响力。2017 年汉堡峰会领导人宣言提出建立具有韧性的全球金融体系。一个开放、具有韧性且基于已议定国际标准的金融体系对支持可持续增长至关重要。我们继续承诺完成并及时、全面和一致地落实已议定的二十国集团金融部门改革议程。我们将推动完成《巴塞尔协议Ⅲ》框架，在促进公平竞争环境的同时，避免进一步大幅度提高整个银行业的总体资本金要求。

（二）设置防范国际金融风险的区域应对机制

国际金融风险可以通过利率、汇率、国际收支差额以及国际游资等形式，对各国国内金融运行造成威胁，进而造成各国国内投资者的恐慌，投资者的恐慌情绪和消极情绪将放大国际金融风险，从而对国内金融市场产生更为不利的后果。尤其是在资本流动性加大的情况下，监管部门应密切关注金融活动，在各国范围内设置防范国际金融风险的区域应对机制，防止因资本的流动速度过快而引起的金融危机，在全球统一监管的框架内发挥区域监管的作用。G20 领导人一致认为，需要增强国际金融架构和以强劲的、以份额为基础的、资源充足的国际货币基金组织为核心的全球金融安全网。

（三）寻求各国金融监管博弈的均衡点

各国在参与国际金融监管的时候，不可避免会面对金融产业竞争力和监管力度之间的矛盾，各国金融监管与国际金融监管协调之间的博弈从未停止。削弱一国金融产业竞争力的国际金融监管制度是无法有效实行的，因此，G20在探索国际金融统一制度的时候，应权衡各国的权益，尽可能去寻找各国金融监管博弈的均衡点。由主要发达经济体发起的量化宽松政策，对新兴经济体产生巨大的溢出作用，因此在权衡各国金融监管权益的时候，尤其要充分考虑新兴经济体的利益。而对于新兴经济体而言，金融监管创新明显不足，应该加快自身的金融监管改革，以适应国际金融监管统一的需要。

二、加强宏观政策协调

量化宽松政策在全球范围内的溢出效应给世界经济尤其是新兴经济体带来巨大挑战，主要表现在以下几个方面：一是大量资本流向新兴经济体，导致这些国家股票市场和房地产市场过热，催生了大量资产泡沫，严重影响新兴经济体的金融稳定。二是国际大宗商品价格不断提高，发达经济体的量化宽松创造出的巨大流动性，无法在本国范围内消化，其溢出效应致使国际大宗商品价格不断提高，给新兴经济带来通货膨胀的压力。三是发达经济体的公共债务水平不断提高，量化宽松政策使得发达国家货币贬值，在一定程度上缓解了这些国家的债务压力，但是却使债权国的权益受损。溢出效应所引发的上述问题，直接影响到各国的贸易和金融体系。一方面，发达经济体对国际大宗商品的需求在全球总需求中占比较大，其国内经济波动和政策变化将通过国际贸易对国际大宗商品的价格产生影响，从而间接对新兴经济体的经济增长、通货膨胀、进出口带来冲击。另一方面，国际资本流动速度加快会通过汇率、利率、资产负债等宏观变量，对实体经济产生连锁反应。为此，各发达经济体和新兴经济体必须加强宏观政策的协调，以应对量化宽松政策对本国实体经济的冲击，防止经济危机再次发生。

（一）建立债务管理协调机制

量化宽松政策的实行，使得各国中央银行持有大量政府债券，发达经济体的政府债务水平大幅攀升。由于政府债券可以作为银行接受的抵押品，因此各国的债务水平和金融稳定之间的关系进一步加强。在后金融危机时代，为缓解量化宽松政策的不利影响，各国应基于 G20 的平台建立起债务管理协调机制，增加债务管理的透明度，提高债务管理质量，增强各国在面对国际金融变化时的适应能力。

（二）建立区域性汇率协调机制

量化宽松政策使得亚洲的新兴经济体经历了更大规模的资本流入，因此在面对美国退出量化宽松和欧元区与日本强化量化宽松时，所要经受的资本流动性冲击更大。汇率的波动将严重冲击包括中国在内的亚洲新兴经济体的宏观经济稳定，因此可以考虑建立区域性汇率协调机制，共同维护地区经济稳定。

（三）推动结构性改革

结构性因素是影响一国可持续发展的重要因素，包括经济基本面结构和经济政策结构。经济基本面结构如人口结构、收入结构、金融发展结构、经济增长预期等，这些基本面结构虽然短期不会发生较大改变，但从长期来看会通过投资、贸易、储蓄等因素影响一国经常账户差额。经济政策结构包括财政政策、货币政策、国际贸易政策等，这些政策因素将直接影响一国的经济发展状况。金融危机之后，各国都面临着结构性改革，一方面是由于自身经济发展规律所引起的结构性转变，另一方面是由于各国为复苏经济而采取经济政策促进结构性调整。在积极推动经济结构性改革，扩大内需，促进经济稳定增长的同时，减少对国际贸易的依赖度，可以增强各国对国际金融冲击的防御能力。

第六节 全球负利率政策：操作逻辑与实际影响

2008 年国际金融危机之后，全球数个国家的中央银行先后对金融机构在中央银行的存款便利（如欧洲中央银行的边际存款便利等或者回购融资活动）实行名义负利率政策，并将其作为一种频繁使用的货币政策的工具。负利率政策冲击了传统的货币政策理论和实践，并对全球资产定价形成了挑战，影响深远。基于此，本节主要探究以下几个问题：全球负利率政策的基本背景和特征，中央银行负利率政策的实施逻辑，全球负利率政策的实际效果，对中国的影响和应对，等等。

一、负利率政策的基本背景

如果从各类货币市场名义利率（包括国债收益率、存款利率以及主要的货币政策利率等）这一宽泛的范围来看，负利率政策并不是首次出现，历史上个别国家曾经出现过名义利率为负的情形。（1）美国。在大萧条和2008年国际金融危机时期，美国国库券收益率都曾为负。（2）瑞士。在20世纪70年代，瑞士国家银行曾经对外国存款实行负利率政策，防止过度的资金流入对瑞士法郎产生负面影响。（3）日本。20世纪90年代，日本政府债券收益率也曾经为负。但全球范围内多个国家同时实行负利率政策尚属首次。

与负利率政策相关的基本背景是国际金融危机与欧洲国家的债务危机，以及量化宽松等非常规货币政策。2008年国际金融危机爆发后，美联储等中央银行为了救助金融机构，通过购买政府部门和私人部门的债务，向市场投放了巨额流动性，即量化宽松的非常规货币政策。由于多重因素影响，金融机构资产配置非常消极，将大量资金再次存入中央银行。部分中央银行为达到其政策目的，开始对经常性融资便利（如超额存款准备金）实施负利率政策，驱赶停留在中央银行账户的多余流动性。如表2－4所示，近年来，实行负利率政策的中央银行包括瑞典中央银行、丹麦中央银行、欧洲中央银行、瑞士国家银行、日本中央银行和匈牙利中央银行。还有一些国家已经实行低利率政策多年，如英格兰银行、加拿大中央银行等，其关键利率长期徘徊在零利率附近。

表2－4 部分国家和地区负利率政策实施情况（截至2018年2月）

国家或地区	起始时间	负利率政策内容
丹麦 中央银行	2012年7月	2012年7月，下调7天大额定期存单利率至－0.2%
		2014年9月，上调7天大额定期存单利率至－0.05%
		2015年1月，三次下调7天大额定期存单利率至－0.5%
		2015年2月，下调7天大额定期存单利率至－0.65%，保持至今
欧洲 中央银行	2014年6月	2014年6月，下调隔夜存款便利利率10个基点至－0.1%
		2014年9月，下调隔夜存款便利利率10个基点至－0.2%
		2015年12月，下调隔夜存款便利利率10个基点至－0.3%
		2016年3月，进一步下调隔夜存款便利利率10个基点至－0.4%，保持至今

续表

国家或地区	起始时间	负利率政策内容
瑞士 国家银行	2014 年 12 月	2014 年 12 月，将隔夜存款利率下调至 −0.25%
		2015 年 1 月，将隔夜存款利率下调至 −0.75%
		截至 2018 年 2 月，隔夜回购利率为 −0.74%，3 个月期银行间拆借利率为 −0.73%，10 年期瑞士联邦债券收益率为 −0.06%，瑞士国家银行政策利率盯住范围为 −1.25% ~0.25%
瑞典 中央银行	2009	2009 年 7 月，下调 7 天回购利率至 0.25%，导致隔夜存款利率下降至 −0.25%
		2014 年 10 月，下调 7 天回购利率至 0%，导致隔夜存款利率下降至 −0.75%
		2015 年 2 月，直接下调 7 天回购利率至 −0.1%
		2015 年 3 月，下调 7 天回购利率至 −0.25%
		2015 年 7 月，下调 7 天回购利率至 −0.35%
		2016 年 2 月，下调 7 天回购利率至 −0.5%，保持至今
		截至 2018 年 2 月，瑞士法郎 3 个月期 Stibor 利率为 −0.476%，中央银行参考利率为 −0.5%
日本 中央银行	2016 年 1 月	2016 年 1 月，下调超额存款准备金利率 10 个基点，至 −0.1%，维持至今；截至 2018 年 2 月，无抵押隔夜存款利率为 −0.046%
匈牙利 中央银行	2016 年 3 月	下调隔夜存款利率至 −0.05%，保持至今

资料来源：欧洲中央银行、瑞士国家银行、丹麦中央银行、瑞典中央银行、日本中央银行、匈牙利中央银行网站、Carlos 等（2016）。

从这些国家的政府债务/GDP、通货膨胀率、失业率等宏观经济指标来看，实施负利率政策的国家有部分相似特征。例如，欧盟在近年来备受债务危机困扰，而日本政府债务长期以来也高居全球榜首，二者都面临经济长期不振的事实。因此，二者实施负利率政策的着眼点在于刺激实体经济。例外的是，虽然瑞典、瑞士和丹麦的债务率在全球都处于低位，尤其是丹麦，其经济增长率甚至高达 4.2%，但这些国家同样实施了负利率政策。据悉，其政策目标是通过负利率政策调整汇率，防止其他国家资金大量流入本国，推高本币升值。从而保护原本已经很脆弱的经济。可见，负利率政策诸国和地区的具体目的并不一致，掺杂多重因素。

表 2 - 5　　　　　　实施负利率政策的主要国家和地区的
部分宏观经济数据（2017 年 9 月）

	债务率	CPI（同比）	失业率	GDP 增长率（Q2）
欧盟	89.1%	1.5%	9.0%	2.3%
瑞典	41.9%	2.3%	6.7%	1.3%
瑞士	33.54%	0.7%	3.0%	1.5%
丹麦	37.8%	0.7%	4.3%	1.5%
日本	249.13%	0.3%	2.8%	1.7%

资料来源：Wind 数据库，各国中央银行网站。

在 2016 年之前，这些经济体都经历过核心 CPI 为负、GDP 增长率低迷的情况，持续时间约 3 年，当时都面临通货紧缩、经济增长低迷的压力。与大多数的市场判断不同，这些正在实行负利率政策的国家中，除了日本，并没有面临奇高的债务率。如果单独看以上国家和地区的债务率，情况如表 2 - 6 所示。

表 2 - 6　实施负利率政策的主要国家和地区的政府债务/GDP 比率

	2017 年	2016 年	2015 年	2014 年	历史最高	历史最低
欧盟	89.1%	83.5%	90.7%	92%	92%	64.9%
瑞典	42.2%	41.6%	43.4%	44.8%	72.4%	36.8%
瑞士	33.4%	34.4%	34.4%	34.7%	51.6%	25.1%
丹麦	36.0%	37.8%	40.0%	44.8%	58.1%	27.3%
日本	250.2%	250.35%	229.2%	226%	229.2%	50.6%

资料来源：各国、地区政府及中央银行网站。

也就是说，除了日本，欧洲地区的负利率政策国家的政府债务率已经过了历史最高点，目前的情况相对于最糟糕的时候已经缓和了不少。除了个别欧洲国家债务率较高之外（例如希腊债务率为 179.00%），欧洲地区整体债务率水平在全球处于低位，低于经历过次贷危机的美国的债务率（见表 2 - 7）。世界银行的统计显示，欧盟政府债务率 2016 年在全球位居第 23 位。

表 2－7 2017 年全球主要国家和地区的政府债务率

国家和地区	美国	中国	英国	欧盟	日本	加拿大	澳大利亚
政府债务率（%）	105.4	<40	87.6	89.1	250.2	91.5	36.8
历史最高点（%）	122	43.9	89.3	86.7	250	102	36.8

资料来源：世界银行，各国、地区政府及中央银行网站。

另外需要说明的是日本中央银行，2016 年的负利率政策是该行第二波低利率政策。之前一次是其在 1999 年对无担保银行间隔夜拆借实行零利率政策，理由是担心日本经济会陷入通货紧缩。第一次零利率政策在 2000 年结束，实行时间不到两年。但是零利率政策并没有对日本经济起到明显的改善作用，尽管当时的市场实际利率已经为负，但其没有实行名义负利率政策。此次日本实行名义负利率，伴随着其中央银行对私人债务的购买，即量化＋质化宽松（QQE）政策。一方面，表明其依然深陷债务泥潭；另一方面，表明其有明显的追随效应。日本中央银行乐观地认为，这一措施能改变以往只购买公共债务的量化宽松政策的低效性。

总体来看，实行负利率政策的国家近年来都曾面临政府债务率攀升、GDP 增长率低、失业率居高不下、本币面临升值压力等宏观经济基本面因素。这些因素是推动这些国家的中央银行实施负利率政策的重要原因，只是这些因素在各国政策目标中轻重不一。如欧盟、日本应对债务危机、刺激经济的意图更为明显，而瑞士、瑞典和丹麦力图避免因资金流入造成本币升值的政策意图更为明显。

二、负利率政策的理论回顾

在此次多国实行负利率政策之前，学术界对于此问题有过一些讨论，集中于中央银行能否突破零利率底线（Zero Lower Bound）、中央银行如何避免实行负利率政策、负利率政策的影响和评价、中央银行如何应对等基本问题（Keynes，1936；Gesell，1916；Summers，1991；Fischer，1996；Krugman，1999；Goodfriend，2000；Freedman，2000；McCallum，2000；Buiter & Panigirtzoglou，2003；Cecchetti，2009；Blanchard et al，2014；Anderson & Liu，2013）。多国负利率政策实践直接刺激了学术界对这一问题的重新关注，近期的文献大致集中讨论了如下几个问题：为什么实施负利率政策，负利率的性质或合法性探讨，负利率的效果和影响，等等。笔者将这两个时期的文献结合在一起，对比分析如下。

(一) 为什么实施负利率政策?

一部分学者认为，实体经济的低迷是中央银行负利率政策的逻辑起点。Hall (2015) 认为负利率政策的源头在于通货膨胀，过低的通货膨胀率是中央银行负利率政策的起点。进一步延伸，产出需求不足导致实体经济的低增长，最终导致了较低的通货膨胀率，因此，深化产出缺口是负利率政策的根本目的。2016 年 9 月，国际货币基金组织曾发出警告，全球可能陷入"低增长陷阱" (Lagarde，2016)。美国前财政部部长萨默斯 (Summers，2013) 也曾提出过"长期增长停滞论"。因此，不少学者认为，名义负利率政策实施背景是全球长期弱增长、增长停滞。也就是说，负利率政策对应的经济弱增长、负增长，是全球实体经济低迷增长的镜像，从而负利率政策没有脱离教科书里面的常识和原理 (Coeuré，2016b)，而根据一般的经济学原理，名义利率对经济增长影响的基本机制是：对潜在产出增长有实质性作用的是均衡利率，名义利率政策则可以决定的是实际利率水平。如果实际利率水平高于均衡利率，对经济活动会有收缩作用；如果实际利率水平低于均衡利率，则会刺激经济活动。因此，在通货膨胀率不变的情况下，中央银行制定较低的名义利率可以降低实际利率水平，从而使其低于均衡利率，刺激产出回到潜在产出水平，从而增强通货膨胀压力、提高预期通货膨胀率，使之不"抛锚"，从而不陷入通货紧缩 (Coeuré，2016b)。也就是说，不断下降的产出需求和低通货膨胀，内在地导致了负利率政策的产生。持这种观点的学者不在少数，例如 Goodfriend (2000)、岩田一正等 (2016)。

但是，这一观点通常假设一国的潜在增长率和均衡利率保持固定，但实际情况并非如此。以欧洲地区为例，在实行名义负利率政策之后，在债务冲击等因素刺激下，欧洲地区的潜在增长率和均衡利率已明显下降，据 Coeuré (2016b) 估计，潜在增长率从欧债危机前的 1.6% 跌至 2016 年的 0.7%。因此，这种观点直接回避了名义负利率政策的本质，只是直观地解释了中央银行名义负利率政策的期望，没有完全回答其存在的合理性，也可以说，没有回答负利率政策的性质和本质。

也有学者认为，负利率政策主要源于全球投资者对安全性资产的追逐。也就是说，过多的流动性追逐安全的金融交易资产，后者明显供给不足，导致金融资产实际的期限溢价不断下降，从而拉低了市场利率。其背后的基本逻辑是，实际的期限溢价连同预期通货膨胀率、通货膨胀率和短期实际利率的预期走势一起决定了市场利率水平。而当前，这四个因素均在下降，具体原因是：（1）预期通货膨胀率、通货膨胀率过去 30 年一直在下降，源于中央银行有效控制通货膨胀行为产生的信誉。（2）实际的期限溢价不断下降的原因是，全球出现"储蓄鸿沟"（Saving Glut），金融危机的爆发使全球安全性金融资产供不应求。（3）短期实际利率也在不断下降，主要源于周期性因素如储蓄—投资以及投资者对未来货币政策的悲观预期等（Constâncio，2016）。因此，这种观点与第一种观点的内在逻辑基本一致，即负利率政策的根源在于实体经济自身的低迷，货币当局只是顺应实体经济的需要降低了利率。其隐含的意义之一是，货币当局为了宏观经济调整，将无须对负利率政策造成的负面影响负责。这是目前为止很多学者的共识，也是不少货币当局的共识，但显然不能完全说服公众。毕竟，在人们的日常交易常识中，债权人的权利一直是占优的。

（二）负利率的性质或合法性探讨

负利率政策相当于一种税收，最早提出这种观点的是 Gesell（1916）。他认为负利率政策相当于对货币征收"持有税"（Carry Lax），持有税可以用来应对窖藏货币行为，其将直接增加个人持有货币的成本，迫使人们将货币借出。并且，只有当零利率底线成为货币政策的束缚时，才可以征收货币持有税。按照 Gesell（1916）的理论，目前的负利率政策是中央银行对商业银行征收持有税，为的是不鼓励商业银行窖藏货币，持此观点的学者包括 Anderson 和 Liu（2013）等。诚然，目前的负利率政策主要是在金融机构和中央银行之间进行，尚未涉及个人交易账户。而个人是最难接受负利率政策的，因为负利率政策必须具有法理基础才能生效。

Mersch（2016）认为，负利率政策对公法和私法都带来了挑战。例如，很多金融产品的收益率在交易协议中都以市场利率为基础，没有明确是正的还是负的市场利率。按照惯例，市场利率一般不会为负，因此，名义负利率政策直接增加了这些金融交易的法律风险。相关合同法必须重新修改，对负利率政策及其对交易的影响作出合理说明。同时，《欧洲中央银行法》规定，"货币政策工具选择必须是必要的、合理的、合适的"。他认为，虽然欧洲中央银行的负利率政策遵循了这些法律规定，但负利率政策还是挑战了欧洲中央银行的货币政策的合理性，由此产生的相关法律问题会给中央银行带来较高的解释成本。

2015 年，瑞士国家银行在实行负利率政策之际，探讨了负利率政策的一些本质问题。问题之一就是，负利率还能算得上利率吗？结论是，负利率不符合传统的利率定义，其已经不是利率，而是对贷款人提供的资金的征税（SNB，2015）。虽然如此，在实践中，瑞士税收当局并没有收到负利率征税的收入。Ranson（2016）认为，负利率政策虽然在法律、文化和伦理方面都有阻碍，但其在经济学意义上没有阻碍。他认为，名义利率与通货膨胀率紧密相关，既然现实世界存在负的通货膨胀率即通货紧缩，那么，在通货膨胀预期持续为负时，就可以存在负名义利率。市场利率只有与预期通货膨胀率一致时，金融市场才能有效运行，因此，负利率政策对经济有正面影响。Coeuré（2016a）则认为，人们之所以对负利率政策提出质疑，主要是因为人们已经习惯于用名义值来计价，负利率政策挑战了"拇指规则"（也称经验法则）。而实际上，在过去很多年，我们已经经历过实际利率为负的时期，与此相比，负名义利率政策没有改变什么，没什么不同，公众持现金的成本过高，也就迟早会适应负名义利率政策。他还认为，从经济学意义来看，负利率到底可以多低，取决于公众持有现金的成本有多高。

（三）负利率的效果和影响

Goodfriend（2000）认为，美国在大萧条时期的负利率政策起到了恢复经济的作用。然而，此轮负利率政策自实行以来，绝大多数学者对于其预期效果并不看好。Pally（2016）认为，负利率政策是无效和危险的。零利率政策建立在利率可以影响就业的思维上，以增加债务、提高通货膨胀率为政策目标本身就是错的。而且，零利率政策还会引发负面效果，即负利率会减少总需求、引发金融不稳定、引发货币战争等。Siegel 和 Sexauer（2016）并不认为负利率政策顺应了自然利率的潜在趋势，而是一种金融压抑，扭曲了资金价格。这种金融压抑有成本，包括应付但未付给存款人的利息、股票和资产收益的连锁效应、扭曲的政策意图产生的成本等。Mersch（2016）从社会视角分析了负利率政策的实施效果，认为负利率政策会带来很多社会问题。如负利率政策造成的一些金融机构倒闭会增加失业，或者，负利率政策直接歧视了储蓄者，由此可能会带来严重的社会问题。他认为，这些问题如果考虑不周，可能给欧洲地区带来新一轮衰退，得不偿失。Coeuré（2016a）认为，负利率政策实施国还没有完全考虑其影响。比如，负利率政策产生的收益如何纳税问题，以及一些程序化的金融交易如何处理负利率问题，等等。

关于负利率政策对货币政策传导机制和效果的影响。Carlos 等（2016）研究认为：（1）负利率政策下的货币政策传导渠道与传统货币政策无异，但负利率政策更为复杂，从而约束了货币政策效果。（2）自负利率政策实施以来，许多关键的金融参数开始随着标准的货币政策传导机制的改变而改变。（3）负利率政策会对金融稳定产生风险，尤其是政策利率持续为负，潜在的负面影响包括对商业银行和其他金融中介利润的侵蚀、过度的风险承担等。但尚没有明确的证据来验证。（4）与其他非传统货币政策一样，负利率政策对新兴经济体和发展中国家有溢出效应。

关于负利率政策对汇率的影响。Hameed 和 Rose（2016）研究了 2010 年 1 月至 2016 年 5 月期间，在五个经济体（丹麦、欧盟、日本、瑞典、瑞士）实行名义负利率政策的情况下，全球 61 种货币的有效汇率和双边汇率波动，发现负名义利率对汇率几乎没有影响。

关于负利率政策对商业银行的影响。Brunnermeier 和 Koby（2016）认为，负利率是一种"逆行的利率"，会降低商业银行的利润，从而降低其资本充足率，会导致银行贷款萎缩，从整体上对商业银行产生负面效应。Coeuré（2016a）也认为，负利率使得商业银行的负债成本降低，资金变得更便宜，在短期内对商业银行的借短贷长业务模式的影响为正面，其长期总影响难以明确。

也是因为其实施效果不明朗，没有实施负利率政策的国家才对其望而却步。Bernanke（2016a）提及，2010 年 8 月美联储曾在内部深度讨论了实施负利率政策的可能性，鉴于对负利率政策的最终效果难以估计，各方反应冷淡。他还提及，负利率政策不符合传统，中央银行实施负利率政策需要考虑法律程序和许可，法律允许中央银行实行负利率政策吗？这是首要的难题，在实施之前必须解决。另外，关于负利率政策的影响，美联储并不担心商业银行的净利差，更为关注其对货币市场基金的影响。总体而言，他认为美联储在未来实行负利率政策的可能性微乎其微。事实也已经证明，美联储走向了相反的方向，在经过几轮量化宽松政策之后，于 2016

年 12 月率先加息，走出低利率政策。

在上述研究文献中，学者们大致集中研究了实施负利率政策的原因、影响及其性质问题。总体来看，学者们对于负利率的实际效果并不看好。也因此，有不少学者建议应该尽量避免陷入负利率政策，例如，Blanchard 等（2014）建议，可以通过中央银行提高通货膨胀目标水平的方式，打破经济周期下行，从而避开负利率政策。但 Bernanke（2016a）并不认为仅仅提高通货膨胀目标就可以完全避免负利率政策，因为在充满不确定性和不完全信息的情况下，中央银行难以管理和影响私人的通货膨胀预期；而且，因生活成本提高等因素，公众普遍不欢迎高通货膨胀。无论如何，多国已然开始实践负利率政策，关注其实际操作和运行效果对中国至关重要。

三、中央银行负利率政策操作逻辑和影响

金融危机是突发性事件，需要非传统的货币政策来应对，如货币大规模增发政策。这些政策的合法性和合理性在传统的货币政策规则中也被强调说明过。这一期间的货币政策一般具有短期、应急、非常规特征，负利率政策显然具有此特征。在这种语境下，探讨中央银行负利率政策的实施逻辑和实际影响或许更有意义。

（一）中央银行负利率政策的操作逻辑

无论是哪家中央银行，其实行负利率政策都必须借助一个有力的操作手段。而这种操作手段使其在实施过程中得以顺利推行，货币市场交易者从各个方面都能够接受，最终才发挥了效用。如果在操作过程中失去合理性，那么负利率政策最终只能扰乱现有的货币市场交易秩序，而不是改善。因此，必须首先明晰负利率政策的操作逻辑。

1. 基本操作逻辑——让超额存款准备金利率成为基准利率下限。通过观察发现，在实践中，中央银行的负名义利率政策多指对超额存款准备金征收利息，通过超额存款准备金作为标的进行操作。即欧洲中央银行、日本中央银行的负利率政策主要依赖对超额存款准备金征税来实现。在此过程中，超额存款准备金利率为负，并逐步成为基准利率的重要参考指标。

超额存款准备金利率何以成为基准利率的下限？各国中央银行在利率市场化改革之后都形成了基准利率体系，以合理干预并引导市场利率。美

国为联邦基金利率（银行间隔夜拆借利率）和 90 天国库券利率；日本为无担保的银行间同业拆借利率；欧盟则在欧元区推广利率走廊，选择了基准利率的浮动范围，上限为边际贷款利率，下限为边际便利存款利率；加拿大为拍卖政府 90 天国库券形成的利率加成定价形成的利率；英国为两周国债回购利率；德国为 7 天或 14 天国债回购利率；法国为一周国债回购利率；西班牙为 10 天国债回购利率。而国际金融市场中常用 LIBOR（伦敦银行同业拆借利率）作为金融产品定价的基准利率。无论在哪个国家或地区，超额存款准备金利率以往均不在基准利率之列。这与整个存款准备金制度近年来整体地位弱化相关。IMF 调查数据显示，在其选取的全球主要国家或地区的 121 家中央银行中，只有 9 家中央银行不使用法定存款准备金比率这一工具（Gray，2011）。20 世纪 70 年代以来，非银行金融中介开始同商业银行竞争，在银行业压力下，大多数中央银行在 20 世纪中后期对存款性金融机构的准备金要求逐步弱化，该制度逐步淡出视野。法定存款准备金制度的演变和弱化主要源于其冻结资金的特性。然而，与法定存款准备金相比，超额存款准备金（利率）制度灵活性较强，近年来逐步被列在中央银行另一个工具包——经常性融资便利（Standing Facilities）中，与再贴现窗口、各种期限的融资工具等并列使用。欧洲中央银行、澳大利亚中央银行、加拿大中央银行、新西兰中央银行等在 2008 年国际金融危机之前就在公开市场操作中实行了经常性融资便利工具体系。2003 年，美联储也推行了经常性融资便利工具体系，与联邦基金利率体系平行。在此次金融危机之前，绝大多数中央银行都不对存款准备金和超额存款准备金支付利息。在金融危机的特殊时期，美联储启用这一政策工具的目的非常直接，即直接控制市场利率，稳定市场情绪，防止资产价格剧烈下跌。自 2008 年 9 月起，美联储开始对超额存款准备金支付利息，当时的利率是 0.5%。对此，美联储的官方解释是，"对超额存款准备金支付利息，有助于在货币市场上扩大美联储贷款便利的范围（扩展至非银行金融中介），并为联邦基金利率构建一个更低的边界"。

超额准备金利率无疑也符合无风险利率基本特征：无风险、超额准备金由央行持有、可以影响所有可以获得存款便利的金融机构及市场流动性走向。在操作技术上，超额存款准备金利率可以成为金融市场机构拆放利率的下限——如果有比此利率高的情况，超额存款准备金将从中央银行账户流向市场；反之，如果市场拆放利率或资产收益率普遍低于超额存款准备金利率，资金必然会从市场回流至中央银行。对于能获得中央银行存款便利的机构而言，可以在市场利率和中央银行超额存款准备金利率之间轻易获取利差，进行套利操作。中央银行的超额存款准备金为金融机构增加了一种资产配置选择，而这种选择的结果完全由中央银行来控制。因此，从操作逻辑和技术上，中央银行将其作为基准利率的下限是合理、可行的。在这种情况下，负利率政策才成为可能，超额存款准备金利率作为一种市场利率盯住的下限才会有效。

值得注意的是，在全球范围内，将超额存款准备金利率作为基准利率的下限，不是美联储的创新。在国内，人民银行一直以来都对超额存款准备金支付利息，但利率水平为正，而且曾经一度超过一年期定期存款利率（见表2－8）。超额存款准备金利率实质性地成为中央银行利率政策工具的下限。

表2－8　　　　　　中国的存款准备金利率和1年期定期存款利率　　　　单位：%

日期	93－ 05－15	93－ 07－11	96－ 05－01	96－ 08－23	97－ 10－23	98－ 03－25	98－ 07－01
法定存款准备金利率	7.56	9.18	8.82	8.28	7.56	5.22	3.51
超额存款准备金利率	7.56	9.18	8.82	7.92	7.02	5.22	3.51
1年期定期存款利率	9.18	10.98	9.18	7.47	5.67	5.22	4.77
日期	98－ 12－07	99－ 06－10	02－ 02－21	03－ 12－21	05－ 03－17	08－ 11－27	16－ 07－20
法定存款准备金利率	3.24	2.07	1.89	1.89	1.89	1.62	1.62
超额存款准备金利率	3.24	2.07	1.89	1.62	0.99	0.72	0.72
1年期定期存款利率	3.78	2.25	1.98	2.25	2.25	2.52	3.50

注：日期简写说明，93－05－15为1993年5月15日，其他相同。

资料来源：《中国金融年鉴》，中国人民银行网站。

其他中央银行也早就运用了超额存款准备金利率作为利率调控工具，如欧洲中央银行、新西兰中央银行、加拿大中央银行、澳大利亚中央银行、瑞典中央银行等，只不过这些国家或地区长期以来都采用单边或双边利率走廊模式调控市场利率。市场利率如洞中之蛇，游走在单边的存款便利或超额存款准备金利率与贷款便利利率之间，而且这些交易一般在中央银行的大额电子清算系统中完成。危机后，更多的国家加入这一行列，如日本。这一利率下限的有效性在 2008 年金融危机期间的欧洲中央银行、日本中央银行、英格兰银行、加拿大中央银行、挪威中央银行已经被证实（Bowman 等，2010）。

在全球，超额存款准备金利率被作为一种可操作的货币政策工具使用，有特殊的时代背景。金融危机后各国都实行量化宽松政策，导致流动性过剩，在货币政策与实体经济之间的传导环节变得不顺畅的情况下，货币停留在金融体系中的时间加长，形成了货币市场资金运行的金融周期，这一因素直接推动超额存款准备金利率被频繁使用，以增加中央银行对货币市场利率调控的效力，改变了以往中央银行基准利率更关注实体经济运行周期的不足。

2. 另一个逻辑：降低中央银行持币成本。据统计，2008 年国际金融危机之后，全球中央银行的资产负债表都扩张了多倍，例如美联储资产负债表从危机前的 1 万亿美元规模扩张为 2017 年 12 月 4.43 万亿美元；欧洲中央银行资产负债规模从 2013 年的 2 万亿美元扩张至 2017 年的 4.17 万亿美元。庞大的资产负债规模增加了中央银行的运行成本。因此，除了以上货币政策操作技术变革的背景，中央银行对商业银行超额存款准备金征税的另一个基本逻辑或许是——对冲中央银行持币成本。

中央银行的持币成本是相对概念，持币收益则是绝对概念。中央银行的流动性收益来自各种货币政策工具，如再贴现、再贷款及其他流动性支持，有收益的流动性投放是中央银行获利的根本工具。中央银行持有现金的收益减少、从而持有成本提高，为保持资产负债表账面均衡，不得不额外向超额存款准备金征税。进一步地，收益减少意味着市场对中央银行的流动性投放需求暂时放缓，放缓的原因则不得而知。

3. 操作可行性之外：利率到底由谁决定？无论如何，负利率政策昭示了中央银行在控制市场短期利率方面的权力越来越大。不禁让市场质疑，中央银行到底在多大程度上能决定一国经济体系中的利率？这一问题类同于另一个问题，即货币政策是否有用。显然，中央银行在决定短期利率、影响市场行为方面的作用极大。反对这一说法的学者认为，中央银行只能在短期起引导作用，使低的、负的短期名义利率接近较低的实际均衡利率或投资收益率，而其最终由古典理论所提到的投资和储蓄来决定（Bernanke，2016b）。利率到底由谁决定？较为客观的一般理论判断是，实际利率、潜在产出、稳定的通货膨胀率决定维克赛尔提出的"自然利率"，货币政策调节短期利率，纠正市场利率和自然利率之间的偏差。最终形成的市场利率应是资金配置结构的直接反映，合意的市场利率反映了高效的资金配置效率。

实证研究表明，在不同时期，不同的因素主导了全球的自然利率。20世纪八九十年代早期为货币政策；2000—2008 年之间，则是不断提高的新兴市场储蓄率以及全球对安全金融资产的需求；2008 年国际金融危机以来，则是各种市场因素综合作用（如金融中介大幅倒闭、悲观预期），拉低了全球自然利率（Blanchard et al, 2014）。因此，不可否认中央银行在决定市场短期利率方面有巨大权力。

从施政中央银行的期望来看，其对负名义利率的期望值应该落在实体经济领域，比如提高优质企业而非僵尸企业的信贷可得性、提高居民的通货膨胀预期等因素。但是，目前的这种操作模式使得负利率政策的直接影响主要落在了货币市场领域，而且，由于中央银行购买资产具有局限性，其直接影响的是与这些资产相关的利率和金融机构，而不是更多品种和期限的利率以及更广范围内的金融机构。在有限的货币市场利率范围内，传导过程是否顺利才直接决定其最终实际效果。日本就成为一个反例，虽然从 1999 年起，日本中央银行就执行非常低的名义利率，但其实际利率依然非常高，原因就是市场投资者对通货膨胀率的预期依然非常低。因此，比操作逻辑更为迫切的是，我们必须关注负利率政策在短期和中长期产生的实际影响。

（二）负利率政策的实际效果和影响

从理论上可以推断，负利率政策使得金融机构进入了一个新低利率环境，其商业模式可能因此改变，从而弱化中央银行的政策期望。实际的困难是，由于各国负利率政策实行时间过短，没有长周期的数据支持，我们很难直接验证其对施政国家和全球宏观经济产生的影响，只能通过观察短期内金融体系各类主体的反应，推断其实际效果和影响。

1. 在全球中央银行间产生外溢效应。在全球范围内，当大部分国家都出现流动性过剩的情况，一部分国家已经实行负利率政策，如果另外一些国家不降利率，在资本可自由流动的前提下，就会有来自全球的流动性涌入本国，本国中央银行的资产负债表就可能爆表，也意味着本币升值压力将空前之大。本币升值与资本流入本身是"双刃剑"，对当事国有利也有弊，但对于特定时期、特定国家而言，有可能意味着灾难，比如经济濒临崩溃之际的小型开放国家。

对于也实行量化宽松货币政策的国家而言，假如本国中央银行大量投放货币，但并不降低基准利率，在资本流动放开的制度条件下，两国之间的利差一般不会持久，利率平价理论会发挥作用，利差会被金融机构套利行为逐步抵消，直到该国也降低利率，两国利差消失。因此，中央银行主动实行货币政策的"量价统一"，可以减少货币市场套利空间，减少投机性资本对本国的攻击。

2. 对固定收益资产收益率产生负面影响。所有发行固定收益产品的金融机构都需要一个正的利率环境才能维持其基本的经营活动，例如保险机构、货币市场基金、其他投资基金、养老基金等。负利率政策给固定收益金融产品带来了负面影响。

首先，中央银行更加直接地控制基准利率，打破了以往固定收益产品的定价机制。负利率政策意味着基准利率被中央银行直接制定的超额存款准备金利率下限驱动，打破了以往货币政策的利率工具规则，如泰勒规则。从而改变了市场的定价预期，超额存款准备金利率成为以往市场基准利率的新基准，以往的全球金融资产定价体系将随之改变。以各国基准利率作为定价要素的各种公司债等固定收益产品，在负利率政策下将直接承担利率风险，如果公司债本身的信用风险继续加剧，公司债收益率为负也是必然的结果。

其次，负利率政策间接改变了中长期基准利率，从而改变了固定收益资产的长期预期收益率。长期利率的高低并不容易用理论来解释，现代宏观经济学模型中的利率一般是短期利率，长期利率几乎没有得到任何讨论。这与宏观经济学鼻祖——凯恩斯的基本理念有关："在长期，我们都死了。"在实践中，综合利率期限结构的预期理论和流动性升水理论，长期债券收益率等于当期短期利率和预期未来短期利率的几何平均数，以及因为承担信用风险等产生的流动性升水。当短期利率为负时，除了拉低长期债券收益率，长期债券收益率和短期利率之间的这种直接关系将消失。当然，如果对经济的预期非常乐观，长期固定收益产品会因较高的通货膨胀预期而更受欢迎，短期利率为负不影响市场需求抬高长期债券的收益率。另一种结果是，短期负利率会通过预期（比如预期负利率政策将在很长一段时间内存续）传导至长期，长期固定收益产品的收益率也将逐步为负。比如，瑞士十年期国债收益率早已为负，德国的十年期国债收益率在2016年开始跌破零，日本的十年期国债收益率接近于零。

最后，在固定收益产品收益率下降的情况下，原来以固定收益产品如政府债券等为主要资产进行配置的金融机构如人寿保险公司、养老金、货币市场基金等，则会逐步减持固定收益产品，寻求其他资产增值之道。短期内，这些非银行金融机构的收益会受到负面影响，比如多只货币市场基金在欧洲中央银行实行负利率政策之后规模萎缩，实质性倒闭。在长期，整个资本市场的投资结构会逐步改变，这种改变是资金配置效率降低还是其他还难以确定。在货币市场基金发挥重要作用的国家，负利率政策的负面作用不可估量，这也许是美国暂时避开负利率政策的重要原因之一。但是，对于公共债务固定收益产品而言，负利率显然可以减轻政府的利息负担，相对增加政府收入。

3. 对商业银行利差收益产生负面影响。虽然商业银行的利润总体取决于经济状况，但负利率政策会从存款利率和贷款利率两端缩小商业银行净利差。有研究表明，短期政策利率与商业银行的利差成正相关，即负利率政策会不断降低商业银行的净利差（Claessens et al.，2016），欧洲中央银行2016年对欧洲地区商业银行的调研结果部分支持了这一观点，但大型商业银行受影响较小。Bernanke（2016a）并不赞同负利率政策会对商业银行利润产生实质性影响，认为那些依靠批发市场、大储户存款、外国存款的商业银行不受负利率政策影响。因为这一判断有一些重要前提，即商业银行的负债依靠零售市场的各类存款、净利差在商业银行利润中占据较大比例等。而金融市场比较发达的国家（如美国），其商业银行大多依靠批发市场融资（如商业票据等），来自金融市场的非利差收入较高，因此受负利率政策影响较小。

除了净利差，负利率政策也在一定程度上增加了银行贷款。欧洲中央银行的银行贷款调查显示，负利率政策实施以来，商业银行不得不将超额存款准备金投向贷款和债券，欧洲地区的企业和居民融资环境也因此得以改善。如果在净利差相对缩小的同时，贷款总量不断提高，或许能从量上弥补利润降低的缺口，从而保持利润持续稳定。各地区经济和金融状况差异较大，造成银行贷款流向及贷款质量存在较大差异，最终的影响因地区而异。

从以上实际效果来看，负利率政策会让银行受损（利差减少），让企业盈利（降低融资成本）。也就是说，在将企业拉出债务泥潭的同时，或可能让部分商业银行再次陷入亏损泥沼。因此，必须事前权衡政策利弊，作出理性选择。

4. 削减了储蓄者的福利。目前，负利率政策只是在银行间市场等批发性融资市场、债券市场等机构之间传递，还没有国家或地区的实践显示，零售市场的名义存款利率为负。但货币市场的短期名义利率长期处于低位或负利率，将直接导致零售市场的利率走低，使存款利率或接近零。这种推测有历史数据支撑。据世界银行统计，在长期实行低利率的日本，从20世纪80年代至今，其银行存款利率平均水平为0.4%，浮动范围为0.04%～5.5%，2002年出现最低存款利率0.04%。

目前的负利率政策主要是对存款性金融机构征税，如果其政策延续期足够长，这种机构征税或会传递给存款人，形式也是负利率，长期的负利率无疑降低了存款人的利息收益。在这种情况下，存款人的行为可能会分化：一种情况是李嘉图效应，即会导致更多的储蓄行为，以获得等同于高利率情形下的利息收益。另一种情况就是维克赛尔效应，即减少储蓄、增加消费。这两种情形的前提条件之一是收入不变或增加，目前在多数国家难以实现。但现实中还存在第三种情况，低利率政策导致储蓄从商业银行流出，寻找投资收益更高的投资领域，如借道影子银行体系、私募基金体系。从目前的观察来看，各国情形差别较大。例如，欧洲地区的德国、法国，在低利率情形下其储蓄率反而有所提高，但这只能证明居民的预期或许更加悲观了，以及政府试图以低利率政策刺激消费、拉动总需求的意图落空了。

与此同时，还有部分储蓄资金流出商业银行，涌向了非银行金融机构，如影子银行体系和金融市场，这种被动选择行为在一定程度上增加了储蓄者投资的搜寻成本，也使储蓄者在金融市场中面临更大的金融风险，从而直接降低了储蓄者的福利。如果储蓄者福利的降低能够换来整个金融体系运行效率的提高，负利率政策也不失为好的政策。但是，总体而言，这种金融结构的内在变迁是否提高或降低了金融体系的资金配置效率，效果并不明朗。综合以上实际效果来看，与通货膨胀一样，负利率政策损害了依靠利息收入、固定收益产品收益等固定资本收入的群体利益，将加剧资金脱离传统的商业银行体系，整个金融体系将逐步转向非银行金融机构和金融市场等直接融资市场。商业银行必须加大主动负债才能维持经营，原来以固定收益产品为主要资金配置对象的非银机构和基金，则必须改变投资结构，从而使投资者和融资者都将面临更高的市场风险。

除了以上四个方面的影响，负利率政策还可能引发资产价格泡沫。因为负利率政策在实践中往往配合中央银行大规模资产购买，即基础货币投放。在货币乘数作用下，其派生了数倍规模的市场流动性。在长期，如果实体经济没有出现新的增长点和可观的投资回报，如此大规模和廉价的新增流动性有可能脱实向虚，继续投向金融化的经济领域，如房地产、大宗商品等，推高资产价格泡沫。从目前负利率政策国家的主要宏观经济指标变化（CPI、消费水平、GDP、投资）来看，实行负利率政策的六个国家或地区并没有达到基本的预期目标，比如 CPI 在短期回到 2% 并保持稳定。但是，大多数国家或地区的宏观经济指标都比负利率政策执行之前稍有回升。

综上所述，我们并不认为负利率政策已经明显拉动经济回暖。这也是其他国家在短期内不愿意轻易试水的主要原因。当前，全球主要国家或地区的货币政策存在明显的溢出效应，因此，所有没有执行负利率政策的国家或地区都必须全力应对。

作为全球关键货币国家，美国在 2016 年 12 月率先进入加息周期，强势应对负利率政策。2018 年，发达国家是否会持续走低，还是会追随美联储走出低利率、负利率政策？

总体来看，其负利率政策实行的时间并不长，政策效果尚不明显，未来是否转向，依然取决于其自身经济复苏情况。从生产率视角展望全球经济未来复苏，全球利率的未来走势主要取决于全球经济复苏情况，而决定全球经济增长速度的核心要素——生产率的增速一直处于低迷状态，全球经济复苏动力不足。在 2008 年国际金融危机爆发之前，一些传统因素如人口老龄化、人力资本积累速度放缓、公共投资水平下降、技术创新速度放缓、技术扩散速度减缓等均导致了生产率增速下降。国际金融危机的爆发无疑雪上加霜，一些周期性因素导致总需求下降，间接降低了劳动生产率，而其他长期性因素持续恶化则直接导致劳动生产率下降。目前，主要发达国家的劳动生产率水平基本低于1%，全球经济增长速度放慢（见表2-9）。

表2-9 全球主要发达国家的生产率增速

国家和地区	生产率增速	全球平均的生产率增速	
		年份：1990—2004	年份：2005—2016
美国	1%		
欧洲地区	0.7%		
加拿大	0.9%	0.8%	1.9%
日本	0.9%		
英国	0.5%		

资料来源：美联储《货币政策报告》（2017-07）。

鉴于生产率长期低迷给经济复苏带来的内生压力，加上特朗普政府在全球奉行的孤立主义政策，加重全球贸易摩擦等因素，全球经济在短期内完全进入上升通道的压力较大。因此，美联储加息很难全面带动主要发达国家集体退出宽松的货币政策，利率政策在未来一年依然处于复杂态势。负利率政策对中国有何影响，如何应对？

四、对全球负利率政策的基本评价

在全球经济遭受2008年国际金融危机、欧洲地区遭受债务危机冲击的背景下，欧洲地区若干国家和日本等，为了降低经济停滞、通货紧缩的风险，实施了负名义利率的政策。那么，其到底给全球金融市场带来了福利，还是扰乱了正常的秩序？还是说，负利率政策对实体经济既有好的作用，也有负面影响，关键在于实施时间的长短（比如短期内有效，长期内无效）？目前并没有非常明晰的答案。

负利率政策到底能解决什么问题？相关文献给出了部分答案。（1）带动经济复苏？这意味着改变自然利率和潜在产出水平。而经济学理论表明，货币政策对潜在产出等实际经济因素的拉动作用非常微弱，负利率政策并不能改变这一结论。真正能启动经济、拉动增长的因素来自总供给因素，如劳动力市场结构、储蓄、税收、投资等。实际情况也是如此，以日本为例，老龄化等因素导致其潜在增长率一直很低，多年的零利率政策和近年的负利率政策显然没有改变自然利率和潜在增长率的低迷状况。

（2）稳定或提高通货膨胀预期？这是施政者期望的效果，能保证通货膨胀目标制不抛锚，不让经济陷入通货紧缩，给经济复苏创造一个相对稳健的金融环境。目前为止，有一定的效果，欧洲主要国家的通货膨胀率有所上升，并期望在 2018 年达到 2%。但日本的通货膨胀预期依然很低。（3）降低企业融资成本？确实可以，但仅仅降低企业融资成本不是政策目标。能刺激企业有效投资才是目的。但企业能否真正在低利率环境下，以低成本获得贷款，情况并不确定。欧洲中央银行等负利率政策施政者也在紧密跟踪企业贷款可得性等情况。除了上述政策期望目的，在现实中，我们观察到的多是金融机构和投资者的诸多不适应、新的行为选择。很多人从法理上、经济社会常识角度都还没有完全理解并接受这一政策，对这项政策带来的作用也不大欢迎。市场微观主体的每一种不适应都值得施政中央银行认真对待。从这个意义上而言，名义利率为负的全球负利率政策可以算得上一场新的"货币实验"，也有人称之为"社会实验"。在其最有可能生效的政策目标——稳定通货膨胀预期方面，存在一个重要缺陷，即负利率政策的传导有可能不是一个线性的过程，最终结果与预期效果或许有较大偏差。未来能否及时收场决定了如何正确评价当前的"货币实验"。

从操作效果来看，负利率政策本质是一种数量型货币政策工具。货币政策在价格型和数量型之间来回转换给各国实践和货币政策理论都带来了挑战，以往奉为圭臬的价格型货币政策在流动性陷阱中必然失效。而无论如何转换，中央银行试图想解决的问题始终都是金融危机带来的风险承担问题。

金融危机之后，经济体系中充满了不确定性，中央银行希望商业银行能配合其政策意愿，将资金投入虚弱的实体经济，唯有如此才能提高自然利率水平和通货膨胀预期，但并不是所有的商业银行都愿意承担风险。这是一种理性选择还是非理性选择？目前来看是前者。如果负利率政策这条传导机制不能生效，中央银行等当局还会通过其他渠道去消除经济危机的风险。说到底，谁能承担金融危机带来的风险？居民不削减消费、企业不停产、政府不削减开支，这都是一种风险承担行为，而且是良性经济循环的链条。但是，这个链条因为危机中断了：企业投资下降，居民收入下降，居民消费疲弱，出口疲软，商业银行惜贷，经济有陷入停滞的危险。负利率政策被中央银行赋予打破这一恶性循环的历史使命，从银行主动承担风险开始。但是，金融机构主动承当风险的可能性较低，同时信用需求主要与经济基础紧密相关，负利率政策的有效性可能需要长期观察。

五、负利率政策对中国的启示

负利率政策突破了学者们以往讨论的零利率底线，从政策上突破了"零约束"，过去几年在学术界和实务界引起了轩然大波。对于国内中央银行和市场而言，有必要客观认识负利率政策的全面影响，并慎防在未来陷入负利率政策。

（一）客观认识负利率政策

负利率政策实践直接表明，零利率并不是货币市场利率的下限。但是，突破零利率底线的原因和初衷是什么，什么时候可以启用负利率政策？前文研究显示，常规货币政策工具效力不足、财政政策实施空间有限，以及规避短期资本流入推高本国币值等因素直接推动了负利率政策的出台。然而，全球也有很多国家面临上述几种情形，却没有实施负利率政策。可见，这些理由都不足以成为实施负利率政策的充分理由。截至2017年，负利率政策只是一种试验性的政策选择，而不是非常规货币政策的必需选项。

我国目前正在经历经济结构调整、经济增长动力转换的过渡过程，需要宏观经济政策予以配合和支持。总体来看，在外部经济依然充满不确定性、美国率先加息等情形下，积极的财政政策配合稳健的货币政策是目前的占优政策组合，既能给予经济一定的刺激和活力，又能严防出现资产价格泡沫风险。尤其是，作为总需求政策的积极财政政策在国内并没有被频繁使用，政策空间非常大，且其产生的投资乘数效应将大于货币政策产生的总体效应。如果要继续刺激经济，与货币政策相比，政府会优先选择积极财政政策。而且，我国的债务问题比起债务危机国家还有很大的空间。《中国国家资产负债表2016》数据显示，我国发生债务危机的可能性非常小，目前的债务问题主要来自结构性杠杆过大，不具有系统性风险（李扬，2016）。

（二）未来应谨防陷入负利率政策

负利率政策首先是基于金融危机的货币政策，突破了以往中央银行的规则性货币政策如泰勒规则，在短期可以视其为一种相机抉择的政策行为。宏观经济学理论已经反复证明，规则性政策要比相机抉择政策更有优势提高宏观经济绩效（Taylor，1993）。且从实施效果来看，负利率政策对金融体系和经济的整体影响并不明确，尤其是其负面影响（例如损害固定收益投资人的福利等问题）更为突出，对于有高储蓄率特征的中国而言，福利损失或会大于短期收益。在未来，中央银行应慎防陷入负利率政策。

商业银行居于负利率政策的核心，我国的商业银行体系虽然存在一定的问题，有诱发负利率政策的潜在因素，但负利率政策或许并不"对症"。国际金融危机后，所有的主体都试图避险，并努力修复资产负债表，比危机前更为谨慎，商业银行惜贷、消费者不愿意增加支出。个体理性造成了集体非理性，经济陷入恶性循环，有停滞的风险。必须有人来承担风险。负利率政策只是中央银行试图让商业银行承担风险的一种工具，但是，商业银行未必会主动承担风险。以这种政策逻辑来看，中央银行恐怕很难实现其期望。因为这一政策并不能直接让商业银行承担风险，只是创造其承担风险的一个条件——货币，最后的主动权依然在金融机构手中。我国目前政策利率为正，在全球属于中高水平。国内也存在诱发负利率政策的因素。换句话说，那些实行负利率政策国家面临的个别困境，国内也存在。例如，国内商业银行总体不良贷款率近年来陡增。周期性因素使得我国银行体系的不良贷款率较快增长，2015年银行业不良贷款和关注类贷款余额曾大幅增加了41%，新一波债务违约压力降临。而且，在顺周期作用下，这类风险因素在经济下行阶段可能会继续上升。在经济形势没有好转的情况下，为进一步降低风险，商业银行有可能惜贷，超额存款准备金或会增加。中央银行或不断降低超额存款准备金利率，以鼓励商业银行将资金投入实体经济。但是，负利率政策并不能实际解决金融机构的困境，日本就是先例，长期的低利率并没有完全化解商业银行的不良资产。因此，即使国内金融机构面临上述困境，负利率政策也不应是首选。

综上所述，在全球部分国家实施低利率政策、负利率政策，而美联储进入加息周期的全球复杂利率环境下，国内中央银行应谨慎对待，增加国际沟通，谨防其负外溢性，保持货币政策内外平衡。对于中国而言，银行不良贷款率高企，企业债务率过高，去杠杆是当前的重要命题。低利率、负利率政策无疑是朝着相反的方向行动，会自动加大杠杆。况且，负利率政策是一次全球货币实验，效果并不明朗，必须慎重斟酌其利弊。

第三章　美国量化宽松政策及其正常化分析

第一节　美国货币政策十年历程与量化宽松政策演进

一、第一轮量化宽松货币政策（QE1）

次贷危机的爆发，导致美国金融市场的中介功能被极大程度地削弱，利率等传导渠道因此严重受阻，传统货币政策的操作空间极为有限，致使美国经济复苏陷入迟缓局面。为使美国经济尽快打破衰退僵局，确保市场恢复稳定运行，美联储于 2008 年 11 月 25 日购买 5 000 亿美元的政府支持企业（Government – Sponsored Enterprises，GSEs）房利美、房地美、联邦住房贷款银行与房地产有关的直接债务，以及购买 1 000 亿美元的由两房与联邦政府国民抵押贷款协会所担保的抵押贷款支持证券（Mortgage – Backed Security，MBS）。这标志着美国首轮量化宽松政策（QE1）正式开始，持续至 2010 年 4 月 28 日，美联储首轮量化宽松政策正式结束。

在美国第一轮量化宽松政策实施期间，由于 2009 年初美国商业银行大幅削减其对实体经济的信用供给，导致美国经济陷入"流动性陷阱"。为使经济摆脱流动性陷阱和衰退，美联储于同年 3 月进一步加快 QE1 的发展进程，宣布追加购买美元抵押贷款支持证券（MBS）最高达 7 500 亿美元，美国政府支持企业债券（GSE）最高达 1 000 亿美元，借此大规模购买住房按揭债券，降低按揭贷款利率和其他贷款利率。至此，美联储宣布在首轮量化宽松政策中，对抵押贷款支持证券和政府支持企业债券的采购规模已分别累计达 1.25 亿美元和 2 000 亿美元。此外，为改善私人信贷市场状况，美联储同时决定在 2009 年 3 月至 9 月的六个月中，购买最高额度 3 000 亿美元的较长期国债。2009 年 9 月，为继续维持住房按揭贷款市场的低利率水平，活跃住房信贷市场，刺激楼市经济复苏，美联储再次将购买住房按揭贷款债券的期限由原计划的 2009 年年底延长至 2010 年 3 月。自 2010 年起，美国经济复苏迹象明显。美国 2010 年第一季度 GDP 增速 3.7%，远高于 2009 年的同期水平；道琼斯工业指数与标普 500 指数也在 2009 年 3 月至 2010 年 3 月的一年间，分别上涨了 28.03% 和 37.14%。鉴于美国经济复苏势头稳固，美联储宣布向商业银行发行金融票据，以收回过剩流动性。这意味着美联储计划退出第一轮量化宽松政策。

美联储第一轮量化宽松政策的主体是通过购买国家担保的问题金融资产，向信贷市场注入流动性。其旨在重塑金融信用，稳定市场。在第一轮量化宽松货币政策执行期间，美联储累计购买资产规模高达 1.725 万亿美元，其中抵押贷款支持证券、较长期国债和机构证券分别为 1.25 万亿美元、3 000 亿美元和 1 750 亿美元。由此可见，美联储首轮量化宽松政策向市场释放了大量流动性。截至 2010 年 6 月，美联储的资产负债表规模从 0.88 万亿美元扩大至 2.3 万亿美元，扩张 1.61 倍；美国的基础货币也从 0.9 万亿美元升至 2 万亿美元，增幅超过 1.2 倍。然而，尽管 QE1 缓解了次贷危机之后美国干涸的流动性，但也并未能从根本上挽救美国经济。美国实体经济复苏疲软，就业增加缓慢，首轮量化宽松政策结束后，美国失业率甚至不降反升，由之前的 6.8% 进一步上升至 9.7%。这也为美联储日后继续使用量化宽松政策埋下了伏笔。

二、第二轮量化宽松货币政策（QE2）

尽管随着美联储首轮量化宽松货币政策的实施，美国经济开始呈现较好的复苏态势，金融市场也逐渐恢复了正常运行，然而在 QE1 退出之后，美国经济的各项隐患又再次浮出水面。2010 年 4 月之后美国各项经济数据的表现令人失望，经济复苏步履蹒跚。QE1 之后的美国实际 GDP 环比增速远低于次贷危机爆发之前的水平。其中投资对 GDP 的贡献仅占 20% 左右，对美国经济的拉动作用十分有限；而受制于失业率的持续攀升，个人实际消费水平也远未恢复至危机前的平均水准，无法从根本上拉动美国经济的复苏。物价方面，在 QE1 退出之后，美国通缩风险呈显著攀升趋势，消费者价格指数（CPI）从 2010 年上半年的 2% 迅速下降至下半年的 1% 左右，进一步拉大了正常区间的差距。房地产市场也在 QE1 之后出现进一步回调趋势。此外，美国经济的失衡状况日趋严重，这也对美国经济的中长期发展造成了制约。在此背景下，2010 年 8 月，美联储公开市场委员会（The Federal Open Market Committee，FOMC）例行会议发表声明称，"在 QE1 退出之后几个月中，美国经济和就业复苏速度明显放缓。家庭部门受制于高失业率影响，收入增长缓慢，在支出逐步增加的情况下，家庭财富出现明显缩减；企业用于设备和软件的支出逐渐增加；非住宅建筑投资持续疲软，雇主不愿新增员工，新屋开工水平极低；银行惜贷状况持续加剧。"

为防止美国经济复苏出现逆转势头，在传统货币政策调控空间缺失的情况下，受压于现实需求，美联储宣布启动第二轮量化宽松货币政策（QE2）。2010 年 11 月 3 日，美联储正式推出第二轮量化宽松货币政策。QE2 的主要手段包括：其一，继续维持联邦基金利率在 0 ~ 0.25% 区间内（即近零水平）；其二，增加购买长期国债规模；其三，对到期国债实施展期，借此继续维持美国经济整体的低利率水平，从而刺激信用市场和真实经济的复苏。QE2 的具体方案为：首先，逐月实施长期国债购买计划，每月购买额度预计为 750 亿美元，计划至 2011 年 6 月底，累计购买 6 000 亿美元的财政债券和机构债券，从而刺激美国经济复苏。其次，实施"延长到期计划与再投资政策"，将美联储资产负债表中到期的债券本金进行再投资，从而购买国债的现行政策将得以延长。

在第二轮量化宽松政策的实施过程中，美联储于 2011 年 9 月 21 日，宣布启动"扭转操作"（Operation Twist），计划在 2012 年 6 月底之前，通过出售或赎回 4 000 亿美元 3 年或更短时间到期的短期国债，用于购入等值的剩余期限从 6 年到 30 年不等的中长期国债，同时将联邦基金利率保持在 0 ~ 0.25% 的区间不变。扭转操作和 QE2 非常相似，都是通过降低长期国债收益率来刺激需求回升的方式提振经济。二者的区别在于，第二轮量化宽松购买长期国债的方式是通过增发货币，而扭转操作是将短期国债卖出变现，再购入长期国债，方式更加温和。"扭转操作"并不会扩大美联储的资产负债表规模，但其可以通过调整资产负债表结构，延长美联储所持债券的期限，从而对长期利率造成下行压力，降低市场借贷成本，进而刺激美国经济复苏。"扭转操作"的优点在于，其能够在避免资产负债表规模快速扩张风险的同时，享受量化宽松货币政策的全部好处，即使广泛的金融环境变得更加宽松。除此之外，在 QE2 中美联储还承诺，将抵押贷款支持证券提前兑付的资金全部重新投资于"两房"等抵押贷款机构所发行的债券，并着重购买期限为 30 年的长期债券。2012 年 6 月，为了进一步发挥"扭转操作"的刺激作用，使美国经济得到强劲复苏，美联储再次发表声明延长 QE2 时效：其一，将即将到期的"扭转操作"延长至 2012 年底；其二，将美联储资产负债表中的 2 670 亿美元短期资产置换成为长期资产；其三，在资源使用率较低、通货膨胀趋势受到抑制及通货膨胀预期稳定等状况下，维持联邦基金利率 0 ~ 0.25% 的超低区间内不变至少到 2014 年下半年。

美联储在实施首轮量化宽松货币政策时，其目的在于稳定濒临崩溃的金融市场。而引发美联储实施第二轮量化宽松货币政策的直接原因，则是针对居高不下的失业问题。遗憾的是，在美联储实施第二轮量化宽松政策时期，虽然美国经济呈温和增长态势，但失业率仍维持高位。此外，美国家庭消费开支增速有所下降，但企业固定资产投资继续增长，尽管房地产市场出现了一些积极信号，但依然处于低迷状态。值得言表的是，QE2 中，美联储在试图解决失业问题的同时，还以管理通货膨胀及通胀预期为政策目标，并意图通过扩大美联储资产负债表的规模，调整资产负债表的结构，进一步增加货币供给，避免通货紧缩预期的加剧，增强中长期市场利率的下行压力，降低借贷成本，恢复并提振市场信心。

三、第三轮与第四轮量化宽松货币政策（QE3、QE4）

受欧债危机持续发酵的负面影响，自 2012 年起，美国经济再次出现下滑迹象，2012 年第二季度美国 GDP 增速跌至 1.5%，经济疲软态势严峻。同时，美国就业市场表现也大幅低于市场预期，2012 年 8 月美国新增就业人数为 9.6 万，远低于市场预期的 13 万左右。欧债危机对全球经济的负面溢出效应，致使新兴经济体经济增长放缓，美元面临升值压力，导致美国经济复苏乏力，前景不明。为了从根本上解决美国失业高企和经济低迷等问题，美联储启动了第三轮量化宽松货币政策。

2012 年 9 月 13 日，为改善就业市场、刺激经济复苏，美联储宣布正式启动第三轮量化宽松（QE3）。第三轮量化宽松政策主要包括三方面内容：一是美联储每月购买 400 亿美元规模的抵押贷款支持证券，直至疲弱的就业市场呈现持续好转态势。须特别指出，与前两轮量化宽松政策不同，美联储并未对第三轮量化宽松政策的购买总量与购买时限进行明确的说明与限制，而仅仅公布了 QE3 中每月的购买额度。二是美联储将在 2012 年年底前，继续执行 QE2 中的"扭转操作"。三是美联储将联邦基金利率维持在 0 ~ 0.25% 的低位区间不变的时间从 QE2 公布的 2014 年年底延长至 QE3 中的 2015 年中期。与前两轮量化宽松政策相比，第三轮量化宽松政策的目标更加明确，直指美国就业市场；第三轮量化宽松政策所针对的资产购买对象更加集中，且购买总量无限制，仅购买总额无限量的抵押贷款证券。美联储期望 QE3 的实施能够对抵押贷款利率产生下行压力，刺激房地产交易与再融资活动，巩固房地产市场的向好趋势。同时，利用资产价格升高所引发的财富效应，促进居民消费支出的增加，将宽松效应传导至更为广泛的金融环境，刺激美国经济的强劲复苏。

第三轮量化宽松政策的实施使得 2012 年美国经济呈现出明显的 U 形走势。2012 年美国实际 GDP 表现整体优于 2011 年，前三季度呈现先降后升的运行趋势。就业方面，2012 年 7 月之后，美国月度新增非农就业人数回升至高位，失业率显著下降，QE3 实施之后，美国就业结构出现较大改善，长期失业人口占总失业人数的比重年末较年初下降了 3.46 个百分点。房地产方面，超低利率环境、投资需求增加以及房价触底等因素叠加，刺激美国房地产市场逐渐走出谷底，复苏态势明显。2012 年美国实现新屋销量同比正增长，且增速持续扩大；FHFA 房价指数同比增速呈上升趋势，房价止跌回升有效地提振了市场信心，房地产市场的复苏为美国整体经济活动提供了重要基础。与此同时，随着第三轮量化宽松政策的不断推进，美国财政状况却持续恶化，财政赤字压力巨大，财政政策陷入两难境地，政策失衡致使美国经济复苏严重依赖于非常规货币政策。

2012 年 12 月，在经济预期尚不明朗且扭转操作即将到期的情况下，美联储于 12 月 12 日宣布推出第四轮量化宽松货币政策，以提振劳动力市场，进一步刺激经济复苏。联邦公开市场委员会宣布的第四轮量化宽松货币政策内容包括：第一，在失业率高于 6.5% 且未来一两年内通货膨胀率预期不超过 2.5% 的情况下，美联储将继续维持联邦基金利率在 0 ~ 0.25% 的区间不变；第二，美联储继续延长到期计划，每月购买 450 亿美元的长期国债，以替代"长债换短债"的扭曲操作，但不再以短期资产进行置换。QE4事实上再度扩大了货币供给总量，至此，美联储每月购买资产总计已经达到了850亿美元。

随着美联储第三、第四轮量化宽松货币政策的不断推进，自2013年12月起，美国经济逐步改善，就业市场出现好转。美联储决定自2014年1月起，每月各削减50亿美元的证券购买规模，抵押贷款证券和长期国债每月购买规模分别降至350亿美元和400亿美元。而2014年1月，美国各项经济数据实际表现再次好于市场预期，美国经济与就业改善态势得以稳固。因此，2014年1月29日，美联储再次削减100亿美元债券购买计划，将量化宽松货币政策购债额度缩减至650亿美元，决定自2014年2月起，每月仅购买300亿美元抵押贷款证券和350亿美元长期国债。同年3月，美联储第三次缩减资产购买规模，购买额度每月缩减100亿美元，至每月550亿美元。同年4月，美联储第四次宣布缩减资产购买规模，将购债额度缩减至450亿美元，与此同时承诺继续保持宽松货币政策。7月美联储将月度资产购买规模削减至350亿美元，并承诺继续保持宽松货币政策。8月将月度资产购买规模降至250亿美元，承诺保持高度宽松的货币政策。9月美联储决定再次削减100亿美元资产购买规模，并承诺在"相当长一段时间内"保持近零利率。2014年10月29日，美联储宣布削减购买规模150亿美元，退出第四轮量化宽松。美联储之所以在QE3尚未确定退出时间之时，就启动第四轮量化宽松政策，主要是为了避免美国经济遭遇"货币悬崖"。这是因为，一旦陷入"货币悬崖"，美国国债需求将出现锐减，继而推高长期利率水平，削减私人部门的消费和投资，阻碍美国经济的复苏进程。与前三轮量化宽松政策相比，QE4的表现更为直接，美联储公开将失业率和通货膨胀率目标作为短期利率上调的门槛条件，政策前提更加具体，即强化了"阈值"在市场预期管理中的作用。

综上所述，美联储自2008年11月至2014年10月的六年间，先后实施了四轮非常规量化宽松货币政策，这四轮量化宽松货币政策的实施目标和实施工具虽然有所不同，但是对美国经济的复苏均具有一定的积极意义。

四、美联储十年政策框架的回望

过去十年，美国货币政策经历了危机救援、经济复苏和政策整固三个阶段，基本形成了一个金融货币政策的完整周期。

第一个阶段是危机救援。2007 年美国房价泡沫破灭，大规模次贷危机造成美国金融市场濒临全面崩溃，全国经济陷入深度衰退。美联储连续进行 10 次降息操作，将基准利率降低至零区间，但是，美国金融市场仍然没有摆脱危机，美国经济更是陷入了大萧条以来最为严重的衰退，美国失业率迅速攀升至 10% 的水平，美国传统货币政策已经难以有效应对金融危机。

第二个阶段是经济复苏。为挽救处于水火之中的美国经济，自 2008 年起美联储先后推出了四轮非常规的量化宽松货币政策，主要目标是进一步缓释金融体系的流动性风险和降低长期利率，以提振实体经济发展。从量化宽松政策的发展来看，量化宽松政策始创于日本，但是，政策实践最为全面系统的应该是美国。

第三个阶段是政策整固。2014 年美国经济基本恢复至金融危机之前的水平，美联储考虑到大规模量化宽松政策可能对潜在通货膨胀以及金融风险定价的扭曲，在 2014 年底开启非常规货币政策的正常化进程：一是退出量化宽松政策；二是加息；三是中央银行资产负债表整固。2018 年初美联储已经进入加息深化期和资产负债表缩表初期。

第二节　美国量化宽松货币政策的有效性

一、稳定美国市场流动性，缓解金融风险

在经济体遭遇金融危机的过程中，金融市场往往面临流动性的极度匮乏。这不仅将造成金融机构无法经营、相继倒闭的连锁反应，还会出现货币流通速度急剧下降、货币市场供给严重不足等更加严峻的经济问题。依据弗里德曼主张的货币学派理论，因货币投放量不足而产生的长期通货紧缩状态，将压低市场的消费和投资需求，进而引发货币危机，导致经济陷入长期的萧条与衰退。而传统的常规货币政策又无法在短时间内向经济体补充其复苏所需的流动性。因此，在大危机时期，往往需要动用非常规货币政策，以挽救经济体走出危机泥潭。量化宽松政策则通过大量的货币投放，释放出充足的流动性，同时刺激市场的通货膨胀预期，推动经济较快

走出通货紧缩的风险，避免出现长时期的流动性陷阱。

2007 年美国遭遇大规模次贷危机，全国经济处于崩溃边缘，美联储在传统货币政策工具失灵的情况下，通过非常规的量化宽松货币政策向市场投放充足的基础货币，大规模资产购买改善了处于困境中的美国金融市场，直接缓和了资金市场面临信贷环境过紧的状态，确保金融市场的货币流动性处于基本稳定状态。与此同时，美联储还通过宣布实施量化宽松政策，向市场发出宽松信号，降低消费者与投资者对未来利率水平的预期，缓解通货紧缩风险，提振市场信心，避免美国深陷金融危机而无法自拔。LIBOR－OIS 利差是对全球银行体系所处信贷压力情况的重要反映指标。若该利差缩小，则意味着银行的借贷意愿有所上升；同理，若该利差增加，则表明银行处于惜贷状态。2008—2011 年，通过美联储首轮量化宽松货币政策的作用，不同期限的美元 LIBOR－OIS 利差逐渐收窄。这一事实表明，首轮量化宽松的实施，有效缓解了美国货币市场上流动性枯竭的情况，银行的借贷意愿逐步提升。与此同时，美联储实施量化宽松货币政策之后，美国的 M1 与 M2 存量也同样呈现出明显的上升态势。这也说明，量化宽松货币政策的实施，总体上促进了市场流动性的释放，而较为充足的流动性也为市场价格的稳定提供了基本保障，在一定程度上为金融机构提供了缓解危机的喘息机会，并逐步提升了金融机构的放贷能力。此外，由于 2006 年美国次贷危机的爆发根源来源于金融机构的系统性风险，因此美联储在向市场注入流动性时，并未直接作用于金融机构，而是绕过中介机构，通过向相关经济部门提供贷款等形式直接向市场提供流动性，这也在一定程度上提升了政策实施的实际作用效果。

由此可见，量化宽松货币政策对于金融危机的应急管理具有非常直接的效果。通过量化宽松货币政策，直接向实体经济与金融体系投放充裕的流动性，可以为市场提供一个宽松的货币信用环境，量化宽松政策实施之后，美国多项经济指标出现好转，实际表现普遍超出市场预期，这直接说明量化宽松货币政策的实施能够为美国经济金融的复苏提供充沛的流动供给环境，有利于美国摆脱危机阴影。

二、降低利率，刺激就业，促进经济复苏

美联储实施的四轮量化宽松货币政策的主要操作对象均为长期债券，

其意图在于对长期利率市场施加下行压力，从而刺激就业增长，推动经济复苏。

维持美联储基准利率处于零利率区间这一政策目标，始终贯穿美联储四轮量化宽松货币政策的实施过程，在四轮 QE 中，美联储对利率的管理措施有条不紊，通过对短期利率的调节，有效地带动了长期利率也同样呈现出下降趋势，并且使中长期和短期利率的预期效应在实际经济活动中都发挥出了有效作用。从量化宽松政策实施期内的短期利率来看，自 QE 政策实施后，美国短期利率出现了较大幅度的下调，甚至低于 2007 年次贷危机爆发之前的平均水平。

就业方面，失业率可以作为美国量化宽松货币政策对就业作用的直接考量指标。次贷危机爆发后，失业问题成为阻碍美国经济发展的一个重要制约因素。尽管前两轮量化宽松政策已经通过降低基准利率，对美国经济复苏起到了一定的促进作用，但前两轮 QE 对美国就业改善的效果甚微。次贷危机爆发之后，2007—2010 年，美国失业率仍然呈上升趋势，且上升速度较快，在首轮量化宽松政策结束之后，甚至达到危机之后的最高位。尽管在第二轮量化宽松政策实施后，美国失业率呈现缓慢下调趋势，但仍然在较高区间徘徊。可见，前两次 QE 对降低失业率的作用效果并不显著。为改善美国就业市场，缓解美国失业高企问题，2012 年 9 月美联储启动第三轮量化宽松政策。相比 QE1 与 QE2，QE3 并未设定具体的量化宽松政策时效，而是明确提出该政策将以就业出现持续好转作为结束信号标志。由此可见美联储对于利用非常规量化宽松政策解决就业问题的决心。而美联储之所以十分重视危机之后的就业复苏问题，是因为其考虑到就业对消费的带动作用。次贷危机之后，在美国就业的复苏过程中，消费对美国 GDP 的增长贡献远超过投资对美国 GDP 的贡献程度。因此，通过改善就业，增加居民收入，推动美国消费增长，成为美国四轮量化宽松政策的重中之重。

在经济复苏方面，自美联储实施首轮量化宽松政策以来，美国 GDP 增速虽存在波动，但长期总体仍呈上升态势。随着首轮 QE 的颁布实施，自 2008 年下半年起，美国 GDP 出现回暖趋势。而在四轮量化宽松政策实施期内，美国 GDP 增速的数据均显示，量化宽松货币政策对经济增长的复苏效果非常显著。此外，美联储也通过购买大量国债及其他证券的方式向市场注入流动性，促进消费，同样在一定程度上激活了市场交易活跃度，推动了美国经济的复苏。尤其是第四轮量化宽松政策，进一步夯实了美国经济复苏的基础。

美联储通过四轮量化宽松货币政策，在一定程度上修复了受损的货币政策传导机制，缓解了市场紧张情绪，实现了将美国长短期利率维持在较低预期，降低了市场融资成本，增加了市场交易的活跃程度，提振了私人部门的投资信心，稳定了美国金融市场，促进了美国经济复苏。显然，美联储的四轮量化宽松政策，显著降低了市场的融资成本，这对于稳定美国金融市场是有重要而积极的意义。总而言之，四轮量化宽松政策的实施，成功地降低了美国市场利率，推动了美国就业增长，为美国经济的复苏带来了极大的促进作用。

三、发挥信号效应，稳定市场预期

同时，在美国实施四轮量化宽松货币政策期间，美国民众与美联储之间的关系也日趋缓和，日益好转。美联储通过及时向公众公开政策信息，提升了私人部门的投资信心，稳定了市场的预期。

前美联储主席伯南克先生曾高度评价美国量化宽松政策实施期内，以"公众沟通"为主的预期管理工具，认为量化宽松政策的信号效应，通过恢复市场预期，提振市场信心，推动了美国经济的复苏向好发展。伯南克先生在2014年10月发表的《危机以来的货币政策》讲话中指出，"中央银行与公众保持顺畅的沟通非常重要，尤其是在基准利率降至下限并需要更多货币刺激之时更是如此。危机中，美联储通过与公众的信息交流，成功降低了私人部门对未来短期利率水平预期，从而带动了长端利率下行，进一步缓解了紧张的金融状况"。

为帮助美国经济快速有效地度过次贷危机，美联储在四轮量化宽松的实施过程中，加大了对预期管理工具的使用力度，向市场释放出充分的宽松货币政策信号。尤其在第三、第四轮量化宽松的实施过程中，连续多次承诺维持基准利率的低位运行区间，有效地缓解了量化宽松政策力度逐渐减弱阶段内民众与机构的恐慌情绪，通过有效沟通与合理承诺，安抚了市场与稳定了市场情绪，并协助市场建立理性预期，增强了政策的正面作用，推动美国经济平稳运行。

第三节 美国量化宽松政策的消极影响

一、降低美元的国际地位

量化宽松政策会导致美元贬值是一个必然的现实。这是因为：首先，美联储量化宽松货币政策的实施，是通过购买长期国债或其他证券的形式向市场注入流动性的。这种形式就导致市场上流通的货币数量超过实际需求，而货币数量的增多，则会抬高物价，物价提高进而引发通货膨胀，如此就会导致美元的贬值，而贬值的美元还作为贸易结算货币，与其他国家有着贸易联系，这就将进一步影响贸易国的经济发展，对新经济体的发展造成巨大的压力。其次，美联储在四轮量化宽松货币政策的实施过程中，还购买了大量不良资产抵押债券，而这也会对某些金融机构产生负面按时效应，导致某些金融机构丧失风险警觉意识，忽视不良资产的潜在风险，致使银行资产负债表的财务结构发生重要变化，长此以往，就会导致国民对美元的信心跌落。

与此同时，美元在当今国际货币体系中已不仅仅是美国本土的法定货币，美元在世界经济中也具有重要的影响地位。而美联储实施量化宽松货币政策引发的美元贬值，会动摇美元的国际地位，一些大量持有美元的新兴经济体，面对量化宽松政策，都会选择大量抛售美元以降低美元贬值带来的风险，这也会进一步加重美元危机。另外，对一些发展中国家而言，若是应对不好美元贬值的状况，同样会引发本国的通货膨胀。

在肯定量化宽松政策对美国经济复苏起到积极作用的前提下，我们也须看到，如若这种非常规政策继续长期使用，终将会威胁美元国际货币的地位，进而损害美国在全球的长期战略利益。事实上，在当今国际货币体系中，美元凭借其霸主地位，仍在全球享有"嚣张特权"。如果美元的这种"嚣张特权"被明显削弱，次贷危机之后美国金融资本想要继续掌控全球经济金融就会变得难上加难，这就严重背离了美国的长期战略诉求。而在技术层面，美元之所以在第二次世界大战后能够成为最重要的国际储备货币，美国超强的综合国力是其不可分割的内在组成因素。仅从国际储备货币的视角而言，美元应当具备最主要的特征是其价值的稳定性和高度的流动性，这就直接依赖于美国发达的金融体系以及美国能够足以支撑币值稳定性的综合实力。然而，次贷危机却使得美国超级霸权实力显露疲态，美国经济的基本面不断恶化，数十年长期累积的经常账户逆差依然在不断增长，公共部门的债务也在持续膨胀，特别是在美联储采取量化宽松政策之后，联邦政府以及州与地方政府的债务急剧增加，市场参与者开始担忧美国的主权债务风险问题。美国次贷危机的爆发使人们深刻地认识到，依赖一种货币形式的国际储备已经无法适应当今全球经济的发展，构建相对稳定的多元化国际储备体系变得越发重要。

二、阻隔市场正常清算机制，引发企业杠杆加剧

尽管美联储实施的非常规量化宽松政策有助于美国应对次贷危机，尽快恢复美国市场的稳定运行。然而，量化宽松政策实际上也阻断了危机时期市场的正常清算机制，且量化宽松政策持续时间越长，其所造成的市场扭曲可能会越严重，过度扭曲的金融市场很可能滋生新一轮债务泡沫。尽管在凯恩斯学派眼中，政府实行逆周期的调控具有其合理性。然而，次贷危机之后，量化宽松政策所塑造出的宽裕流动性环境，并无法完全覆盖市场的清算压力。此外，投资者决策过度依赖美联储长期的量化宽松政策也将引发不受市场纪律约束的道德风险，触发负面激励效应，造成市场资源配置效率低下。可以说，量化宽松政策是以付出破坏市场纪律、纵容道德风险的代价，避免了美国陷入次贷危机之后的深度衰退。

与此同时，微观企业也充分享受了美联储量化宽松政策为其带来的好处。在市场流动性极为宽松的环境下，长期利率始终被压制在低位，这大大降低了企业的借贷成本，刺激企业杠杆加剧。次贷危机之后，在第四轮量化宽松政策的实施期内，美国 2014 年垃圾级企业债券年发行量高达2 108亿美元，达到互联网泡沫破灭后的同期最高水平。与此同时，根据美银美林编撰的美国 High Yield Master II 指数，2014 年 9 月，美国历史上垃圾债券的收益率首次跌破7%大关，而2011 年底该指数显示上述企业借款成本为8.54%。由此可见，量化宽松政策在向市场注入充足流动性的同时，也触发了企业债务泡沫，而如果放任企业杠杆继续高涨下去，美国则很有可能重蹈泡沫危机覆辙。

三、加剧美国社会的贫富分化

随着美联储量化宽松政策的不断推进，流动性被不断注入市场，但在量化宽松政策的实施后期，就已经很难促使信贷规模出现快速有效增长。相反，QE 政策的副作用却越发明显，其正在进一步拉大美国的收入差距，致使美国贫富两极分化日趋严重。事实上，在次贷危机爆发之前的数十年间，美国国民内部收入不均的问题就愈演愈烈。美国消费者金融调查显示，美国顶层社会群体所占有的财富比例已从 1989 年的 44.8% 攀升至 2007 年的 51.8%。与此同时，随着工资收入增速放缓，美国一般中产阶层和低收入家庭，由于缺乏资产性收入，只能主要依靠借贷维持日常消费。次贷危机爆发之前，受益于住房等抵押资产价格的暴涨，依靠贷款购房（包括次级贷款）的家庭能够轻松地通过再融资获取信用贷款。然而次贷危机之后，资产价格崩盘，使得原本依赖贷款度日的家庭无法获取新的银行信贷，只能被迫紧缩家庭开支，甚至因此违约失去住房。美联储的量化宽松政策虽然在危机之后稳定了美国信贷市场，一度刺激股票等资产价格飙升，然而这些红利却并没有分享至美国的中低收入阶层。资产价格上涨的利益依然为依靠资产谋取超额收益的少数富人阶层所占有。这就进一步拉大了美国社会的收入差距，同时也使得美国社会的消费支出和经济增长更加依赖于高收入群体的贡献。历史数据显示，在 2009—2012 年，占美国人口 5% 的美国顶层社会群体的实际消费支出增长了 17%，而同期其余占比 95% 的中低收入群体的实际消费支出仅增加了 1%。QE 政策所造成的贫富分化问题，还导致美国中低收入群体丧失教育机会，进一步引发美国人力资本发展失衡的负面效应。总体而言，因 QE 政策财富效应所引发的贫富分化问题使得美国经济严重依赖顶层人群的消费支出，造成美国经济结构失衡，经济复苏由此显得极为脆弱，量化宽松政策致使借贷能力较弱群体的处境变得更为糟糕，造成美国经济陷入恶性循环。

第四节　美国量化宽松政策的正常化

一、美国量化宽松货币政策的退出背景

2006 年次贷危机之后，美国国内经济长期低迷、企业倒闭加剧、失业

人数不断攀升，国内经济遭受重创。在传统货币政策几近失灵的背景之下，为了提振国内经济，刺激经济复苏，美联储先后推出了四轮量化宽松货币政策。针对结果而言，至少在短期内，该措施对美国国内经济复苏起到了明显的促进作用。具体表现在如下几个方面。

第一，美国GDP增速提升显著。美国商务部（Department of Commerce）公布的数据显示：美国GDP增速从2008年第四季度时的−8.9%，上升到2013年第三季度时的4.5%和第四季度时的3.5%，以及2014年第二季度、第四季度时的4.6%、5.0%。

第二，美国国内就业市场明显好转。自从《充分就业和平衡增长法案》在1978年通过以来，美联储的货币政策实施一直具有双重目标，即维持充分就业和保持通货膨胀稳定。因此，无论是启动或是退出QE，美联储都会密切关注就业市场的动态。据数据显示，美国失业率从2010年初的9.8%持续下降，到2015年12月已降至5%左右的水平，国内就业状况持续好转。

第三，美国国内居民消费状况持续回暖。截至2013年第一季度，美国家庭债务水平延续了去杠杆化的趋势，总债务水平下降到11.2万亿美元，美国家庭消费模式正在逐步转变。美国的资产负债表逐渐得到修复，家庭储蓄率不断下降，截至2013年3月，美国家庭储蓄率维持在2.7%以下的水平。自2011年9月以来，美国居民消费信贷保持连续同比上升的态势，消费者对美国经济发展的预期保持乐观。统计数据显示，彭博消费者信心指数（Bloomberg Consumer Comfort Index）同样有所回升。总体而言，美国国内的通货膨胀水平保持在低位，消费信贷持续增长，居民消费需求逐渐释放，消费水平持续攀升，为国内经济回暖注入了新动力。

由此可见，美国经济整体复苏向好的态势为美联储退出量化宽松政策提供了可能的背景环境。

二、美国量化宽松货币政策的退出原因

2013年12月19日，美联储举行了例行的货币政策会议，并在此次会议结束之后，向社会发表了公开声明。声明表示，美国实施的四轮量化宽松货币政策，为美国经济带来了改善，目前已取得了瞩目的成果，考虑到未来经济的发展，美联储决定开始逐步减少每月的国债购买数量。与此同

时，将长期国债的购买数量削减 50 亿美元，并将抵押贷款支持证券的额度作出同样削减。虽然此次声明从数量上看减少的金额有限，但是，这是自此次美国金融危机爆发以来，美联储作出的首次缩减量化规模的举动，其信号作用明显，意义深远。此后，2014 年，美联储接连实施了缩减量化规模的政策，不断减少国债的购买规模，此举也预示着美国正在逐步退出量化宽松的货币政策。

2014 年 10 月 29 日，美联储正式对外宣布，退出量化宽松货币政策。美国的量化宽松货币政策为国内经济的复苏带来了极为有利的助力作用，与此同时，也在防止金融危机影响的全球蔓延、促进全球经济的复苏回暖等方面起到了显著的促进作用。然而不可否认的是，与美国实施量化宽松货币政策为全球许多国家带来影响相类似，美联储宣布退出量化宽松货币政策之举，同样给世界经济带来了较大的震动，对于美国量化宽松政策实施和退出方面的研究同样具有极大的理论和实践意义。

三、美国量化宽松货币政策的退出策略

（一）量化宽松货币政策退出时机的选择

美国量化宽松政策的退出具有必要性以及必然性，而其中的关键在于何时退出以及如何退出。如果量化宽松的货币政策退出时机选取过早，则将有可能对来之不易的美国经济复苏产生抑制作用；反之，如果退出时机选取过迟，则有可能造成市场扭曲，产生新一轮的资产价格泡沫，并极有可能引发恶性通货膨胀。因此，如何选择合理的退出时机，怎样对之进行判断与抉择，就显得至关重要。

正如前文所述，美联储的货币政策具有充分就业和稳定通货膨胀的双重目标，因此，美联储一直对国内就业市场保持着密切关注。多位美联储官员曾在不同场合公开表示，退出量化宽松货币政策的先决条件之一是失业率能够降低至 6.5% 以下的水平。这一前瞻性指引指标，使得美国国内失业率和非农就业水平等指标吸引着人们的注意。而事实上，这样的想法和做法过于单纯。美国量化宽松货币政策的退出与否、何时推出、如何退出，不可能依仗单一数据指标作为判断标准。前美联储主席伯南克曾解释道：国内失业率水平若未能降至 7% 以下，那么量化宽松政策不可能退出；国内失业率水平未能降至 6.5% 以下，那么联邦基金利率不可能上涨；而

即使失业率水平达到了门槛条件，倘若经济增长情况仍然不容乐观，那么联邦基金利率仍不可能大幅上涨。由此可见，美联储对量化宽松货币政策退出时机的选择具有多方面考虑，可能参考的因素包括国内 GDP、居民可支配收入、居民消费支出、消费者物价指数、消费者信心指数、生产者物价指数、劳动成本指数、股票市场指数、失业率、商品零售指标、房屋零售指标、失业救济金申请人数等主要经济数据。除此之外，美联储还会关注国际各产品市场的供求关系、大宗商品市场的价格变动情况、商品期货市场的未来走势预期等。美国国内经济发展离不开内需和外需的共同作用，只有国内经济复苏势头显著，主要经济指标表现出持续好转，再加上全球经济环境同样显示出复苏特征，外需内需同时增强，美联储才有可能考虑执行量化宽松政策的具体方案。

从美国主要经济指标来看，国内经济状况仍处于喜忧参半的状态。不过，乐观的是，国内整体经济状况复苏势头稳健，房地产数据上扬势头较为平缓，价格指数水平处于正常范围之内，并且趋向于逐步收敛于美联储所设定的目标水平。从整体上看，美国经济陷入通货紧缩的风险已经基本解除。但是尽管如此，2013 年 9 月，美联储仍然维持了其原有的资产购买规模，以求在正式退出量化宽松货币政策之前拥有时间足够长的观察期，避免突然实施政策而引发市场的过度震荡。最终，自 2014 年 1 月起，美联储开始逐步缩减其资产购买规模，正式迈出了退出量化宽松货币政策的第一步。

(二) 量化宽松货币政策退出工具的选择

众所周知的是，自从此次美国金融危机爆发开始，为了抵消信贷市场萎缩所带来的不利影响，美联储多次下调了联邦基金利率和贴现率。此外，美联储还通过资产购买计划，持续向金融市场注入流动性，帮助金融机构渡过难关。在量化宽松货币政策退出进程开始时，可供选择的手段包括逆回购协议、出售持有的国债和 MBS 等公开市场操作、超额存款准备金率、定期存款工具等金融工具。

2011 年 4 月，美联储在联邦公开市场委员会会议上，制定了"三步走"的量化宽松货币政策退出策略。首先，停止对金融机构债券的再投资；其次，提高联邦基金利率；最后，逐步出售所持有的债券。在具体的政策实施过程中，虽与当初制定的"三步走"策略略有不同，但政策实施的思路异曲同工，都是采用循序渐进的方式进行。具体实施过程如下：

一方面，美联储逐步减少每月资产购买计划的规模。伴随美国国内经济的不断复苏，主要经济数据表现出良好的迹象，美联储开始着手准备量化宽松货币政策的退出进程，并适时释放了政策退出的信号。在具体政策实施层面，美联储开始缩减每月的资产购买规模。2013 年 6 月，伯南克曾表示，在房地产市场复苏的带动之下，美国就业市场呈现出不断好转的发展势头，预期在未来几个季度之内，将会呈现出平稳上升的势头。综合考虑多方面的因素后，美联储有可能在年内即开始放缓购买债券的脚步。2013 年 12 月，各主要经济数据显示，美国国内经济增长的势头良好，劳动力市场也呈现出改善的迹象，考虑到这些因素，美联储当即宣布缩减长期国债的购买规模，但依旧维持本金再投资 MBS 以及国债展期的货币政策。此外，美联储不忘向市场释放信号，长期国债的购买规模缩减，并不代表量化宽松货币政策的退出。在全面退出量化宽松货币政策、维持经济复苏的基础稳固之后的相当长一段时间之内，美联储仍将维持较为宽松的货币政策。自 2014 年开始，美联储开始逐步缩减购债规模，并于 2014 年 10 月正式终止资产购买计划，但仍然维持将所持到期证券的本金再投资政策。

另一方面，美联储开始提高联邦基金利率。2014 年 9 月，为了更加有效地引导市场预期，避免量化宽松政策退出而带来过大的市场波动，美联储在公布退出量化宽松政策的具体实施步骤之时，同时将联邦基金利率及其他短期利率的上调计划、减持已购买资产规模的步骤等相关政策的时间表一同公布。退出量化宽松货币政策的时机成熟之后，美联储首先提高联邦基金利率的目标区间，调整超额准备金利率，并辅以其他金融市场调节工具，例如逆回购协议等，最后则是停止持有到期证券本金的再投资。

（三）美联储缩表的方式、路径、影响

美国货币政策在回归正常化的过程中，美联储资产负债表的缩减日益引起关注。利率政策调整和缩表独立实施还是组合实施，取决于两种政策相互替代的程度、相对的精确度，以及各自对经济活动产生的影响。一种方法是令缩表和利率政策调整相互补充，共同实现美联储的政策目标；因为缩表与利率政策调整对经济和金融市场的影响不同，缩表更直接影响长期证券的期限利差，而利率政策调整对货币市场影响更大，利率调整是比缩表更精确的货币政策；然而这种互补方法在利率位于有效下限时，尚无经验可循。另一种方法是先令利率远离有效下限，当其足够高、空间足够大时，渐进地以可预期的方式缩表；这种方法假设缩表和利率政策调整以同样的方式影响利率市场、资本市场、资产价格、美元指数等，进而以同样的方式影响经济活动。

目前短期名义中性利率处于历史地位，即使其收敛至长期名义中性利率，仍然偏低；如果经济遭遇与过去同等程度的负面冲击，受到有效下限的约束，名义利率没有足够的空间作出调整应对危机。相对于同时采取利率政策调整和缩表，维持资产负债表规模将有助于名义利率以更快的速度提升，以应对经济在低利率边界的不对称风险。

目前美联储的总资产维持在 4.5 亿美元左右，包括 2.5 亿美元的美国国债和 1.8 亿美元的机构债务和 MBS。耶伦在 2 月的国会证词中提到，为了有助于维持宽松的金融环境，美联储将维持其资产负债表规模，滚动到期的国债拍卖，并将本金进行再投资；美联储希望在利率足够高、空间足够大以及经济稳固的前提下，才开始缩表，现阶段美联储更加依赖于利率政策调整。

一个值得关注的问题是，假设美联储启动缩表，如何判断其资产负债表的合理规模。美联储官员 Lael Brainard 表示，美联储资产负债表的合理规模应该小于其目前的水平，大于其危机前的水平。货币需求的增长、监管对安全流动资产的要求以及金融机构对待风险的谨慎态度都增加了对美联储资产的需求；同时美联储将继续持有一部分资产作为风险缓冲，以应对意外的冲击，并避免对资产负债表的频繁调整。在缩表的过程中，应当密切关注货币市场，判断缩表对有效利率的影响；当缩表给货币利率带来上行压力时，美联储的资产规模或接近保持目标利率相应的规模。

当前美联储资产负债表面临的问题，主要包括：（1）资产负债表规模远高于正常经济活动需要。目前美联储的总资产约为名义 GDP 的 22%，该比例为近 100 年以来最高。（2）银行体系持有大量超额准备金，美联储需要大量使用 ON RRP 收紧流动性，公开市场操作有效性降低。（3）资产组合结构不合理。非国债资产占比过大，期限结构不合理，平均久期过长。

基于上述情况分析，美联储退出量化宽松货币政策的具体路径表现为：首先，逐步减少每月资产购买计划的规模，其次，上调联邦基金利率目标区间，并推动目标利率收敛于基准利率；最后，停止持有到期证券本金的再投资，并逐步缩减资产负债表。这样循序渐进的退出路径，有助于货币政策发挥更大的作用，与此同时，还可以避免由此引发的市场紧缩预期。

（四）量化宽松货币政策退出策略的特点

美联储制定的量化宽松货币政策退出策略具有如下几方面的特点。

首先，退出策略是循序渐进的。量化宽松的货币政策可以选择断崖式退出和渐进式退出两种方式，前者是指在短时间内同时运用多种金融市场工具，迅速收紧货币政策，吸收市场上的超额流动性，提升市场短期利率，在短期内促使资产负债表规模大幅收缩，最终使货币政策回归正常水平，整个过程耗时较短。这一方式的优点在于政策导向明确，对实体经济产生的冲击时间较短，与此同时，其缺点也显而易见，就是政策实施较为突然，过程中调整的空间较小，并有可能对经济复苏产生反作用。此外，短期内一次性提高利率的退出政策，有可能打破原有的资本流动模式，并可能促使大量国际资本向利率较高的经济体流出，进而使美国国内经济在中长期增速放缓，短期面临货币贬值和资产价格下跌的压力。渐进式退出则可以根据美国国内的经济金融现状，相机抉择逐步退出。与断崖式退出相比，渐进式退出更加有利于经济稳步复苏，可以有效避免国内经济二次探底的风险，与此同时，还可以充分利用逐步退出量化宽松货币政策的窗口期，避免国内大范围的市场波动。从政策实施情况来看，美联储量化宽松货币政策的退出是循序渐进的，具体表现为逐步减少每月的资产购买规模，直至完全停止资产购买。为了保持国内经济的持续稳步复苏，尽量减少对国内市场造成的不利影响，美联储同时还宣布，将会在相当长的一段时间内继续保持较低的利率水平。

其次，退出策略是灵活有序的。美联储量化宽松政策的具体实施具有灵活性，在实际操作过程中并非完全按照时间先后予以划分，而是结合时下的经济金融状况灵活进行调整。此外，量化宽松退出政策的每一阶段安排，还会随着各个阶段的市场反应作出相机抉择，进行相应修改。2009年，时任美联储主席伯南克详细阐述了量化宽松货币政策的退出策略。2011年，美联储制定了"三步走"的量化宽松货币政策退出策略，提出了实现货币政策常规化的构想。2014年，美联储对前述方案进行了进一步完善，使之更加适应当时的经济金融状况。再者，量化宽松退出政策的实施时间同样具有灵活性，美联储并未对各个阶段的政策实施设置相应的时间表，而是根据前序政策效果，结合当下经济金融状况，对政策实施的过程进行相应延长或缩短，一旦发现政策实施可能对美国经济平稳复苏产生不利影响，则随时有可能暂停或终止量化宽松退出计划。

再次，退出策略是具有前瞻性的。美联储一直以来都十分注重"前瞻性指引"的作用，一方面可以预防量化宽松货币政策的退出可能引起的市场波动，另一方面也可以有效引导市场预期，为后续政策的出台做好铺垫与缓冲。当美国国内经济金融状况发生变化时，美联储将会适时调整其"前瞻性指引"。2012年12月，美联储公开将失业率与通货膨胀率目标作为短期利率上调的门槛条件，宣布在失业率低于6.5%和通货膨胀率低于2.5%之前，不会上调联邦基金利率。若失业率或通货膨胀率指标好于预期目标水平，则将会考虑退出量化宽松货币政策。2014年9月，基于对当时美国国内主要经济数据指标的判断，美联储公开表示，在量化宽松货币政策退出实施之后，即资产购买计划结束后的相当长一段时间内，仍将维持联邦基金利率水平。2015年1月，美联储再次公开宣称，将联邦基金利率的目标区间维持在0~0.25%的低位水平是合理的。

最后，退出政策是多管齐下的。在退出量化宽松货币政策的同时，财政政策与产业政策相统筹，加息、缩表、减税、基建多管齐下。

2017年美联储经过3次加息，将利率区间上调到1.25%~1.50%，标志着美国货币政策的逐步紧缩。通过高收益率吸引海外资金注入，促进国内经济增长。同时，也趁着当前美国经济短暂复苏而及时加息，为日后调整留有余地。

此外，自2017年10月起美联储启动渐进式被动缩表，通过停止对到期国债和MBS的再投资，减少市场中流通的货币。此举是对加息的强有力补充，进一步紧缩了货币政策，有助于推高美元走势，遏制金融市场上的过度泡沫，也为下一次可能到来的危机留有更多应对工具。

然而，仅仅依靠加息和缩表，对于召回实体经济投资来说意义仍为有限。资金成本在企业运营的总成本中占比较低，而税负成本才是关键。2017年12月，美国国会通过了全面改革美国税收制度的法案。其中，企业所得税从此前的35%下降到20%左右。这一大规模的减税对于降低企业负担，促进国际资本回流来说具有重要意义。除减税之外，特朗普还在新的财政预算案中提出了约1.5万亿美元的基础建设投资项目。减税会增加居民消费、拉动企业投资，大型基建项目则可以直接扩大政府投资，两者相组合，可以极大程度地促进投资，对于刺激经济进一步复苏，推动国际生产要素流动产生持久的影响。

总的来看，加息缩表、减税基建这一对冲性的政策组合，能更有效地推动美元走强，为美国公司创造更有利的竞争环境，进一步维持和提升美国经济的全球竞争力。

对于全球经济尤其是新兴市场经济来说，美国减税、加息以及缩表带来的无疑是严峻的考验。美国税改带来的低税收环境和加息缩表形成的高收益市场可能进一步提升资本回流的吸引力，未来跨国企业可能存在明显的资本回流意愿，而一旦跨国企业把大量海外盈余撤走，对新兴市场而言是一个猛烈的冲击。

四、美国货币政策的未来展望

第一，美联储加息开启之路一波三折。在2016年12月举行的FOMC议息决议，投票结果以10∶0全票通过，将美国联邦基金利率提高0.5%～0.75%。美联储公开市场委员会认为，美国国内经济环境自11月以来保持着温和扩张的态势，劳动力市场持续改善，基于市场数据的通货膨胀指标已显著上升。尽管此时商业投资等数据仍然保持疲态，但家庭平均支出水平处于稳步增长的态势。因此，本次FOMC会议决定将联邦基金目标利率提升25个基点，美国经济数据近期不断创出新高，美股跌幅持续扩大，美元指数屡创新高，金价由盛转衰，原油价格也屡创新低。美联储曾预期2016年将加息四次，然而2016年一年过去之后，市场加息的呼声一浪高过一浪，最终美联储只于年底加息一次。在全球经济金融持续低迷动荡和美国国内经济复苏势头反复的内外环境之下，美联储开启加息步履蹒跚。

第二，美联储加息预期明确，节奏不定。特朗普在其正式上台之前，就已经公开表明反对美联储鸽派作风，支持强烈鹰派加息策略。同时，考虑到已实现的和预期中的劳动力市场状况和通货膨胀形势，委员会决定加息。2017年12月，美联储宣布将基准利率区间调升25个基点，从

1.0%～1.25%上调至 1.25%～1.5%，如期完成了当年的第 3 次加息。根据美联储的最新经济及利率预期，美联储预计 2018 年将加息 3 次，2019 年加息 2 次。美联储最新中值预期显示，2020 年底联邦基金利率 3.1%，而 2017 年 9 月时的预期为 2.9%。然而值得注意的是，2017 年 12 月的加息决议投票以 7∶2 通过，自 2016 年 11 月以来首次出现超过一张的异议投票。与此前市场对于加息的充分预期相比，这一结果略显鸽派，反映出美联储内部对于加息节奏的分歧，也降低了市场对未来加息路径的预期。相应地，决议公布后美国国债的收益率不升反降，这同样增加了美联储加息路径的未知性。未来联邦基金利率的实际路径还将取决于未来数据所显示出的经济前景。

第三，美国经济复苏的可持续性存疑。尽管自美联储退出量化宽松政策以来，美国经济整体仍处于复苏阶段。最新数据表明，目前美国短期经济正在不断改善。无论是经济总量、通货膨胀预期，还是就业水平，美国均取得了一定的进展，经济似乎正朝向美联储的通货膨胀与就业双目标迈进。然而，当下依然存在很多至关重要的问题，会拖累美国经济的长期复苏走势。一是人口问题，婴儿潮一代的退休导致美国具有工作意愿的劳动力极速下降，目前美国的劳动力参与率已经降至 20 世纪 70 年代以来的最低水平；同时美国近年来的劳动生产率也出现大幅回落。这二者将导致美国经济长期增长缺乏直接动力。二是美国社会的贫富差距问题，受 QE 政策的负面影响，美国在次贷危机之后，贫富分化程度再次扩大，中产阶级人数极度萎缩，而一般而言，中产阶级是一国经济发展的重要推动力，这同样是对美国经济长远发展的一个重大考验。三是特朗普上台之后美国各项政策落实的不确定性，尤其是贸易保护等政策，在长期来看显然不利于美国经济的持续发展。

第四，新兴经济体风险加剧。无论美联储实行量化宽松政策，抑或是退出量化宽松政策，新兴经济体所受的冲击都是最大的。而如若美国在未来几年都实行加息策略，那么新兴市场经济体的风险将是值得高度警惕的。美联储在实行量化宽松政策时，国际游资大量涌入新兴市场经济体，美国退出 QE 之后，资本势必回流。同时，美元是国际货币体系的重要核心，各主要新兴市场经济体的汇率都紧盯美元，美国从紧的货币政策将会加大新兴经济体的汇率贬值压力，对其货币政策和实体经济都会构成冲击。

第五，中国经济改革步调不应改变。随着美联储退出量化宽松政策，美元走强趋势明显，人民币贬值压力将会持续困扰中国。但汇率最终还是由两国经济基本面决定。因此，当前中国经济虽然短期企稳，但仍面临较大下行压力，所以未来人民币的贬值压力依然存在。故若要从根本上解决这一隐患，中国政府必须直面资产价格处于高位的问题，严控价格泡沫继续膨胀；同时仍需继续大力推进经济结构改革，提高中国经济的增长效率。

值得注意的是，尽管推出了多轮加息，美元却不涨反跌。从利率平价理论的角度看，美联储加息将导致美国资本市场利息升高，推动海外资金流向美国，推高美元指数走势。然而事实上，自2016年底以来，美元指数持续下跌，从103.3的高位跌至90以下。到2018年1月，美元兑欧元、英镑汇率分别下跌了13.4%和13.7%。美元的不涨反跌由多种因素促成。

从国内基本面情况来看，这反映出市场对美国经济复苏的疑虑情绪，尽管当局推出了一系列加息缩表减税等措施，但市场对于改革能否顺利进行仍存疑虑，也担心共和党税改造成的财政赤字将推动通货膨胀上升，高息的吸引力不敌看空情绪，加息缩表的引流政策缺乏海外资金的支持，导致了美元的持续下跌。

从前期基数来看，2016年底特普朗胜选时，美元指数已在前期市场的预期下推至2003年以来的最高位，随着特朗普政策的逐渐明朗，以及税改基建等措施的艰难推出，经济利好政策已几近出尽，美元指数开始逐渐回归正常值。

从海外市场来看，2017年全球经济广泛增长，欧洲和日本经济均超预期增长，美国市场不再独占国际资本的青睐。2017年欧元区经济增长2.5%，增速创十年来新高，日本经济连续8个季度正增长，在外部经济增长势头强劲的同时，美国经济复苏缓慢，全要素生产率尚未回归危机前的水平，而美国的资产价格已升至历史高位。在此背景下，国际投资者对美国的青睐减弱，流入美国的资本相当有限。

五、加息缩表的三个不确定性

虽然，2018年3月美联储加息节奏市场预期是3～4次，比2017年的预期基本提高了 1 次，但是，面对特朗普政府政策的诸多不确定性和外围经济体复苏的相对疲弱，以及货币政策的自身约束，未来美联储加息政策和缩表政策仍然有三方面的不确定性值得关注。

第一，美联储联邦基金利率如何向中性利率收敛。中性利率是指通货膨胀保持稳定时与潜在经济增长率保持一致的利率。传统的货币政策计量工具——泰勒法则，根据金融危机前真实利率的历史平均值，假定长期中性利率为 2%。然而最近的研究表明，由于劳动生产率放缓、人口结构老龄化、全球经济增长放缓等原因，美国的中性利率在过去 25 年呈下降趋势，在金融危机发生后位于历史低位。

美联储货币政策委员会大多数成员认为，目前的长期真实中性利率为 1%，且暂时呈现下降趋势。由于金融危机后全球经济复苏缓慢、企业和家庭恐慌情绪未完全消除，美联储货币政策委员会成员预测短期真实中性利率在零附近。假设短期真实中性利率为零，当前剔除通货膨胀的真实利率大约为 -1%，那么在 2017 年 3 月中旬的加息决议后货币政策依旧宽松。真实利率持续低于中性利率，印证了当前新增就业人口（平均每月 18 万人）显著高于长期潜在就业增长（每月 7.5 万人到 12.5 万人）。美联储判断短期中性利率会随时间收敛于其长期趋势，部分基于家庭、企业缩减开支的谨慎和避险立场会逐渐消散。美联储加息的过程，是推升目标利率逐步向中性利率收敛的过程。2018 年、2019 年短期中性利率的提升将产生更大的加息空间。

值得注意的是，中性利率的估算结果并不稳定。例如，FOMC 对长期真实中性利率的预测，2014 年 7 月为 1.75%、2015 年 12 月 1.5%、2016 年 12 月为 1%。有两个原因解释中性利率预测的波动：其一，对中性利率的预测基于对劳动生产率和全球经济增长的预测，而这两个因素都存在很大程度的不确定性。其二，中性利率可能受到财政政策变化的影响，具体将取决于政策的具体内容、规模和政策对经济供需两端的影响。总体来看，美联储加息的理论基础并不成熟，随时会出现新的调整。

第二，能源价格和全球经济景气的不确定性带来的通货膨胀预期的变化，可能会改变加息频率。美元指数快速上涨会抑制美国国内通货膨胀。在美联储加息预期引导下，美元指数迅速上升，大宗商品价格随之下降，美国生产和消费的能源成本也相应降低，一定程度上抵消了经济增长对通货膨胀的推动作用。美联储主席耶伦和副主席费希尔都曾公开表示美元走强对通货膨胀的限制作用。在全球需求不振、大宗商品价格低迷的前提下，美联储加息进程会起伏不定。更值得注意的是，美元自身也可能存在不确定性，比如是否会面临一波实质性的升值。

第三，美联储"缩表"问题成为美国货币政策正常化新的焦点。美联储"先加息，再缩表"的货币政策正常化规划逐渐接近第二阶段，2017年开始关注美联储"缩表"的可能性。利率政策调整和缩表独立实施还是组合实施取决于两种政策相互替代的程度、相对的精确度，以及其各自对经济活动产生的影响。

一种方法是让"缩表"和利率政策调整相互补充，共同实现美联储的政策目标。"缩表"与利率政策调整对经济和金融市场的影响不同，"缩表"更直接影响长期证券的期限利差，而利率政策调整对货币市场的影响更大，利率调整是比"缩表"更精确的货币政策。然而，这种互补方法在利率低于中性利率时，尚无经验可循。另一种方法是先提高利率水平，当其足够高、空间足够大时，渐进地以可预期的方式缩表；这种方法假设"缩表"和利率政策调整以同样的方式影响利率市场、资本市场、资产价格、美元指数等，进而以同样的方式影响经济活动。

目前短期名义中性利率处于历史地位，即使其收敛至长期名义中性利率，仍然偏低。如果经济遭遇与过去同等程度的负面冲击，受到有效下限的约束，名义利率没有足够的空间作出调整应对危机。相对于同时采取利率政策调整和缩表，维持资产负债表规模将有助于名义利率以更快的速度提升，以应对经济在低利率边界的不对称风险。

面对美联储起伏不定的加息节奏，中国政府应稳步推进国内经济金融结构性改革。做好各类预案措施，针对不同情景，加强政策储备。建立快速反应机制，控制风险蔓延范围和程度，降低应对外部风险的成本和风险造成的损失。

第五节　美国量化宽松政策的外溢效应

一、美国量化宽松政策对全球的外溢渠道

20世纪以后，经济全球化步伐不断加快，各国之间的沟通交往与依存

程度不断加深。美国作为当今世界舞台的超级大国，其经济决策往往能够牵动全球。尤其自第二次世界大战以后，美元在国际货币体系中始终处于绝对的领导地位，是维系国际金融体系的重要基石，在国际储备、贸易结算等领域享有压倒性优势。因此，为应对次贷危机，美联储所实施的非常规量化宽松货币政策，必然会对世界其他经济体产生溢出效应。事实上，美联储的量化宽松政策的溢出效应不仅存在，而且其溢出渠道也是多种多样的。

（一）资本流动渠道

由于美元在国际贸易结算中属于硬通货，美国货币政策的变动会首先通过资本流动渠道，由美国金融市场向其他经济体传递。美国次贷危机爆发之后，商业银行的惜贷现象十分严重，这就导致美联储的量化宽松政策无法有效传导至实体经济。美联储相关数据显示，量化宽松货币政策实施期内，美国基础货币增长率高达112%，而同期美国 M2 的增速却仅为9%。实体经济无法接收 QE 政策所提供的流动性，这就导致美联储所释放的流动性充斥资本市场，而这些停滞在资本市场的流动性普遍被商业银行推向了政府和机构债券。然而，国债和机构债也无法完全消化吸收 QE 政策所释放的庞大资金流，导致美国资本市场过剩的流动性向全球资本市场溢出，大量资金以私人部门投资的方式冲向世界各地。由于经济环境、贸易融资条件与交易利差等方面的优势，国际金融危机之后，新兴市场经济体的高资本收益吸引了大量国际逐利资本涌入，由此也成为美国量化宽松政策释放流动性的泄洪池。

（二）汇率渠道

美联储实施量化宽松政策之后，国内外的经济环境都对美元施加了较大的贬值压力。在国内市场，由于停滞在美国资本市场的流动性无法进入实体经济，只能被金融机构用于购买长期国债与机构债，因此国内美元通货膨胀迹象导致美元出现贬值趋势；国际市场中，受新兴经济体的高收益诱惑，国际游资不断由美国涌入新兴市场国家，这同样在国际市场上对美元造成了贬值压力。而作为国际贸易与国际金融市场中的硬通货，美元的下跌引发全球范围内汇率变化。加之在美联储实施量化宽松货币政策之后，主要发达经济体的追随效仿，致使发展中国家与新兴市场经济体货币被迫升值，发达经济体和发展中经济体之间的差异被进一步拉大。汇率变动又增加了国际热钱除利差之外的汇差收益，这进一步增强了国际游资对新兴经济体的投机热情。这不仅破坏了国际资本市场秩序，更是削弱了以出口贸易为主要经济增长动力的新兴市场经济体的国际竞争力，进而压缩了新兴市场经济体的发展空间。

（三）利率渠道

美联储实施量化宽松政策的主要目标之一是压低美国金融市场的中长期利率水平。较低的利率环境能够为美国经济带来诸多裨益。一来低利率水平能够降低美国企业的融资成本，促进美国实体经济的复苏；二来在低利率环境下发行国债，也有助于降低美国政府的发债成本，增加美国经济的收益。而对于美国之外的其他经济体而言，与美国的利差加大，则意味着要面临更加严峻的国际热钱涌入问题。大规模流入的外汇资金迫使小型发达经济体或新兴市场经济体被迫发行超额本币进行对冲，引发本国的通货膨胀压力。这就形成了"中心国家—外围国家"恶性传输渠道。此外，国际热钱为牟取短期超额收益，通常涌向的是新兴经济体的金融市场，资本也未能进入新兴经济体最需要的实体经济，这也将进一步造成新兴经济资源配置的扭曲，导致经济结构失衡，不利于其长远发展。

（四）国际大宗商品价格渠道

2008 年的国际金融危机是由 2006 年美国次贷危机所触发的，美国房价泡沫破灭一夕之间将美国经济拖入万丈深渊，并带动全球经济步入下行周期，迫使美联储出台了非常规的量化宽松货币政策。正如我们前面所述，由于新兴市场经济体在全球金融危机之间正处于高速上升阶段，其增长惯性成为 QE 政策出台之后国际游资的众矢之的，并因此造成美元的贬值趋势。美元贬值导致国际大宗商品价格上涨，尤其以石油为代表的能源商品价格攀升显著。全球范围内不断增加的通货膨胀压力又相继迫使新兴市场经济体的货币升值，新兴市场经济体的对外贸易竞争力被严重削弱，其国内出口导向行业受到剧烈冲击，这进一步倒逼新兴市场经济体进行出口产业转型，给全球经济秩序带来严重的影响与严峻的挑战。

二、美国量化宽松货币政策对中国的影响

相比发达经济体与其他新兴市场经济体，中国经济具有很多与众不同之处。因此，美联储的量化宽松的溢出效应在中国也有其独特的表现特

征。首先，中国经济体量庞大，经济总量增长迅猛，改革开放之后，中国曾一度借助人口红利获得了大量经济增长燃料。其次，出口作为拉动中国经济的"三驾马车"之一，同样为中国带来了丰富的国家外汇储备。最后，相较于欧美发达经济体，中国整体的利率水平较高，与美国的利差尤其明显。上述特点一方面保障了全球遭遇经济危机之时，中国能一枝独秀傲立世界舞台；另一方面也使得美联储为应对危机所实施的量化宽松政策对中国造成了不同于其他国家的溢出效应与经济难题。

（一）对中国资本市场与房地产市场的溢出影响

美联储向市场中注入的流动性由于无法完全为美国经济所吸收，发生显著外溢效应。而中国由于自身经济发展迅速、金融市场利率较高，因此吸引了大量国际热钱涌入。但这些热钱仅有小部分能够进入中国实体经济，其余大部分国际游资均涌入短期就能取得高收益的资本市场，从而引发我国股票与房地产市场出现价格高涨现象。与此同时，不同于实体经济中商品与服务价格上升，由于资产价格上涨很容易引发价格泡沫。因此，美国量化宽松货币政策对中国资本市场与房地产市场的溢出效应，蕴藏着较高的系统性风险。

（二）对中国通货膨胀的溢出影响

犹如前文所述，美联储实施 QE 政策之后，海外游资袭击中国，对中国通货膨胀的溢出效应是最为直接与显著的。在资产价格方面，由于美国量化宽松政策释放的大量流动性没有传导至实体经济，停留在资本市场的过剩流动性溢出到中国，冲击了中国的资本市场与房地产市场，造成中国股票价格与房地产价格高涨，甚至产生一定程度的房价泡沫，引发中国国内的通货膨胀压力。在商品价格方面，长期来看，涌入中国资本市场的国际游资终将流入实体经济，这就导致中国国内食品等基础消费价格上涨。此外，在宏观经济层面，由于国际贸易常常采用美元作为标价货币，美元的贬值会使大宗商品价格提高，为了满足进口需求，国际大宗商品价格的上涨使中国与全球其他经济一样，面临着成本型通货膨胀的压力。另外，大量美国资本流入我国，增加了我国人民币的需求，人民币升值压力不断增加，为了稳定汇率，中央银行需要买入美元，从而形成了输入型通货膨胀。

（三）对中国外汇储备安全的溢出影响

改革开放以来，随着出口贸易的迅猛发展，中国积累了大量的外汇储备，其中美国国债占据了相当高的比重。显然，美元是中国外汇储备中最重要的组成部分。然而，随着美联储量化宽松政策的实施，美元贬值压力攀升，中国外汇储备随之出现缩水，中国不仅被迫承担了美国经济泡沫破裂的后果，同时还相当于在为美国经济的复苏埋单。尽管在次贷危机之后，中国已经抛售了一定量美元标价的债券，然而，由于除美元债券之外，中国并没有更为合适的外汇储备选择，因此，中国难以从美联储量化宽松政策的负面溢出效应中脱身。由此可见，构建多样性的外汇储备对于防范美元危机具有十分重要的现实意义，中国政府对此依然任重而道远。

（四）对中国货币政策独立性的影响

一方面，国际金融危机爆发之后，由利率渠道传输的全球金融周期现象越发显著。由于美联储长期将压力利率作为量化宽松政策的主要目标，中国的显著高利率便成为海外游资的泄洪池。热钱的大量涌入造成国内资金供给增加，这必然对中国市场利率产生下行压力。另一方面，美元贬值导致人民币被动升值，致使海外热钱除了能够获取利差收益外，还可以赚取汇差收益，进一步加剧了游资流入，造成恶性循环。若想对冲国际资金流入造成的汇率波动，中国中央银行则需通过发行人民币维护汇率稳定。显然，美联储量化宽松政策的溢出效应，使得中国中央银行陷入利率下行与汇率稳定的两难境地，中国的货币政策独立性因此被迫削弱。

（五）对中国出口贸易的影响

国际金融危机爆发之前，出口贸易是支撑中国经济强劲增长的主力马车。然而，美联储量化宽松的推行致使人民币被迫升值，这就严重削弱了中国产品的国际市场竞争力，而中国的主要出口行业由于技术受限，利润空间极为微薄，受 QE 政策挤压，遭受到剧烈冲击，这也就迫使中国出口企业只能进行转型升级，重谋出路。

（六）美国退出量化宽松货币政策对中国的二次冲击

美国在经历了四轮量化宽松政策之后，经济复苏信号明显，复苏势头强劲。为减少 QE 政策退出对市场的猛烈冲击和过度波动，美联储选择提前释放信号以及逐步退出。然而，对于中国来说，即使美联储稳妥操作 QE 退出步骤，同样对中国经济带来二次伤害。究其原因，国际热钱仍为根本原因。美联储实施量化宽松政策之时，涌入中国的海外热钱主要集中于中国的资本市场，股市和房地产市场受其影响催生了资产价格泡沫，高收益金融产品同时还引发了中国宏观经济的资源调配失衡，动摇中国经济结构，给中国经济的长期发展带来了巨大隐患。美联储量化宽松政策退出之后，又导致流入中国的海外游资二次外流，非理性资产价格回落，泡沫破裂危机逐渐显现，资金掩盖下的各种问题相继凸显。可以说，美联储退出量化宽松政策的溢出效应，将对中国经济发展产生二次重创。

第四章 日本量化宽松政策及其 "退出" 之路

第一节 日本量化宽松政策的框架

由于日本泡沫经济破灭的冲击以及产业转移和人口老龄化等结构性影响，20 世纪 90 年代中期前日本经济呈现相对低迷的状态。在东亚金融危机新的冲击下，自 1998 年下半年开始，日本物价开始持续缓慢下跌，宏观经济进入了长期缓慢通货紧缩的状态。虽然在理论层面，日本学界对于通货紧缩的成因有"货币观点"与"结构观点"之争，但各方都一致认为，若要使日本经济走出发展停滞的困境，应将摆脱通货紧缩作为重要宏观经济目标之一。

货币政策调整是日本致力于摆脱通货紧缩的基本工具之一，量化宽松政策成为日本货币当局的重大政策"创新"。日本银行自 1998 年下半年开始将名义利率降低至 0.25%，并在 1999 年将基准利率降低至零，日本货币政策面临"零约束"。但是，日本经济在地区经济低迷和内部结构问题的约束下，并没有在零利率的宽松货币政策中实现实质复苏，摆脱通货紧缩压力。日本银行不得不考虑新的政策工具，量化宽松政策因此应运而生，日本中央银行在 2001 年至 2006 年 3 月实行了量化宽松政策。得益于全球经济繁荣和国内政策效率，2006 年日本经济通货紧缩压力才有明显的缓解。但是，在国际金融危机的冲击下，日本经济再度陷入了负增长以及通货紧缩的压力之中，危机以来，日本货币当局在基准利率、量化宽松、质化宽松甚至负利率层面相继推出了一系列政策。

一、日本量化宽松政策的根源

（一）通货紧缩螺旋

日本一直无法形成通货膨胀的市场预期，反而出现通货紧缩螺旋。通货紧缩是货币现象，在通货紧缩困境下，经济存在较大的供需缺口，需求能力弱于供给，因此经济的实际增长率低于潜在增长率，只有摆脱通货紧缩才能提升实际经济增长水平，而物价水平的调整应由货币政策承担。日本物价持续下落的原因在于货币供给不足，因此中央银行应采取"通货复胀"（Reflation），形成温和通货膨胀环境（Mild Inflation）。

日本长期通货紧缩的主要原因在于通货紧缩预期的形成和深化，在货币政策作用下，预期方向可以转化，且形成通货膨胀预期，可以引导日元币值以及股价上涨。其影响机制为：日本银行采取通货膨胀目标制——增加基础货币供给——提升通货膨胀预期——通过日元贬值、股价上涨、降低实际利率预期三种路径——改善总需求——克服通货紧缩。经济潜在增长率需要在放松管制、开放市场等竞争性政策的引导下得以提升。若没有消除通货紧缩的货币政策，只依赖于竞争性政策提高供给能力，只会导致供需缺口进一步扩大。诱导预期通货膨胀的形成是量化政策的关键。

日本通货紧缩螺旋是一种非均衡螺旋，使得政策利率与预期通货膨胀率出现长期的偏离。从经济学来说，利率与物价指数之间基本上是一种正相关关系，两者之间的关系表现为 $i = r_n + \pi_e$，其中，i 是名义利率，r 是储蓄与投资相等的利率，即自然利率，π_e 是预期的通货膨胀率。也就是说，名义利率也就是政府所控制的政策性利率应当与经济运行所内在决定的自然利率与预期通货膨胀率相等。但有两种情况会打破这种平衡，一是如果名义利率的最低极限值为零，当自然利率大幅度降低时，特别是出现负值时，即使预期通货膨胀率为正，也有可能出现 $i > r_n + \pi_e$，这可称为"负自然利率非均衡"。二是预期通货膨胀率大幅度降低，出现负值，即使自然利率为正，也可能出现 $i > r_n + \pi_e$，也即 $i - \pi_e > r_n$，这可称为"通货紧缩非均衡"。

（二）货币政策规则不明确，货币供应相对不足

由于日本经济长期陷入通货紧缩之中，利率已降至为零，面对预期通货膨胀率和潜在经济增长率出现的缺口，日本中央银行已经无法利用泰勒

规则这一世界主要国家用来调节货币政策的基本原则与工具,进行利率操作来实现经济调节。麦卡勒姆规则也许可以作为日本货币政策的操作思路和依据。麦卡勒姆原则源于弗里德曼货币控制的基本思想,即通过控制货币增长率来实施调控。麦卡勒姆坚持将基础货币作为货币政策工具,提出了货币政策的最终目标是稳定名义收入,主张货币增长率应随着产出缺口动态变化,同时还要考虑到货币流通速度和通货膨胀率。

如果 m 是基础货币增长率,$y*$ 是目标名义 GDP 增长率,y 是现实 GDP 增长率,v 是货币流通速度,则基础货币供给与产出及货币流通速度就具有了以下关系:$m = y* - v + \alpha(y* - y)$,其中 α 是中央银行对经济产出缺口的反应程度。

日本 2008—2012 年实际 GDP 的平均增长率为 -1.9%,货币增速保持稳定,则 v 将趋于零,如果中央银行对产出缺口的反应程度为 1 的话,则根据麦卡勒姆规则,货币增速将达到 10.9%,如果反应程度为 2,则货币增速将达到 17.3%,按此速度计算,2013 年 4 月日本基础货币为 138 万亿日元,到 2014 年货币存量金额仅为 190 万亿日元,达不到安倍内阁货币存量增加 2 倍达到 270 万亿日元的目标。这说明中央银行的政策力度需要将中央银行对经济产出缺口的反应程度再提高 2 倍,中央银行货币增速才能达到 30%,才能够实现政策供给目标。总体而言,日本银行货币供给不足,金融政策缓和力度不够导致经济持续陷入通货紧缩之中。

二、日本量化宽松政策进程

(一) 日本量化宽松政策的概况

量化宽松(Quantitative Easing, QE)主要是指中央银行在实行零利率或近似零利率政策后,通过购买国债等中长期债券,增加基础货币供给,向市场注入大量流动性资金的干预方式,以鼓励开支和借贷。2001 年以来,在实施负利率之后,以量化宽松政策为主导的非常规货币政策一直是日本中央银行重要的政策选择。2001 年 3 月,日本首度推出 QE(量化宽松)政策,将商业银行在中央银行的存款余额作为货币政策操作目标,扩大长期国债购买规模,且新增长期国债购买规模不能超过纸币发行量上限。

2006 年日本经济短暂摆脱了长达十多年的通货紧缩状态,但是,国际金融危机使得日本经济再次面临衰退和通货紧缩压力。在国际金融危机之后，日本中央银行在量化宽松以及非常规货币政策探索中缔造了货币政策新的政策实践。日本银行量化宽松具体进程如图 4 – 1 所示。

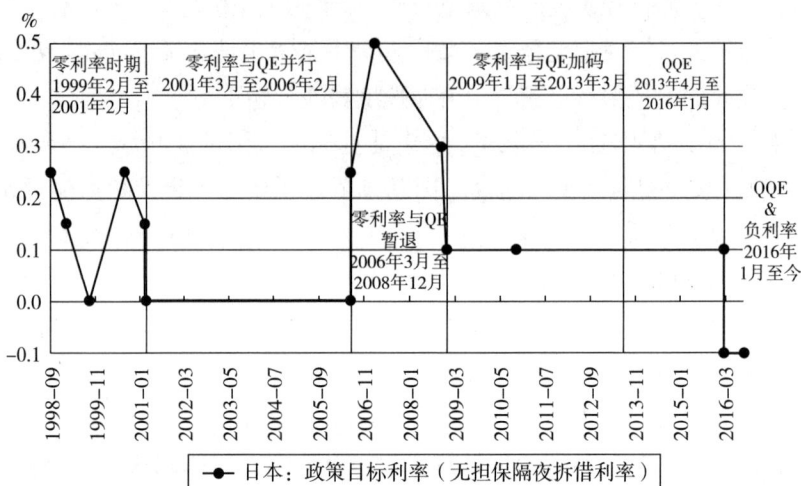

图 4 – 1　日本 1998 年 9 月至 2016 年 10 月货币政策推进历程

（二）日本量化宽松的四个阶段

QE 政策对日本银行的资产负债表进行扩张，而 QQE 则同时对日本银行资产负债表的结构进行调整，下文在研究不同时期资产负债表规模变化的同时，也将对 QQE 政策实行之后资产负债表结构的变化进行研究。

自 1998 年 9 月以来，日本量化政策实行大致可以分为四个阶段：

第一，QE1 时期（2001 年 3 月至 2006 年 3 月，共 61 个月）资产规模温和增长，基础货币投放处于正常的增速范围。随后 QE 退出期间中央银行回笼市场上的多余资金，长期国债和短期国库券偿还规模增加。

第二，QE2 时期（2009 年 1 月至 2013 年 3 月，共 51 个月）中央银行开启资产购买计划和贷款支持计划，加强国债和资产（商业票据、公司债、ETF、J – REITs）的购买额度。

第三，QQE 时期（2013 年 4 月至 2016 年 1 月）则大量购买长期国债、ETF 和 J – REITs，同时大幅扩张对商业银行的低息贷款，以此来支撑资产负债表的扩张和基础货币的投放。

第四，QQE 和负利率时期（2016 年 1 月至今）。2016 年 1 月 29 日，日本中央银行宣布采取负利率政策，通过利率、量化和质化三个维度施行宽松货币政策，尽快达到2%的通货膨胀目标。

表4-1 日本量化宽松政策

时期	量化宽松政策
1999.02—2001.02	零利率
2001.03—2006.02	零利率与QE并行
2006.03—2008.12	零利率与QE暂退
2009.01—2013.03	零利率与QE加码
2016.04—2016.01	QQE
2016.1至今	负利率与QQE并行

资料来源：作者整理。

（三）日本货币政策：十年回顾

日本是量化宽松政策的创造者和长期实践者，但是，可以看到，在国际金融危机的冲击和国内经济结构不完善的叠加效应下，日本过去近十年的货币政策呈现出日益依赖非常规货币政策的状况。

国际金融危机使得日本量化宽松政策再出台。在大萧条以来最为严重的金融危机冲击下，作为大型开放经济体，日本经济陷入了金融和经济的双重冲击，日本再度进入通货紧缩的泥潭之中。在全球主要经济体纷纷出台危机救援政策的背景下，2009年1月，日本银行量化宽松政策再度实施，日本中央银行加大国债购买规模，并将30年期债券、浮动利率债和通货膨胀指数债添加到中央银行国债购买名单之中，另外再增加商业票据和公司债购买计划。质化量化宽松政策新加码。在零利率和量化宽松政策下，日本经济仍然没有实质性复苏，通货紧缩压力十分显著。

2013年4月，日本银行推出质化量化宽松政策（QQE），具体操作框架为三个重要的领域：一个目标两个操作。在目标上，是以再通货膨胀为目标，即将消费者价格指数同比上升2%作为政策目标。在操作上分为数量操作和质量操作，数量操作需将金融市场操作目标从无担保隔夜拆借利率调整为基础货币，大幅增加长期国债保有量。质量操作是将长期国债购买对象从以往的最长3年期扩充至包括40年期在内的所有期限的长期国债，日本银行所持国债的平均残存期限为七年。增加实物资产保有量，增加交易所上市交易基金（ETF）和不动产投资信托基金（J-REIT）。废除

2010 年 10 月设立的资产购买基金，统一日本银行购买长期国债方式，并且新增长期国债购买规模可以超过纸币发行量上限。

非常规货币政策呈现一定效果，但是，难言日本摆脱通货紧缩压力，非常规货币政策仍将持续。2017 年 12 月，随着质化量化宽松政策的推进，日本经济实现一定程度的增长，通货膨胀率已经超过 1%，但还未实现 2% 的目标。但此时全球中央银行货币政策风向发生了改变，随着美联储可能加快加息以及"缩表"，更多中央银行加入货币紧缩大军。此时日本经济出现企稳迹象，通货膨胀率有所回升，为其收紧货币政策提供了支撑。在此背景下，日本中央银行行长黑田东彦也在新闻发布会上指出，日本中央银行可以在必要时采取适当的退出措施，但日本中央银行还将维持此 2% 的通货膨胀率目标。虽然日本量化宽松政策维持的低利率促进了经济增长，但该政策也存在一定的负面影响。长期低利率可能拖累银行盈利水平，且可能使金融恶化。其他因素发生变化，最佳收益率曲线也会随之变化。虽然日本地区性银行目前拥有充足资本，但中长期有许多银行可能在面临损失时失去缓冲。

第二节　量化宽松政策与央行资产负债表分析

一、日本中央银行资产扩张的三个阶段

在政策操作中，长期的量化宽松政策必然导致中央银行资产负债表的迅速扩张。美国在四轮量化宽松政策实施中，美联储的资产负债表从 8 000 亿美元飙升至 4.5 万亿美元。同理，日本在长期的量化宽松政策实施中，也出现了中央银行资产负债表大幅扩张的情况，但是，日本的政策实践中资产负债表的扩张呈现出不同的阶段性特征。

从长期的视角看，日本从 20 世纪 90 年代末开始实施低利率、零利率政策，并在 2001 年开始实施量化宽松政策，直至目前的量化宽松、负利率政策和收益率曲线控制等并行的政策体系。在这个过程中，日本银行总资产变化可以分为三个阶段：

（1）1997 年 8 月至 2005 年 12 月：总资产增长迅速，1997 年 8 月日本银行总资产为 56 921 695 078.00 千日元，2005 年 12 月日本银行总资产为

155 607 117 811.00 千日元，增幅达 173.37%，年均增幅大约为 21.67%。

（2）2006 年 1 月至 2013 年 4 月：总资产增长较小，在很长一段时间内数额保持相对稳定。2006 年 1 月日本银行总资产为 152 865 620 744.00 千日元，2013 年 3 月日本银行总资产为 164 312 302 598.00 千日元，增幅为 7.49%，变化较小。

（3）2013 年 4 月至 2017 年 12 月：在 2013 年 4 月，实行 QQE（质化量化宽松政策）之后，日本银行资产负债表迅速扩张。2017 年 12 月达521 416 178 161.00千日元，较 2013 年 3 月底增幅达 217%，激进的 QQE 政策快速推高了日本银行的总资产。

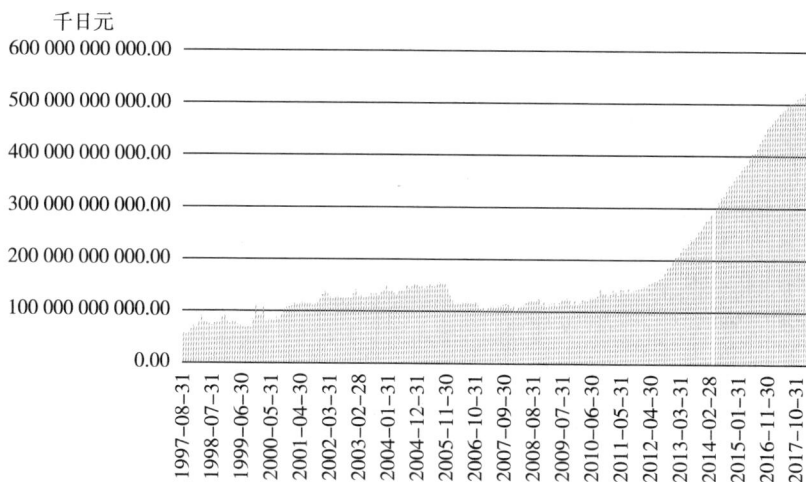

图 4 - 2　日本银行 1997 年 8 月至 2017 年 12 月总资产（负债和净资产）变动

由图 4 - 2 可知，日本银行初期的 QE 以及零利率政策促使日本银行总资产扩张，但当零利率政策再次采用，并且 QE 加码的情况下，日本银行总资产没有发生太大变化。QQE 对日本银行总资产的扩张产生了巨大影响，QQE 政策的实施使日本银行的总资产迅速扩张。

表 4 - 2　　　　日本银行资产负债简表（2017 年 12 月）

资产	负债和净资产
黄金（2017 年 12 月占比 0.08%）	货币（2017 年 12 月占比 20.47%）
现金（2017 年 12 月占比 0.04%）	活期存款（2017 年 12 月占比 70.67%）
政府债券（2017 年 12 月占比 84.51%）	其他存款（2017 年 12 月占比 1.90%）

续表

资产	负债和净资产
贷款（2017 年 12 月占比 8.23%）	政府存款（2017 年 12 月占比 2.97%）
附卖回协议应收款项（2001 年 4 月至 2010 年 6 月持有）（2010 年 10 月占比 2.87%）	再购买协议应收款项（2001 年 4 月开始持有）（2017 年 12 月占比 0.02%）
商业票据（2009 年 2 月至 2009 年 11 月和 2010 年 12 月至 2017 年 12 月持有）（2017 年 12 月占比 0.42%）	其他负债（2017 年 12 月占比 0.19%）
财产信托（作为信托财产持有的股票）（2002 年 12 月开始持有）（2017 年 12 月占比 0.21%）	备抵金（2017 年 12 月占比 0.86%）
财产信托（作为信托财产持有的指数关联交易所买卖基金）（2010 年 12 月开始持有）（2017 年 12 月占比 1.85%）	法定准备金及特别准备金（1999 年 11 月开始持有）（2017 年 12 月占比 0.73%）
财产信托（作为信托财产持有的日本房地产投资信托基金）（2010 年 12 月开始持有）（2017 年 12 月占比 0.09%）	净资产（资本）（2017 年 12 月占比 0.00%）
外币资产（2017 年 12 月占比 1.53%）	
代理商存款（2017 年 12 月占比 0.00%）	
其他资产（2017 年 12 月占比 0.09%）	

注：表中附卖回协议应收款项、财产信托等在 1997 年 8 月至 2016 年 10 月的数据不连续和完整，则表明在没有数据的时段，日本银行并不持有该项资产或者负债。

资料来源：日本银行。

二、日本中央银行资产端的结构性分析

（一）黄金储备规模稳定但占比逐步下降

日本银行黄金储备量自 1998 年 3 月显著提升以后，总量都保持稳定甚至不变。黄金占总资产的比例很小，不超过 1%。而黄金占总资产的比例变化可根据总资产变化分为四个时期：一是 1997 年 8 月至 1998 年 3 月：黄金占总资产的比例快速下降。二是 1998 年 4 月至 2005 年 12 月：黄金占总资产比例缓慢下降。三是 2006 年 1 月至 2013 年 4 月：黄金占总资产比例先快速上升后缓慢下降。四是 2013 年 4 月至 2017 年 12 月：黄金占总资产比例快速下降。除 1997 年 8 月至 1998 年 3 月外，由于黄金储备保持稳定甚至不变，黄金占总资产比例的变化就是总资产数量变化的负方向。

千日元

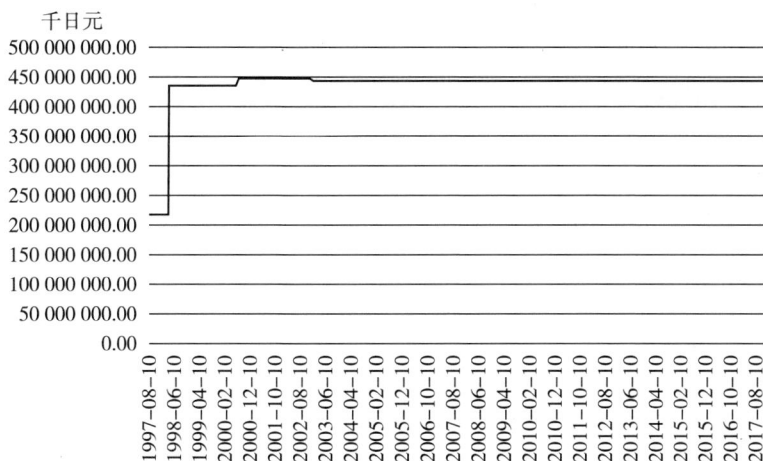

图 4 – 3　日本银行 1997 年 8 月至 2017 年 8 月黄金变动

%

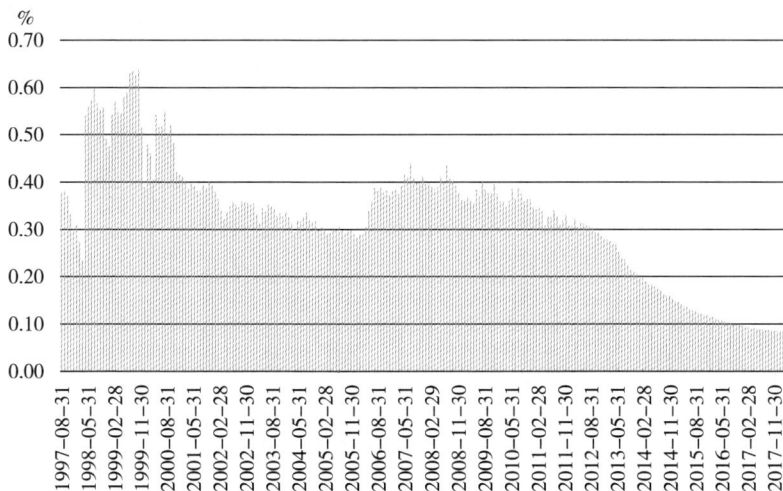

图 4 – 4　日本银行 1997 年 8 月至 2017 年 11 月黄金占总资产比例变动

（二）现金规模及占比小且变动频繁

日本银行现金储备额从 1997 年 8 月至 2005 年 8 月的波动呈现出明显的趋势，2005 年 9 月至 2011 年 6 月，现金储备变动趋势呈倒 V 字状，2011 年 7 月至 2016 年 10 月，日本银行现金储备快速下降。日本银行现金占总资产比例很小，不超过 1%。1997 年 8 月至 2000 年 7 月，日本银行现金占总资产的比例变动剧烈，变动趋势走出多个深 V 字形。2000 年 8 月至

2011 年 7 月，变动趋势减缓，变动趋势呈平缓的倒抛物线。2011 年 8 月至 2017 年 1 月，日本银行现金占总资产的比例快速下降。2017 年 2 月至 2017 年 12 月，日本银行现金占总资产的比例快速上升。

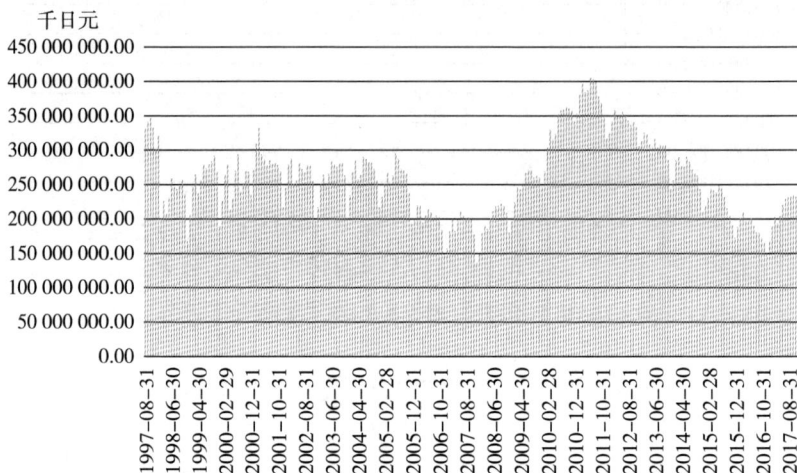

图 4-5　日本银行 1997 年 8 月至 2017 年 8 月现金变动

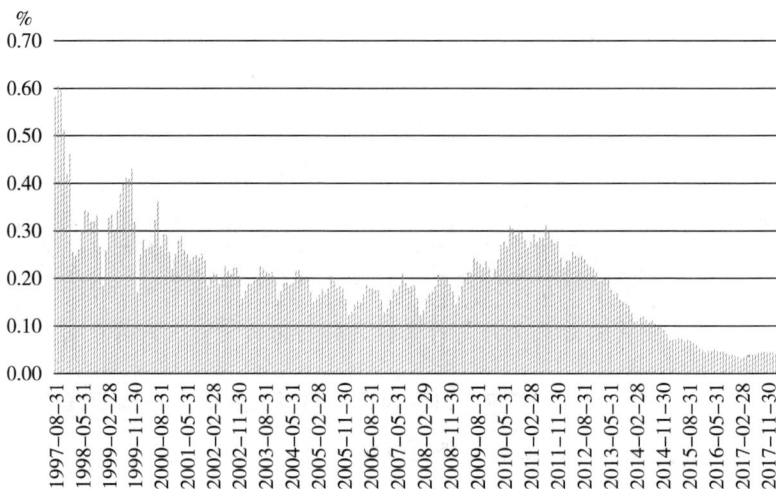

图 4-6　日本银行 1997 年 8 月至 2017 年 11 月现金占总资产比例变动

（三）政府债券占比大、波动小、周期短

政府债券数量变化同总资产变化高度一致，1997 年 8 月至 2005 年 12

月平稳增长，2006 年 1 月至 2013 年 4 月先快速减少，接着在很长一段时间内数额保持相对稳定，在 2013 年 4 月，实行 QQE（质化量化宽松政策）之后，日本银行资产负债表迅速扩张，从 2017 年 2 月开始，日本银行总资产增速放缓。政府债券在日本银行总资产中占有最大比例，占比普遍高于50%，最高值接近 85%。除 2012 年 2 月至 2013 年 11 月平稳持续上升之外，政府债券占总资产比例的变动整体幅度较小且波动周期较短。

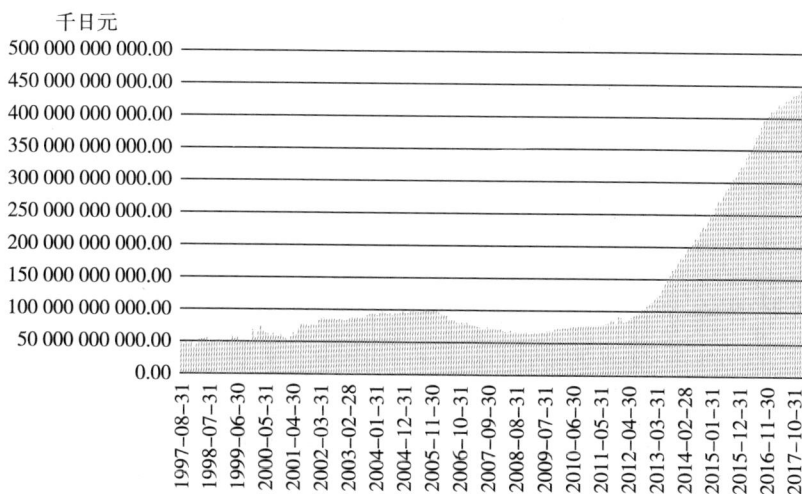

图 4-7 日本银行 1997 年 8 月至 2017 年 10 月政府债券变动

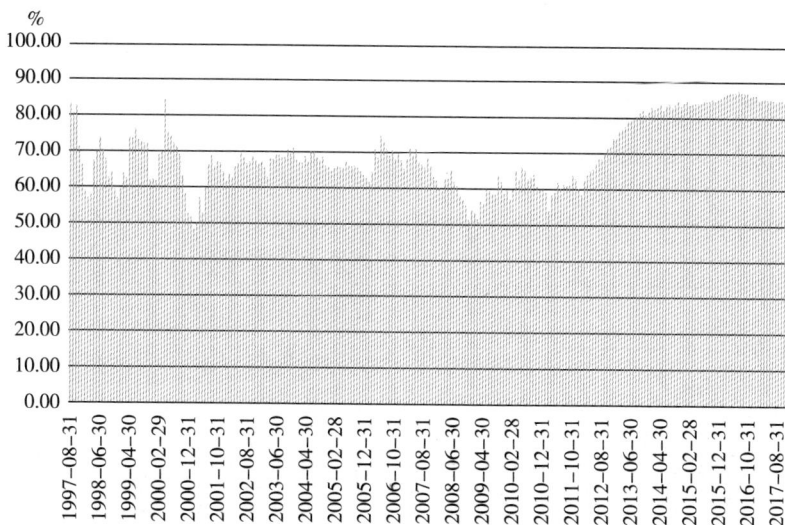

图 4-8 日本银行 1997 年 8 月至 2017 年 8 月政府债券占总资产比例变动

（四）贷款变动分析

2006 年 7 月以前，贷款在日本银行资产负债表中数量很小，占比也很小。自 2006 年 7 月开始，贷款占据重要位置，成为仅次于政府债券的资产。贷款占总资产比例自 2006 年 7 月至 2011 年 3 月振荡上升，2011 年 4 月开始快速下跌，随后趋于平稳。

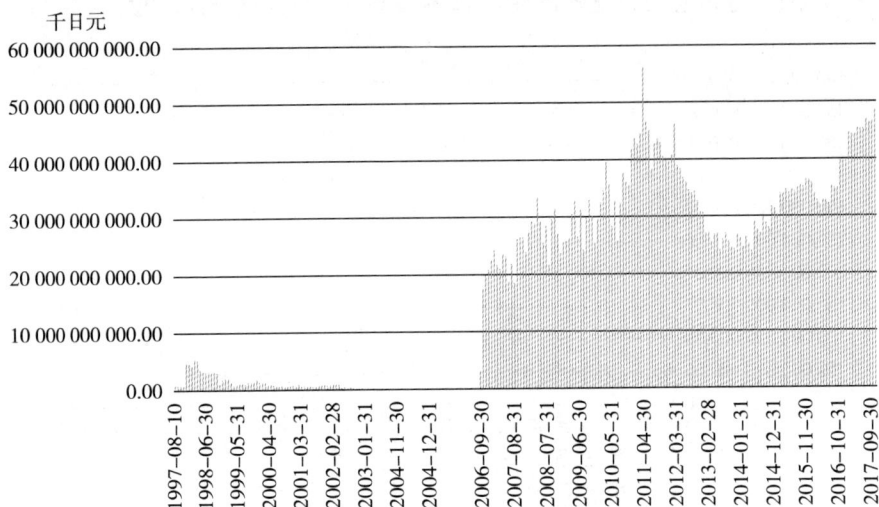

图 4 - 9　日本银行 1997 年 8 月至 2017 年 9 月贷款变动

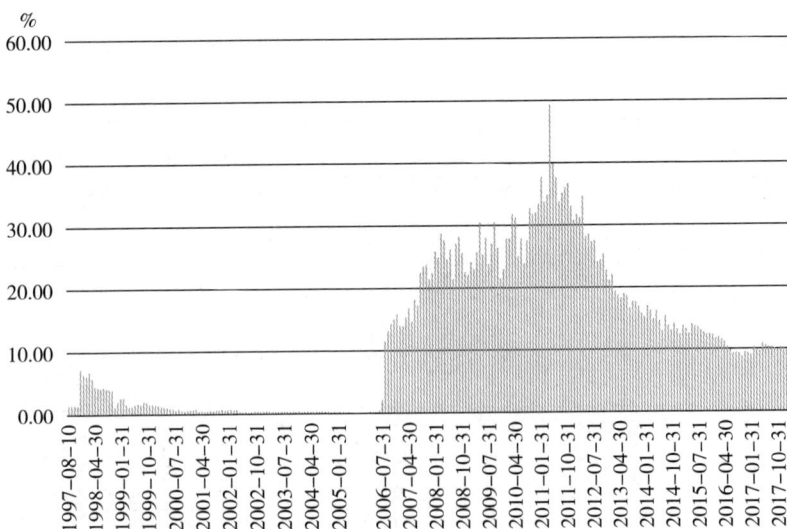

图 4 - 10　日本银行 1997 年 8 月至 2017 年 10 月贷款占总资产比例变动

（五）商业票据规模较为稳定且占比呈下降趋势

日本银行于 2009 年 2 月至 2009 年 11 月和 2010 年 12 月至 2016 年 10 月将商业票据作为资产，但持有的数额较少，占总资产的比例不超过 2%。2013 年 4 月以前商业票据数额的变动趋势同其占总资产的比例的变动趋势相似，2013 年 4 月实行 QQE 之后，总资产迅速扩张，而商业票据持有量变化不大，因此其占总资产的比例逐步减少。

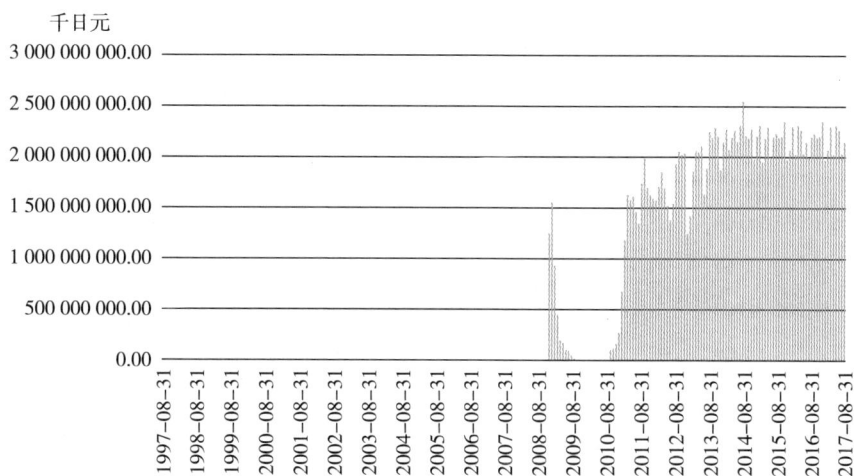

图 4-11 日本银行 1997 年 8 月至 2017 年 8 月商业票据变动

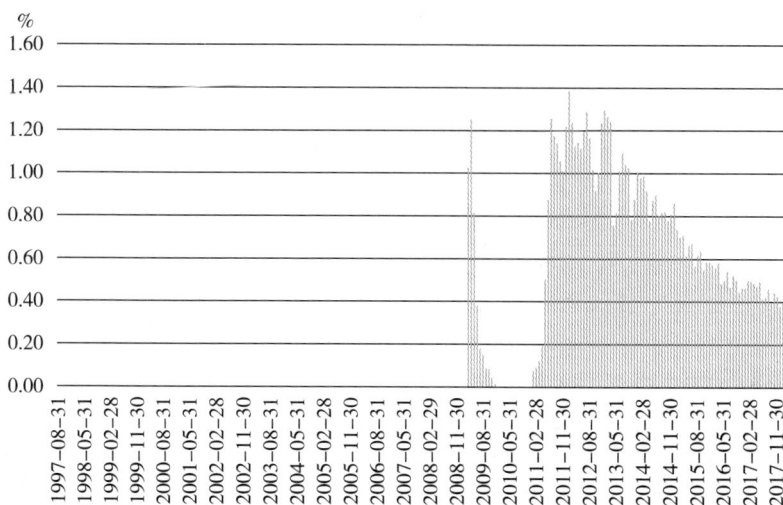

图 4-12 日本银行 1997 年 8 月至 2017 年 11 月商业票据占总资产比例变动

（六）公司债券规模及占比小且波动较大

日本银行于 2009 年 3 月至 2016 年 10 月开始将公司债券作为资产。但持有的数额较少，占总资产的比例不超过 2%。2013 年 4 月以前公司债券数额的变动趋势同其占总资产的比例的变动趋势相似，2013 年 4 月实行 QQE 之后，总资产迅速扩张，而公司债券持有量变化不大，因此其占总资产的比例逐步减少。

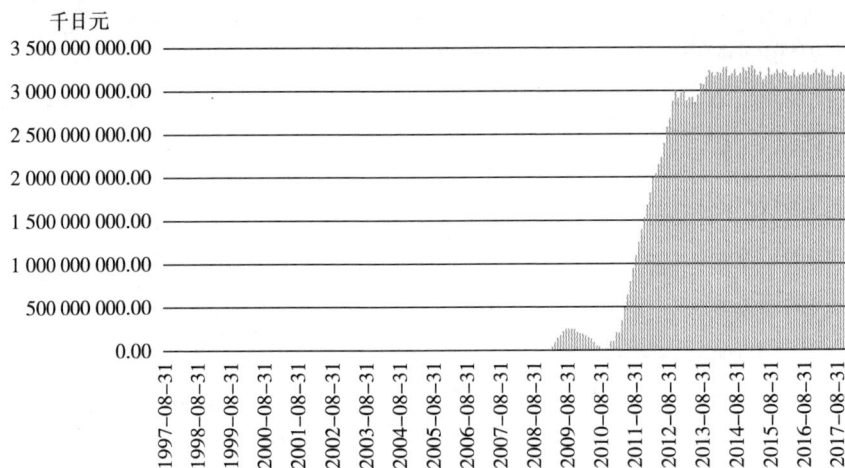

图 4 - 13　日本银行 1997 年 8 月至 2017 年 8 月公司债券变动

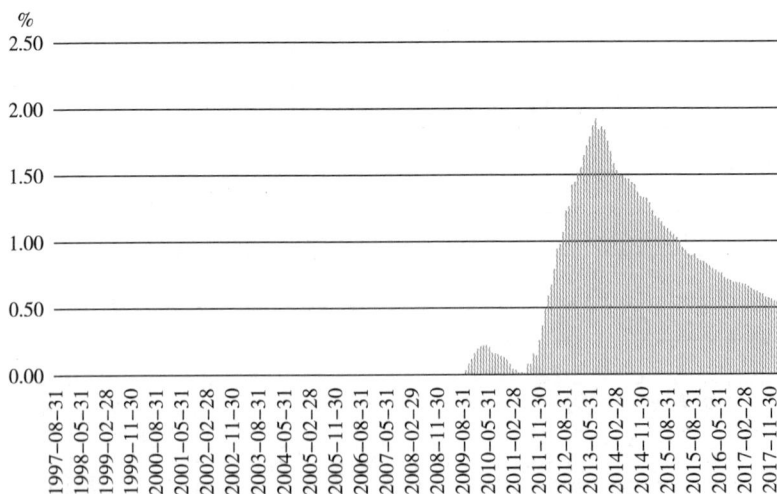

图 4 - 14　日本银行 1997 年 8 月至 2017 年 11 月公司债券占总资产比例变动

三、日本央行负债端的结构性分析

1997 年 8 月至 2016 年 10 月日本银行的净资产，即资本一直保持 1 亿日元，因此日本银行的负债为资产减去 1 亿日元，而资本数额相比于总资产很小，并且保持不变，所以日本银行净负债的变动趋势同总资产相同。负债和净资产的结构占比分析中，将负债和净资产的总额作为分母进行分析。

（一）货币规模持续缓慢增长但占比波动下降

日本银行货币自 1997 年 8 月至 2016 年 10 月稳步增长，1997 年 8 月货币数额为 447 873 亿日元，2016 年 10 月为 969 819 亿日元，增幅为116.54%，年均增长幅度约为 6.13%。

货币占负债和净资产总额比例的变动可以分为以下五个时期：

（1）1997 年 8 月至 2001 年 2 月：货币占负债和净资产总额比例变动趋势波动较大，并且没有显著规律，即使在 1999 年 2 月，日本银行实行负利率政策之后，变动状态也没有发生显著改变。

（2）2001 年 3 月至 2006 年 2 月：日本银行实行零利率与 QE 并行的政策，货币占负债和净资产总额比例变动趋于平稳。

（3）2006 年 3 月至 2008 年 12 月：日本银行实行零利率和 QE 暂退，这段时期货币占负债和净资产总额比例快速上升。

（4）2009 年 1 月至 2013 年 3 月：日本银行采用零利率政策并对 QE 加码，货币占负债和净资产总额比例呈缓慢下降的趋势。

（5）2013 年 4 月至 2016 年 10 月：日本银行实行 QQE 之后，负债和净资产总额的比迅速扩张，而货币增长速度要慢于负债和净资产总额，因此其占总资产比例快速减少。

（二）活期存款规模及占比变动趋势类似且波动上升

在 1997 年 8 月至 2001 年 3 月日本银行的活期存款数额和其同负债和净资产总额的比值除几个月数额较高外，其他时间都保持平稳。2001 年 3月至 2006 年 2 月日本银行实行零利率和 QE 并行的政策时，活期存款数额和其同负债和净资产总额的比值都快速上升。2006 年 3 月至 2008 年 12 月零利率与 QE 政策暂退时，活期存款数额和其同负债和净资产总额的比值先快速下降后趋于平稳。2009 年 3 月至 2013 年 3 月，日本银行重又实行零利率政策并对 QE 进行加码时，活期存款数额和其同负债和净资产总额

千日元

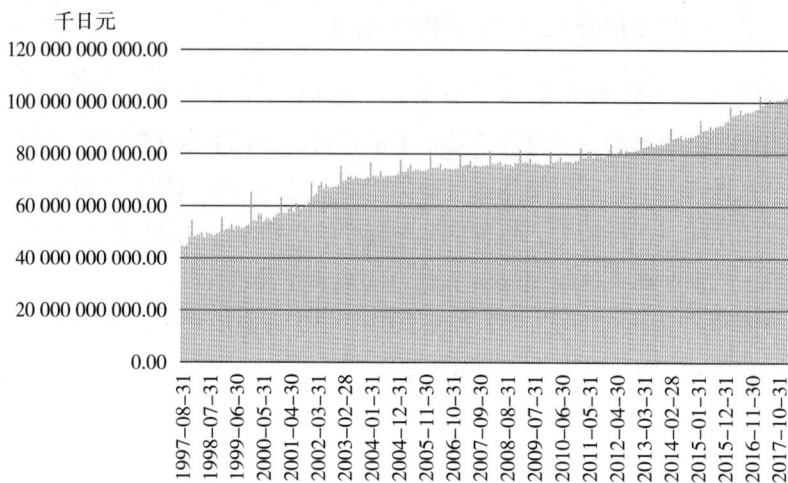

图 4 - 15　日本银行 1997 年 8 月至 2017 年 12 月货币变动

%

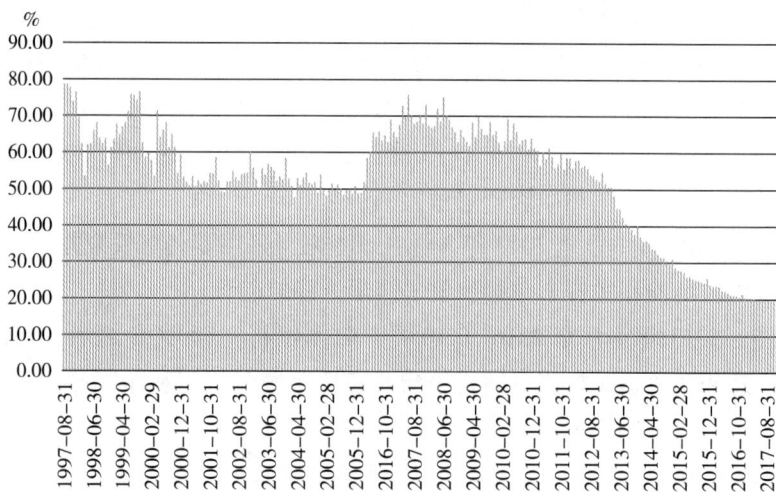

图 4 - 16　日本银行 1997 年 8 月至 2017 年 8 月货币占总资产比例变动

的比值快速上升，2013 年 4 月日本银行实行 QQE 政策时，活期存款数额和其同负债和净资产总额的比值急速上升。

2013 年 4 月以前，由于负债和净资产总额数量变动平稳，因此日本银行活期存款数额的变动趋势同其占总资产的比例的变动趋势和幅度相似，2013 年 4 月实行 QQE 之后，负债和净资产总额迅速扩张，活期存款占负债和净资产的比例上升趋势变缓，这表明活期存款增长的速度要大于负债和净资产增长的速度。

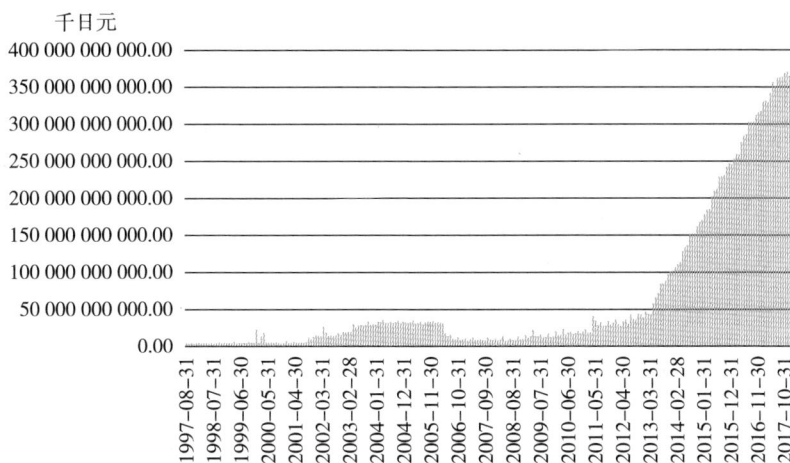

图 4 - 17 日本银行 1997 年 8 月至 2017 年 10 月活期存款变动

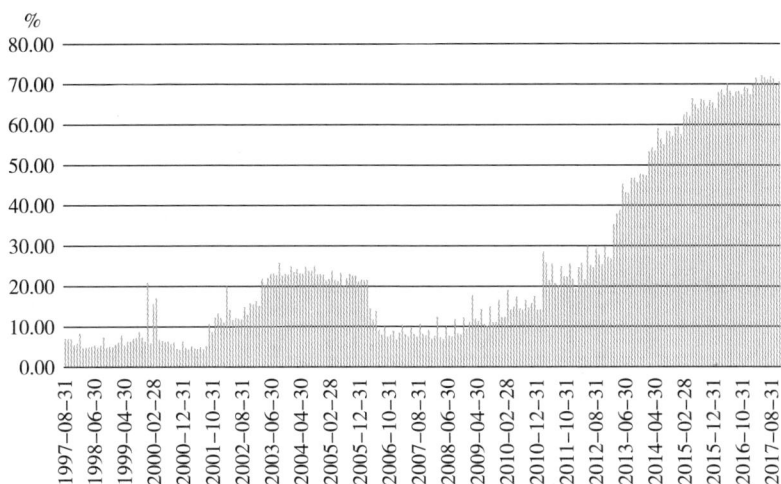

图 4 - 18 日本银行 1997 年 8 月至 2017 年 8 月活期存款占总资产比例变动

（三）政府存款规模及占比波动趋势类似但规模波动更大

1999 年 2 月日本银行实行零利率政策之后，政府存款的数额急剧上升，随后慢慢下降。2016 年 1 月，日本银行实行负利率政策之后，政府存款的数额也快速上升，说明政府存款受利率的影响较大，在日本银行实行零利率以及负利率政策时，日本政府都倾向于在未来较长一段时间内将存款放入日本银行获取收益，随后才会将资金撤出。

2013 年 4 月以前政府存款数额的变动趋势同其占负债和净资产总额的比例的变动趋势相似，2013 年 4 月实行 QQE 之后，负债和净资产总额迅速扩张，政府存款占负债和净资产总额的比例上升趋缓，说明负债和净资产总额的速度要大于政府存款。

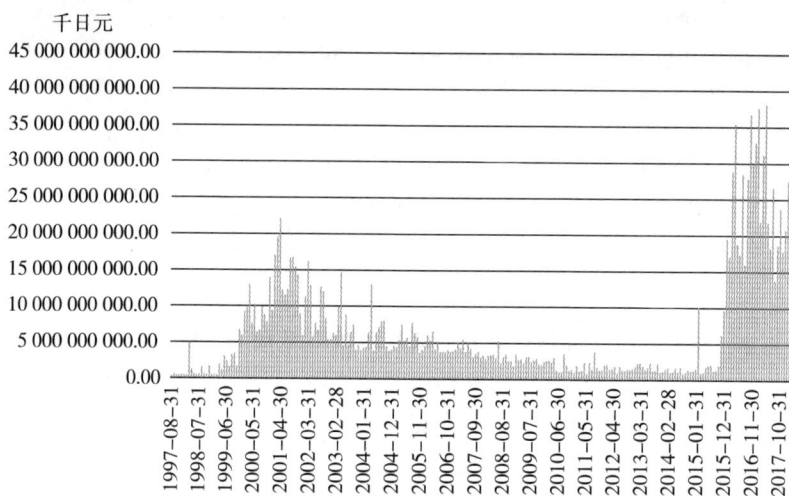

图 4 - 19 日本银行 1997 年 8 月至 2017 年 10 月政府存款变动

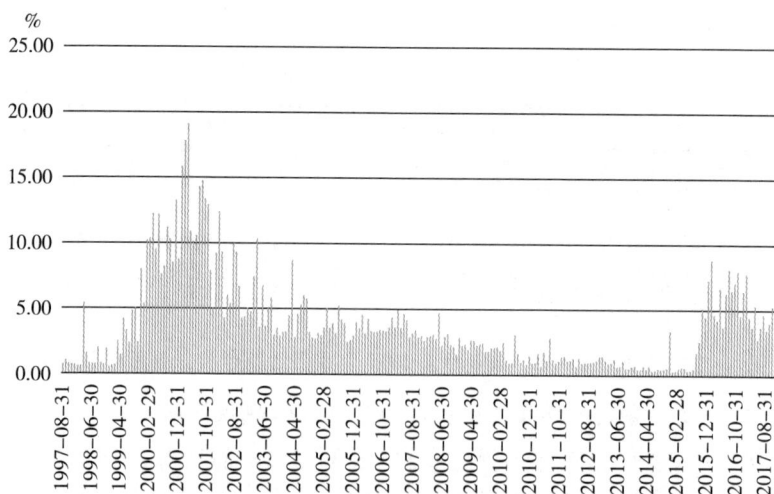

图 4 - 20 日本银行 1997 年 8 月至 2017 年 8 月政府存款占总资产比例变动

四、日本银行主要资产及主要负债变动趋势分析

(一)资产端变动分析

由于日本银行大多数资产占总资产的比例很小,低于2.5%,甚至更低,因此本书该部分选取在总资产中占据主要比例的政府债券、贷款、附卖回协议应收款和外币资产四类资产总资产比例的变动图进行对比研究。

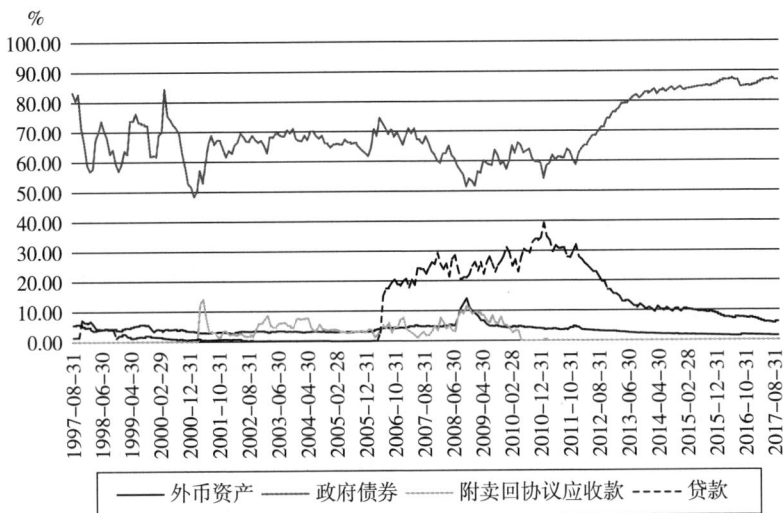

图4-21 日本银行主要资产变动趋势分析

1. 日本银行资产变动趋势

2006年5月之前,日本银行总资产的构成主要是政府债券,而其他资产所占的份额较少。2006年5月之后,日本银行资产池中加入了大量贷款,这使得贷款和政府证券成为日本银行主要的两类资产,使得后续占比趋势的变动主要围绕这两类资产展开,在大的趋势上,日本银行减持政府债券时,会伴随着增加贷款资产;增持政府债券时,会减少贷款资产。但是,2006年美国次贷危机发生后,日本银行持有政府债券和贷款的比例都有不同程度的下挫,而此阶段,外币资产和附卖回协议应收款的占比上升,随后政府债券和贷款的比例开始回升,而外币资产和附卖回协议应收款的占比重跌回原来较低的占比。从2011年3月开始,政府债券的持有占比开始大幅上升,2013年4月日本银行实行的QQE政策增加并维持利率这个特征,而其他资产占比都减少。

2. 日本银行资产结构分析

2006 年 5 月之前，日本银行资产负债表的资产结构没有显著变化，保持政府债券占主导，其他各类资产占比很小。2006 年 5 月之后，贷款加入日本银行资产负债表池子后，日本银行资产负债表资产结构发生变化，贷款成为占比第二高的资产，政府债券占比有小幅下跌，但变化不显著。其他各类资产占比都减小。2008 年次贷危机后的一段时间，日本银行资产负债表的资产结构进行了调整，主要表现为政府债券占比的下跌，外币资产和附卖回协议应收款的占比上升，而贷款占比变化不大。2013 年 4 月日本银行实行 QQE 政策后，日本银行资产负债表资产的结构发生了重大变化，表现为政府债券占比的上升，以及其他各类资产占比的下降。由以上分析可知，除了特殊情况，比如日本银行资产负债表中加入了新资产或者发生金融危机外，QQE 政策是引起日本银行资产负债表资产的结构发生重大变化的主要原因。在其他时段，日本银行资产负债表资产的结构不会发生显著变化，并且特殊情况引起的日本银行资产负债表资产的结构变化幅度不大，而 QQE 政策引起的日本银行资产负债表资产的结构变化幅度很大。

（二）负债端变化分析

该部分选取货币、活期存款、其他存款、政府存款、再购买协议应收款项、备抵金和法定存款准备金占负债和净资产的比例进行对比分析。

1. 日本银行负债变动趋势

在 2011 年 4 月之前，日本银行负债和净资产的结构表现为货币占主体，其他各类资产占比相互交替上升的状态，货币占比上升，其他一类或者多类资产占比下降。货币占比下降，其他一类或者多类资产占比上升。2011 年 4 月之后，日本银行负债和净资产的结构表现为货币和活期存款占主体，且呈反方向变动的特征，其中的趋势是，货币占比不断下降，而活期存款占比不断上升。2013 年 4 月之后，货币占比下降速度加快，活期存款上升速度也加快，其他各类资产（除政府存款外）都呈下降趋势。

2. 日本银行负债结构分析

2006 年 3 月之前，日本银行资产负债表负债的结构没有显著变化，主要表现为货币占主体，其他各类资产占比小幅变动。2006 年 3 月，日本 QE 政策和负利率暂退，日本银行资产负债表负债的结构发生了显著变化，货币占比上升，活期存款占比下降，到 2013 年 4 月之前，货币占比上升至

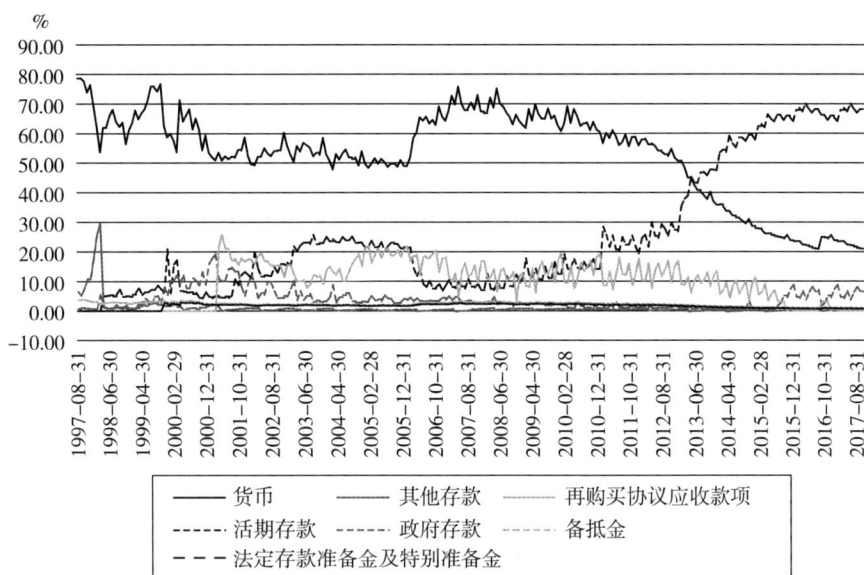

%

图 4 - 22　日本银行主要负债变动趋势

高点之后下降，活期存款占比下降至低点以后上升。2013 年 4 月日本银行实行 QQE 政策后，日本银行资产负债表负债的结构发生了重大变化，表现为，货币占比上升，而其他各类负债占比都下降。由上述分析可知，除了发生日本 QE 政策和负利率暂退的情况外，QQE 政策是引起日本银行资产负债表负债的结构发生重大变化的主要原因。并且特殊情况引起的日本银行资产负债表负债的结构变化幅度不大，而 QQE 政策引起的日本银行资产负债表负债的结构变化幅度很大。

五、财务省负债总量及结构变动分析

本书该部分首先对量化宽松政策下日本财务省债务总量的变动趋势进行分析，然后选取在日本财务省债务占比较大的负债的变动趋势进行分析，最后再结合日本中央银行资产负债表的变化进行综合分析。

（一）财务省负债总量持续上升

在 1998 年 9 月至 2016 年 9 月，日本财务省的债务总量保持持续稳定增长，QE 政策、QQE 政策、零利率政策和负利率政策以及其政策组合的实施并没有对日本财务省的债务总量产生显著的影响。

亿日元

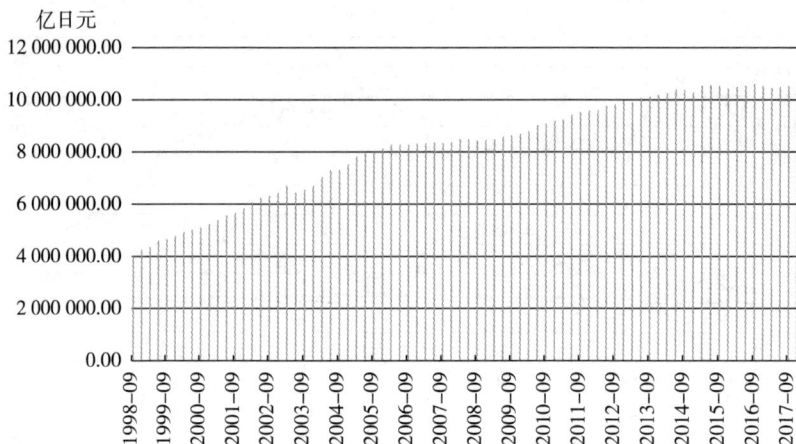

图 4 – 23　日本财务省 1998 年 9 月至 2017 年 9 月债务总量变动

（二）短期国债总量及占比波动较大且呈现出明显周期性

该部分数据结合同花顺数据库数据和 Wind 数据整理而来，得到的是季度数据，短期国债（含 1 年或以下）取得的是季度数据，如图 4 – 23 所示。1998 年 9 月至 2001 年 3 月，日本财务省短期国债快速上升，这同日本中央银行 1999 年 2 月至 2001 年 2 月实行零利率的阶段相符。2001 年 3 月至 2006 年 6 月，日本财务省短期国债快速上升，这同日本中央银行 2001 年 3 月至 2006 年 2 月实行零利率与 QE 并行的阶段相符。2006 年 6 月至 2009 年 3 月，短期国债持续下降，这同日本中央银行 2006 年 3 月至 2008 年 12 月零利率与 QE 暂退的阶段相符。2009 年 3 月至 2013 年 6 月，日本财务省短期国债重新上升，这同日本中央银行 2009 年 1 月至 2013 年 3 月重新实行零利率与 QE 加码的阶段相符，2013 年 6 月至 2015 年 12 月，短期国债持续下降，这同日本中央银行 2013 年 4 月至 2016 年 1 月实行的 QQE 政策的阶段相符。2015 年 12 月至 2016 年 6 月，短期国债保持稳定，这同日本中央银行 2016 年 1 月至今实行的负利率和 QQE 政策的阶段相符。

财务省国债在日本中央银行零利率实行的阶段比零利率和 QE 并行以及零利率和 QE 加码阶段上升的速度要快，可见在日本中央银行实行零利率政策时，日本财务省短期国债快速上升，而 QE 政策或者 QQE 政策的倾向是使短期国债下降。同样，QQE 政策实行时，短期国债也下降，而当 QQE 政策和负利率政策同时实行时，短期国债保持平稳，这说明负利率政策的效果也是使短期国债上升。

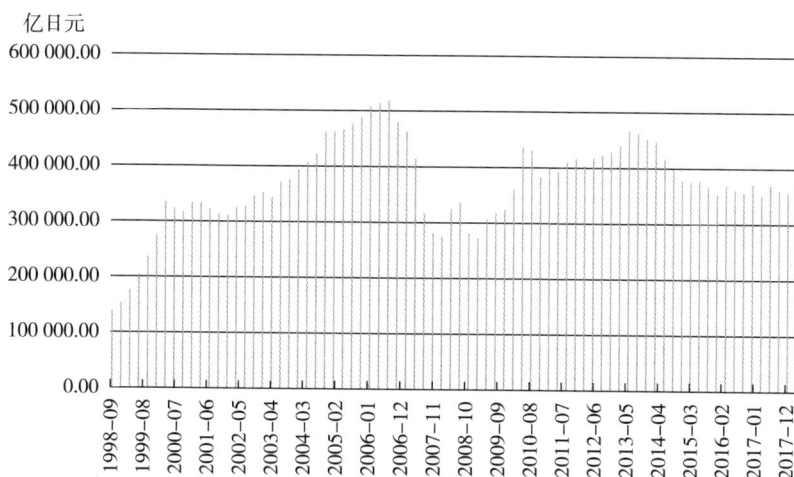

图 4-24 日本财务省 1998 年 9 月至 2017 年 12 月短期国债
(含 1 年或以下)总量变动

1998 年 9 月至 2000 年 3 月,日本财务省短期国债占总债务比例快速上升,这同日本中央银行 1999 年 2 月至 2001 年 2 月实行零利率的阶段相符。2001 年 3 月至 2006 年 6 月,日本财务省短期国债占总债务比例先降低后上升。2006 年 6 月至 2008 年 3 月,短期国债占总资产比例快速下降,这同日本中央银行 2006 年 3 月至 2008 年 12 月零利率与 QE 暂退的阶段相符。2009 年 3 月至 2013 年 3 月,日本财务省短期国债占总债务比例缓慢上升,这同日本中央银行 2009 年 1 月至 2013 年 3 月重新实行零利率与 QE 加码的阶段相符,2013 年 3 月至 2015 年 9 月,短期国债占总债务比例缓慢下降,这同日本中央银行 2013 年 4 月至 2016 年 1 月实行的 QQE 政策的阶段相符。2015 年 9 月至 2016 年 6 月,短期国债占总资产的比例保持稳定,这同日本中央银行 2016 年 1 月至 2017 年实行的负利率和 QQE 政策的阶段相符。

(三)中期国债总量规模持续上升但占比保持平稳

在 1998 年 9 月至 2017 年 12 月,日本财务省中期国债(2 年至 10 年)数量保持持续稳定增长,随后趋于平稳,QE 政策、QQE 政策、零利率政策以及负利率政策及其政策组合的实施并没有对日本财务省的债务总量产生显著的影响。

亿日元

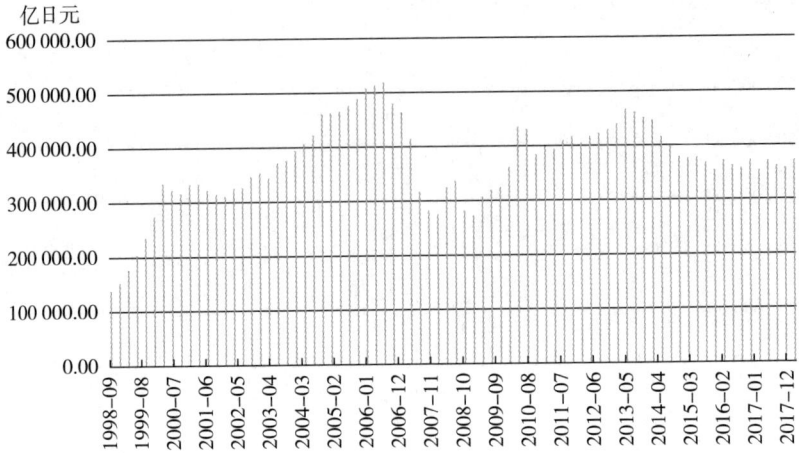

图 4 - 25　日本财务省 1998 年 9 月至 2017 年 12 月短期国债
（含 1 年或以下）占比变动

亿日元

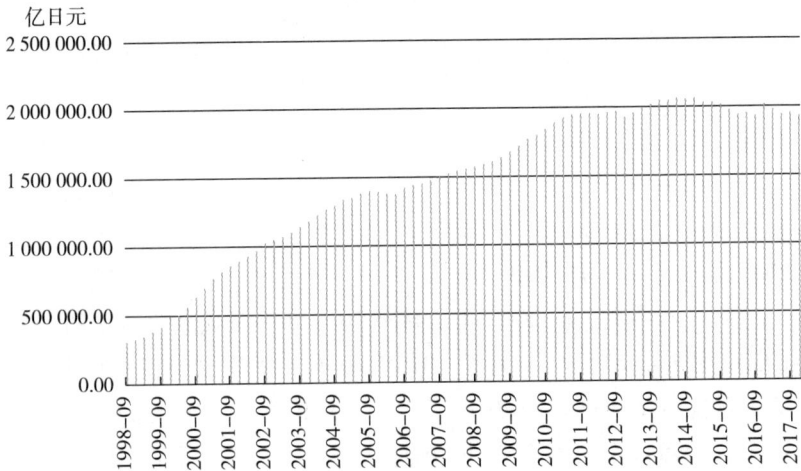

图 4 - 26　日本财务省 1998 年 9 月至 2017 年 9 月中期国债
（2 年至 10 年）总量变动

（四）长期国债总量规模及占比上升且变动平稳

1998 年 9 月至 2009 年 3 月，长期国债缓慢增长，2009 年 3 月之后，长期国债增速显著加快，2009 年 3 月之后，QE 加码，再往后 QQE 政策实行，这表明，强化的 QE 政策会显著提升日本财务省长期国债的总量。

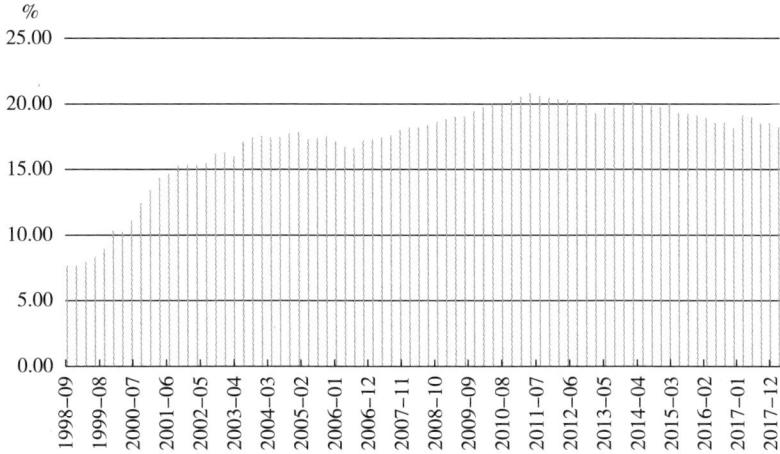

**图 4 - 27 日本财务省 1998 年 9 月至 2017 年 12 月中期国债
（2 年至 10 年）占比变动**

长期国债占总负债的比例从 1998 年 9 月至 2003 年 6 月快速下降，2003 年 6 月至 2013 年 3 月，长期国债占总资产的比例保持平稳，2013 年 3 月至 2016 年 9 月，长期国债占总资产的比例快速上升，这同 2013 年 4 月日本中央银行开始实行的 QQE 政策的阶段相符。

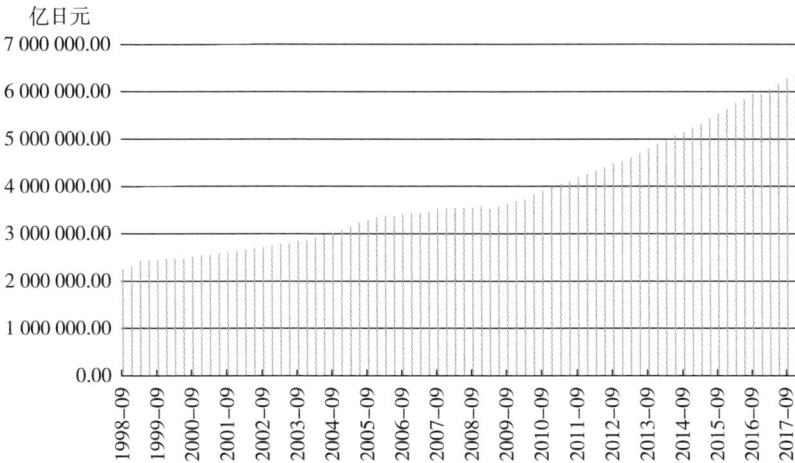

**图 4 - 28 日本财务省 1998 年 9 月至 2017 年 9 月长期国债
（10 年以上）总量变动**

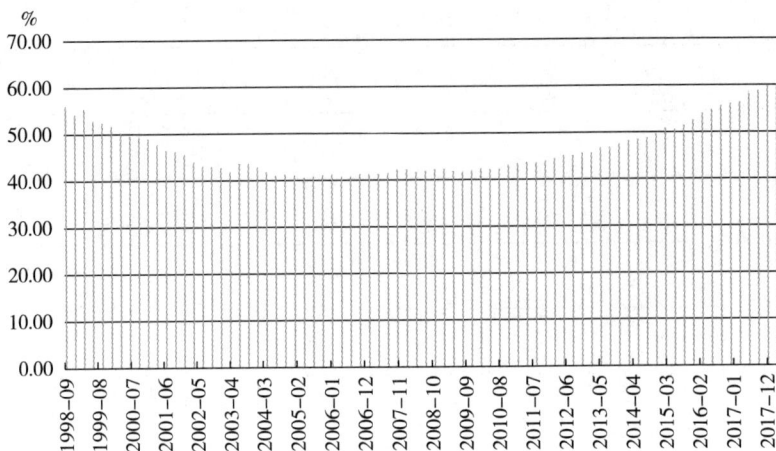

图 4 – 29　日本财务省 1998 年 9 月至 2017 年 12 月长期国债（10 年以上）占比变动

（五）量化宽松政策下财务省负债结构变动分析

日本财务省各类国债占总负债比例从高到低的顺序依次是长期债券、中期债券和短期债券。1998 年 9 月至 2003 年 6 月，日本财务省国债变动的主要趋势是长期国债占比下降，中期国债占比上升，短期国债占比先升后降，小幅波动。2013 年 3 月，日本银行实行 QQE 政策之后，长期国债占比上升，而其他两类国债占比下降。说明日本银行的 QQE 政策会对日本财务省结构产生显著的影响，而其他货币政策的影响不能确定。

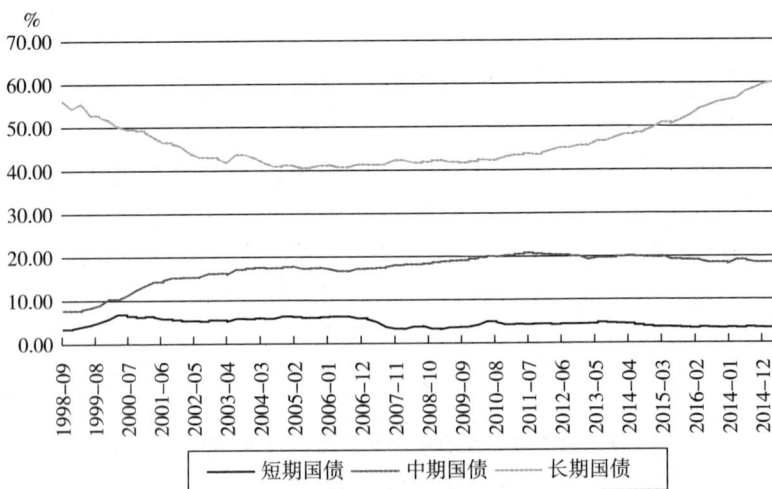

图 4 – 30　日本财务省负债结构变动趋势对比

（六）量化宽松政策下日本银行资产负债表变动总结

从日本银行量化宽松摆脱通货紧缩，达到温和通货膨胀的政策目标的角度进行分析，发现利率政策对达成该政策目标没有显著作用，而一同采取的 QE 政策，效果也不显著。2013 年 4 月开始的 QQE 政策，在短期内（两年）达到了很好的政策效果，但是随后日本又滑向通货紧缩。从现在可以观测到的日本宏观经济的现状来看，利率政策对改善通货紧缩没有效果，零利率甚至是负利率政策不能促进投资与消费的增加，达到摆脱通货紧缩，实现温和通货膨胀的效果。QE 政策效果不显著，QQE 政策在短期内使日本达到了通货膨胀的预期，因而增加了投资与消费，促成了摆脱通货紧缩，达到温和通货膨胀政策目标的真实达成，但日本经济没有形成长期预期，并且 QQE 政策在长期也无法支撑温和的通货膨胀，因此 QQE 政策短期有效，而长期无效。

2006 年 5 月之前，日本银行总资产的结构中政府债券占主体。2006 年 5 月之后，政府债券和贷款一同占主导，并且两类资产有较强的"跷跷板"效应，占比通常表现为此消彼长。美国次贷危机后一年内，外币资产、附卖回协议应收款和政府债券、贷款占比形成"跷跷板"效应。2011 年 3 月后，政府债券占比大幅上升，2013 年 4 月 QQE 政策的实行使得政府债券再度占据主导，而其他资产占比都减少。

2011 年 4 月之前，日本银行负债和净资产的结构中货币占主体，并同其他各类资产占比相互交替上升。2011 年 4 月之后，货币和活期存款占据主导地位，且两者"跷跷板"效应明显。2013 年 4 月的 QQE 政策实行之后，货币占比下降速度加快，活期存款上升速度也加快，其他各类资产（除政府存款外）都呈下降趋势。

QE 政策并没有使日本银行资产负债表快速大幅扩张，而表现为温和扩张。而 2013 年 4 月，QQE 政策实行之后，日本银行资产负债表迅速扩张，其路径主要表现如下：日本银行发行货币大量购买政府债券以及发放贷款，由此表现为政府债券和贷款数量的大幅上升，货币数量大幅减少。同时发现，活期存款的数量大幅攀升。这说明，日本银行给经济注入的大量流动性，流到金融机构后又回流到日本银行，货币流动性并没有进入实体经济领域，这也从一个侧面表明，QQE 政策不能使日本经济重新走上发展正轨，QQE 政策在短期内能形成通货膨胀预期，改善实体经济，但长期来讲，不能提振日本经济。

QQE 政策是引起日本银行资产负债表的结构发生重大变化的主要原因。日本银行资产负债表资产的结构在加入新资产或者发生金融危机的时候会发生变化，而日本银行资产负债表负债的结构在 QE 政策和负利率政策暂退时会发生变化。在其他时间段，日本银行资产负债表的结构不会发生显著的变化。QQE 政策使日本银行资产负债表的结构发生变化的幅度很大，而其他情况幅度较小。

日本中央银行零利率政策和负利率政策是日本财务省短期证券上升的原因。而 QE 政策或者 QQE 政策的倾向是使短期国债数量下降。日本银行的 QQE 政策会对日本财务省结构产生显著的影响，而其他货币政策的影响不能确定。

第三节　日本量化宽松政策的有效性分析

一、经济增长仍乏力

自从推行量化宽松政策以来，日本基础货币迅速扩张，广义货币 M2 增幅明显低于基础货币增幅。中央银行资产负债表扩张速度惊人，但 GDP 增长依旧乏力。2013 年 3 月末基础货币为 138.9 万亿日元，而 2016 年 8 月末基础货币为 400.8 万亿日元，月均增长 2.8% 左右；2013 年 3 月末 M2 为 836.6 兆亿日元，2016 年 8 月末 M2 为 942.4 兆亿日元，月均增长 0.3% 左右。基础货币月均增幅比广义货币 M2 月均增幅高 2.5 个百分点左右。日本中央银行的总资产从 2013 年 3 月末的 164.3 万亿日元迅速增长到 2016 年 6 月末的 432.8 万亿日元，月均增长 2.5% 左右，占同期 GDP 比例从 34.5% 飙升至 85.6%，其中，中央银行持有的国债比例增长最为明显（见图 4 - 31）。

利率方面，2013 年 4 月以后，日本中央银行再贴现率稳定在 0.3%，而无担保隔夜拆借利率却从低位跌破 0 轴进入负利率区间。在金融市场上，1 年期政府债券收益率从 2015 年 4 月开始进入负利率，10 年期政府债券收益率从 2016 年 2 月开始也进入了负利率时期。

2013 年 3 月末 GDP 为 476.47 万亿日元，2016 年 6 月末 GDP 为 505.38

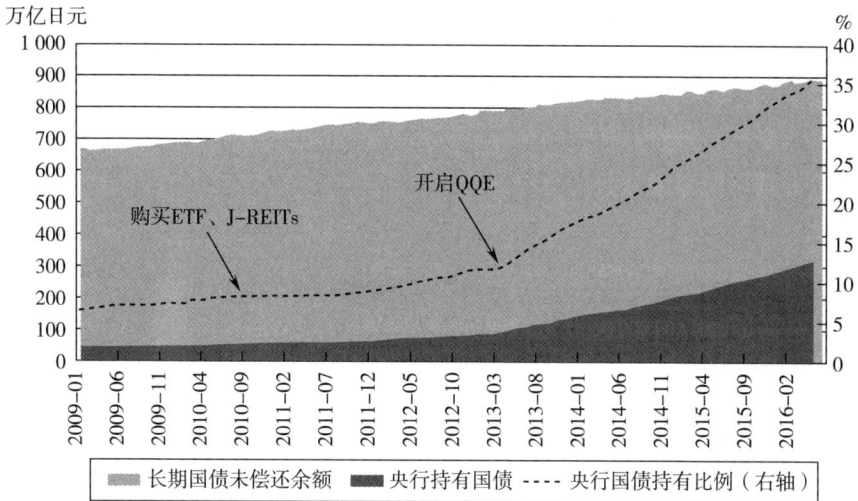

图 4 - 31   日本央行持有国债比例

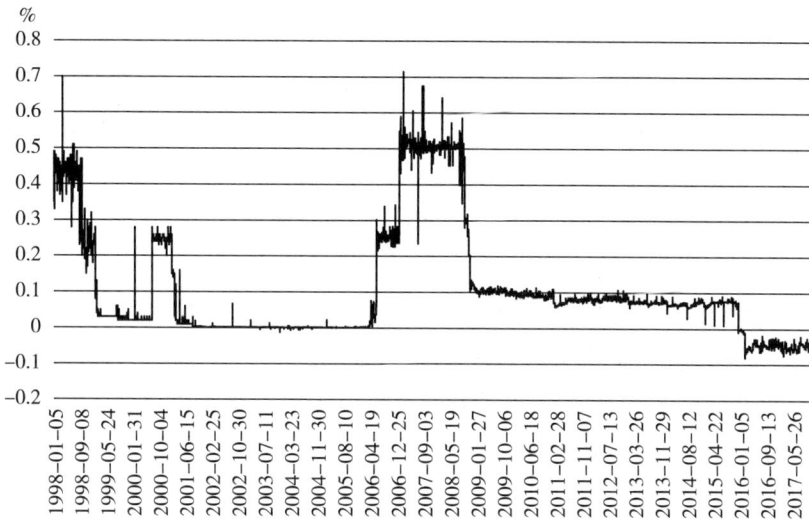

图 4 - 32   日本无担保隔夜拆借利率

万亿日元，月均增长 0.15% 左右。尽管市场流动性如此充裕，但对 GDP 的拉动效果并不明显，增长依旧乏力。日本中央银行的总资产从 2013 年 3 月末的 164.3 万亿日元迅速增长到 2016 年 6 月末的 432.8 万亿日元，月均增长 2.5% 左右，占同期 GDP 比例从 34.5% 飙升至 85.6%；但是这种种指标都反映出消费者对于日本经济的前景并不乐观，日本经济的基本面依旧没有很好的改善。

私人非住宅投资扭转颓势，自 2013 年第三季度开始连续 30 个月正增长，直到 2018 年 6 月略微负增长；私人消费对实际 GDP 的贡献率始终在 0 轴附近徘徊；失业率保持低位，从 2013 年 3 月末的 4.1% 降到了 2016 年 9 月末的 3% 左右，目前来看还将继续保持在这一水平；日本景气动向指数一直在一定区间内反复震荡，未选择明显的趋势方向；消费者信心指数也从 2013 年 3 月末的 44.8 降到 2016 年 9 月末的 43；日元的贬值并未明显改善日本的出口。

二、通货紧缩压力仍明显

从 1998 年下半年开始，日本 CPI 指数持续下跌，一直到 2005 年年底，2006 年以及 2007 年下半年至 2008 年下半年 CPI 有短暂回升，但 2008 年下半年，在美国次贷危机的影响下，CPI 快速下降，跌至低谷，在 2013 年 4 月日本银行推出质化量化宽松政策之前，日本重新陷入通货紧缩的困境。2013 年 4 月，日本银行推出宽松力度更大的 QQE（质化量化宽松）政策，至 2014 年 5 月，CPI 同比增幅达到最大值 3.7%，随后，CPI 同比增幅逐渐降低，至 2015 年底，CPI 又回到零附近。进入 2016 年以后，虽然 2016 年 1 月日本中央银行推出负利率政策，但难以阻止 CPI 同比增幅再又变为负数，日本又陷入通货紧缩。

结合整个量化宽松政策推进过程，发现在应对通货紧缩时，日本银行调整基准利率的政策没有起到实质性效果。在 2001 年 3 月到 2006 年 2 月，QE（量化宽松）在改善通货紧缩过程中的重要作用有待研究，2006 年以及 2007 年下半年至 2008 年下半年 CPI 短暂回升期，不排除是 2008 年金融危机前，由于全球性的经济过热的影响引发。如若排除外部影响，QE（量化宽松）改善通货紧缩的过程也非常缓慢，力度也较小，并且，在 2009 年 1 月至 2013 年 3 月 QE 加码时，也没有推动通货紧缩改善，因此 QE 政策在改善通货紧缩上的作用较小。

2013 年 4 月推行的 QQE（质化量化宽松政策）使日本在短期内达到了走出通货紧缩的效果，并且力度很大，但随着时间的发展，CPI 走出倒 V 字形，2016 年又陷入通货紧缩，QQE 政策不能维持日本的温和通货膨胀。

CPI 在 QQE 开始之后趋势向好，一度稳定在 3% 以上，但随后又落回 0 轴附近，通缩压力再次显现。

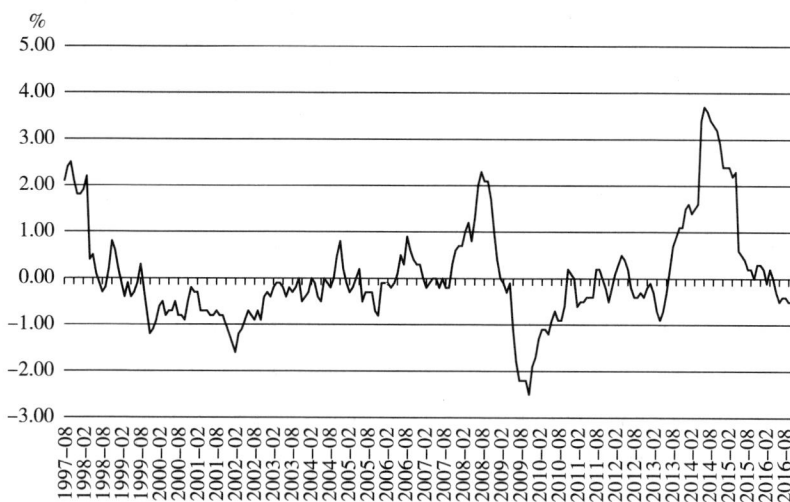

图 4 – 33　日本 1997 年 8 月至 2016 年 9 月 CPI 月指数同比变动（2015 年 = 100）

第四节　日本量化宽松政策未来走势

一、日本量化宽松的剩余宽松空间

（一）日本长期国债

截至 2016 年 5 月日本中央银行持有的一年以上长期国债（Japanese Government Bonds，JGBs）占总未偿还余额的 35.8%，追溯历史，日本国债持有比例 8% 时开启 ETF、J – REITs 等资产购买计划，12% 时开启 QQE，质化量化宽松执行 3 年以来日本中央银行的国债持有率增长了近 3 倍。

日本中央银行最多能持有国债市场的上限将制约后续宽松空间。日本当前的国债持有人主要有日本中央银行、银行和寿险公司，三者占比总计 82%，银行和非金融部门在 2013 年到 2015 年间持有额明显减少，以支持中央银行的资产购买计划，而当前下降趋势已趋于收敛；寿险公司由于资产配置的需求，手中长期国债不会轻易出售给中央银行。这显然会制约中央银行延长国债剩余期限的步伐。根据日本长期国债未偿还余额呈现较平

115

滑的线性增长趋势，可以计算出 2010 年 1 月到 2016 年 6 月未偿还余额的平均月增速 0.345%。而对于中央银行购买的国债规模，可以分为三种情况讨论：一是当前 80 万亿日元的购买年增速（即月增速 6.67 万亿日元）；二是国债购买扩张到 100 万亿日元每年（即月增速 8.33 万亿日元）；三是扩张到 120 万亿日元每年（即月增速 10 万亿日元）。结果显示这三种情况将分别在 2018 年 5 月、2017 年 11 月和 2017 年 8 月达到 50% 的警戒线，剩余期限分别为 23 个月、17 个月和 14 个月。

（二）ETF 指数基金

截至 2016 年 8 月 9 日，日本证券交易所挂牌交易的 ETF 基金总资产为 15.4 万亿日元，2016 年 6 月底中央银行持有的 ETF 基金共 8.5 万亿日元，占比 55%。按照 2016 年 7 月 29 日议息决议中每年 6 万亿日元的购买增速计算，日本股指 ETF 将于 2017 年 8 月全部被日本中央银行持有，剩余购买时间 14 个月。若日本中央银行进一步增加 ETF 的年增长率至 8 万亿日元每年，10 万亿日元每年和 12 万亿日元每年，则日本股指 ETF 最早分别于 2017 年 5 月、2017 年 3 月和 2017 年 1 月购完。值得一提的是，截至 2016 年 7 月，日本东京证券交易所总市值为 508 万亿日元，当前 ETF 指数基金总资产仅占证券市场总市值的 3%，如果日本中央银行通过增加 ETF 指数基金的发行从而间接扩大中央银行持有 ETF 上限，QQE 尚有进一步宽松的可能。

（三）其他可购资产

根据上述测算可以看出，保守估计日本长期国债可供日本中央银行购买到 2018 年上半年，而 ETF 指数基金则仅能维持到 2017 年内。可见日本 ETF 指数基金相比长期国债更为紧俏。当长期国债和 ETF 指数基金接近极限时，若仍需维持基础货币扩张，还存在以下资产可供购买：短期国库券（T－Bills）、公司债等其他债券、商业票据以及房地产信托基金（J－RE-ITs）。

1. 短期国库券

截至 2016 年 3 月中央银行持有短期国库券比例为 39.4%，商业银行持有 9.6%，寿险持有 1.9%，海外投资者持有 49.1%，中央银行难以从海外投资者手中收购这部分债券，因此短期国库券的购买空间十分有限，这也是短期国库券没有列入中央银行资产购买名单的重要原因。

2. 公司债及其他债券

QQE 期间中央银行持有的公司债存量规模大约保持在 3.2 万亿日元水平，相比于 57 万亿日元的市场存量，购买空间充裕。然而，日本证券交易商协会数据显示，截至 2016 年上半年日本国债市场总存量规模占全部债券市场规模的比例为 81.5%，国债 OTC 交易量占整个债券市场 OTC 交易量的比例为 99.0%，包括地方债（59 万亿日元）、公司债（57 万亿日元）、金融债（11 万亿日元）在内的非国债市场，无论从体量还是活跃程度均无法和国债市场相比。因而虽有购买空间，却非中央银行的最佳选择。

3. 商业票据和房地产信托基金（J－REITs）

根据最新议息决议，中央银行持有商业票据保持在 2.2 万亿日元的存量规模，房地产信托基金（J－REITs）持有量则在 2016 年 5 月达到 3 198 亿日元，且以 900 亿日元的年增速增长。这两类资产的市场存量规模分别是 11.3 万亿日元（截至 2016 年第一季度）和 11.7 万亿日元（截至 2016 年 8 月 29 日），符合中央银行 AA 评级购买资质要求的"合格"资产则更少。鉴于总资产池子不大，中央银行持有商业票据已经逼近规定的 25% 购买上限，而 J－REITs 距离 10% 的约束尚远，或有后续加码空间。

市场规模小、交易不活跃、流动性较差是商业票据、J－REITs 以及其他债券市场的共同特征，中央银行大规模的资产购买易对其他市场参与者造成"挤出"，对整个金融市场的竞争力和秩序形成干扰，即使增加其中某项资产的购买力度，也难以支撑基础货币每年 80 万亿日元的增速目标。因此可以推断以资产购买推动的常规量化宽松扩张空间有限，市场有理由质疑货币政策的可持续性，因此 2018 年以来，日元兑美元已经累计升值近 15 个百分点。

二、量化宽松政策的现行框架：三个支柱

2001 年 3 月 19 日，日本中央银行通过购买长期国债向市场注入流动性，正式开始实施量化宽松的政策。日本中央银行于 2013 年 4 月 4 日和 2016 年 1 月 29 日先后推出质化和量化的货币宽松以政策以及负利率政策。2016 年 9 月 21 日，日本中央银行推出了收益率曲线控制（Yield Curve Control，YCC）政策，承诺将 10 年期国债的收益率维持在零的水平。当前，日本的所谓新型 QQE 政策（或非常规货币政策）事实上由量化质化

宽松政策、名义负利率和收益率曲线三个支柱组成，这也标志着数量型和价格型非传统货币政策并行的常态化（张明、郑联盛等，2016）。

新型 QQE 政策（Quantitative and Qualitative Monetary Easing，QQE）是指质化—量化宽松政策，主要包括：（1）实行通货膨胀目标制。在货币政策运营框架下，采取事实上的通货膨胀目标制即物价稳定的指标，也可以理解为有弹性的通货膨胀目标制（Flexible Inflation Targeting），以期灵活应对政策时滞及各种风险。（2）将物价目标大幅提升至 2%。日本银行引入"中长期物价稳定的预期目标值"时，将其消费者价格指数具体量化为"同比 2% 以下的正增长，当前以 1% 为预期目标"。（3）推进激进的新型量化宽松政策，增加资产购买基金规模，不设定政策退出期限。

在数量方面，一是将金融市场操作目标从无担保隔夜拆借利率调整为基础货币，即从利率转为量化的基础货币指标，使其每年增加 60 万亿日元至 70 万亿日元。从具体规模来看，2012 年末基础货币为 138 万亿日元，2013 年末为 200 万亿日元，2014 年末为 270 万亿日元，即 2 年间基础货币倍增，约占名义 GDP 的 57%。二是量化了基础货币扩张的具体方式和指标，即日本银行每年增加 50 万亿日元的长期国债保有量，使之于 2014 年末达到 190 万亿日元，是 2012 年末 89 万亿日元的 2 倍。为此，日本银行每月将购买超过 7 万亿日元的国债。

在质量方面，一是长期国债购买对象从以往的最长 3 年期扩充至包括 40 年期在内的所有期限的长期国债，日本银行所持国债的平均剩余期限为七年；二是出于资产价格溢价考量，日本银行增加实物资产保有量，每年增加 1 万亿日元的交易所上市交易基金（ETF）和 300 亿日元的不动产投资信托基金（J－REIT）；三是废除 2010 年 10 月设立的资产购买基金，统一日本银行购买长期国债方式，同时暂时停止中央银行保有长期国债的规模不得超过日本银行发行纸币上限的"银行券规则"。

在负利率政策方面，日本中央银行针对不同性质的准备金账户实施不同的利率，即"三级利率体系"。一是在超额准备金利率层面，对现有金融机构在中央银行的超额准备金实施 0.1% 的名义利率，以防止商业银行利润过度下滑；二是在法定准备金利率层面，对金融机构在中央银行的法定准备金，以及受中央银行扶持的贷款项目带来的准备金增加，实施 0% 的名义利率，旨在继续刺激银行信贷，促进中小企业和家庭投资和消费的

增加；三是在新增超额准备金利率层面，对除上述之外的存款准备金实施
-0.1%的名义利率，目的在于对银行新增的超额准备金收取"罚金"，鼓
励积极借出资金。

收益率曲线控制政策的执行意在使利率曲线变得陡峭，从而减轻负利
率对金融机构收入的影响，但对长端利率乃至整个收益率曲线进行控制也
引发了市场的热议。尤其是在 QQE 锚定资产购买规模（每年 80 万亿日元
的资产购买规模）和期限结构（剩余期限 7~12 年）目标的情况下，能否
控制收益率曲线引起了诸多怀疑。

事实上，收益率曲线控制与原版的 QQE 存在内生的冲突，主要原因是
价格、数量和结构难以兼得。QQE 的规模和分布被固定的名义收益率（0）
和理想的收益率曲线形状所被动决定：一旦利率超过某一合意水平，则需
要增加该期限的国债购买力度，反之则减少。所以，当前的日本货币政策
框架主要以非传统价格型货币政策目标为核心，QQE 政策只是操作工具，
其购买规模和购买期限将从属于 YCC。

尽管 QQE 的实施可能更有弹性，但其政策效果也值得怀疑：在国债收
益率高于中央银行目标时，国债购买规模受到特定期限国债供给的限制；
反之，中央银行减少购买则可能削弱货币宽松的效果。此外，要使得国债
收益率曲线变得更加陡峭，有两个方式：一是长期利率的相对上升，但这
可能不得不伴随着 QQE 规模的被动下降，从而削减基础货币投放，这在长
端利率受外部事件（避险情绪，日元升值等）影响而下降的情况将尤其明
显；二是短期和中期利率继续下行。在 10 年期国债收益率固定为零的情况
下，负利率区间蔓延，但利率下限存在不确定性，负利率的非有效传递也
可能进一步打压银行利润率。

三、未来货币政策方向

2016 年 7 月会议上，日本中央银行表示将重新评估量化宽松政策的有
效性，并不断强调继续宽松的可能。8 月 26 日召开的 Jackson Hole 行长会
议上，日本中央银行行长黑田东彦重申"日本中央银行的资产购买、货币
基数以及负利率仍有进一步宽松空间；将谨慎考量如何令政策方案发挥最
大效用以达到物价稳定的目标"。鉴于日本中央银行持续的宽松言论，市
场密切关注后续货币政策的举措和方向。对此笔者认为今后货币政策可能

会从以下几方面展开。

（一）调整通货膨胀目标

QQE 政策贯彻的是 2% 的核心通货膨胀目标，并制定了具体完成时间，虽然该完成期限持续后推，但事实上日本中央银行企图通过较高的通货膨胀目标，修复市场对于未来通货膨胀的低预期。然而受油价和经济数据影响，通货膨胀目标迟迟未达，反而打击了预期。因此未来可能会降低核心通货膨胀目标或取消时间限制，也有小概率更替当前"剔除生鲜"的目标标的，使得政策目标不那么遥不可及，从而为市场注入信心。

（二）设定基础货币目标区间

出于当前长期国债和 ETF 指数基金面临购买上限的现状，日本中央银行不会轻易增加这两类资产的购买，一方面或会小幅增加其他资产购买力度，以支持基础货币的投放；另一方面可期待财政加码配合货币宽松。80 万亿日元的基础货币投放目标或进一步修改为区间目标，比如每年投放 70 万亿~90 万亿日元，如此既可以维持宽松预期，又为货币政策增添灵活性，以应对"可购资产枯竭"的压力。

（三）更为广泛的负利率

将一定比例的商业银行现有超额准备金账户纳入负利率范畴，或继续降低利率，但负利率对经济体系的副作用较大，日本中央银行应谨慎考量。

（四）加大贷款力度

日本中央银行现有主要贷款政策包含基于 18 项高成长性产业的促增长融资便利（Growth – Supporting Funding Facility，GSFF）和基于非金融部门借贷的银行借贷便利（Stimulating Bank Lending Facility，SBLF），目前这两项贷款利率均为 0.1%。截至 2016 年 5 月贷款规模分别为 5.9 万亿日元和 25.5 万亿日元。GSFF 由于产业限制，规模有限且增长乏力，SBLF 成为中央银行促进信贷的最重要工具。2016 年 4 月市场有消息称日本中央银行考虑将贷款利息调整为负利率，预计未来取消贷款投向限制、降低贷款利率将成为日本中央银行维系宽松的选项之一。

（五）调整期限结构

2015 年 12 月日本中央银行曾将国债购买期限从 7~10 年扩展到 7~12 年，多年的购债引导对国债收益率曲线的扁平化效果明显，而 2016 年 1 月抛出的负利率使各期限收益率跌至历史最低点，包括10年期在内的中短端国债收益率全部为负，严重影响了国债持有者的收益。因此预计日本中央银行会通过降低25年以上期限国债、增加短期国债购买的方式调整收益率曲线，使之变得陡峭，一方面改善持有者的获利空间，调节长期市场预期；另一方面由于当前日本10年期以上国债大部分被寿险机构持有，中央银行调整战略有助于维护它们的利益。

第五节　日本量化宽松政策退出：时机、目标和工具

一、日本量化宽松货币政策退出：时机选择

后危机时代退出量化宽松货币政策要以平稳退出为原则，以防止蔓生出诸多"外部性"问题。确定量化宽松货币政策退出时机的关键是对宏观经济状况的科学判断。具体有四个标准：第一，财政赤字率是否已经接近或者达到警戒线；第二，就业状况是否出现好转；第三，通货紧缩的压力是否消除；第四，持续性的需求增长态势是否已经确立。

量化宽松货币政策退出过迟，则会导致资产价格泡沫和通货膨胀。一般来说，经济萧条时，市场缺乏信心使得广义货币增速较低。一旦经济恢复增长，伴随着市场修复和信心恢复，经济体系中的流动性就会逐渐激活，转化为实际通货。如果经济复苏后量化宽松政策退出过迟，就可能引发大规模通货膨胀。因为经济复苏后，经济体中汹涌的流动性不仅会影响到实体经济，也会进入一般商品市场、大宗商品市场、股票市场、债券市场和房地产市场等，带动各类资产价格上升，催生资产价格泡沫。由于现阶段日本中央银行持有的各类资产占总资产的比重处于高位，未来还有继续推高的可能。因此日本在退出QQE时一定要注意时机，且要慢慢退出，否则很容易引发区域性的金融危机。

根据美国的经验，在常规的货币政策环境下，货币政策的首要目标是币值的稳定。但在经济受金融危机影响而陷入衰退时，经济增长和就业就应当取代币值稳定而成为制定货币政策的首要目标。伯南克曾多次表示，是否退出量化宽松货币政策取决于两个指标：一是失业率降至6.5%以下；

二是通货膨胀率升至2%~2.5%。达到这两个指标的关键因素是要看美国的经济表现。伯南克曾两次表态指出："我们的政策绝不是预先确定的，而是取决于新的数据和经济前景"。换言之，美联储退出量化宽松政策的前提条件是夯实美国经济的复苏基础，即美国经济在没有宽松政策刺激下仍能稳步改善，到失业率降至6.5%以下时，就可以考虑调整和退出量化宽松货币政策。

对于日本来说，货币政策目标就盯住CPI。当CPI指标稳定在2%以上且有继续通货膨胀的预期时，就可以考虑一步步退出QQE政策。从目前日本经济增长和物价水平的走势看，日本退出质化量化宽松货币政策以及负利率政策的时机可能尚未到来。

二、量化宽松货币政策退出：工具选择

不同的货币政策工具不仅具有不同的成本和风险，而且其宏观经济效应有较大的差异。当确定量化宽松货币政策退出时，中央银行面临的下一个问题是退出时的政策工具选择，工具选择的原则要有利于复苏阶段中央银行货币政策目标的实现。量化宽松货币政策的实质是扩大中央银行资产负债表的规模，使基础货币供给增加，并且增加的规模超过维持现有利率水平需要的水准，量化宽松货币政策具有下列特点：一是中央银行货币投放规模尚未导致通货膨胀时，持续保持较低的利率水平和较高的储备水平。二是为了达到储备存款目的，中央银行运用购买政府债券的方式投放基础货币。三是根据市场上对流动性的需求，确定商业银行在中央银行储备存款的水平，并通过扩大中央银行负债的方式来实现。在2008年的金融危机中，各国中央银行主要采取数量宽松与信贷宽松的政策对资产负债表的结构进行调整，进行规模扩张。

因此，量化宽松货币政策的退出也主要体现为中央银行资产负债表的再平衡，一方面是为了避免因该政策的退出而导致经济出现再次衰退，另一方面也是为了回收市场过度充裕的流动性。另外，在量化宽松货币政策退出的工具选择上，也应当小心谨慎，通常采用的工具主要是通过提高法定存款准备金比例，公开市场回购和窗口指导等数量工具来实现回收流动性，降低对通货膨胀的预期。要尽量避免采用提高利率和再贴现率等价格工具。因为价格工具有可能进一步加大市场主体的负担，导致消费和投资

需求减少，使经济再次陷入衰退。从美联储退出量化宽松货币政策的实践看，由于美联储的资产负债表膨胀不会导致通货膨胀上升，美联储既有撤出刺激措施的工具，也有能力回收流动性。因此，美国的量化宽松政策退出工具主要选用公开市场出售美联储持有国债和证券，财政部发行短期票据回笼资金再存入美联储，进行逆回购协议，提高超额准备金率和将部分超额准备金转换成定期存款再存入美联储，等等。

对于日本来说，退出 QQE 时的工具选择可以借鉴美国的经验，可以选用在公开市场出售中央银行持有的国债和证券，提高准备金率等数量工具来回笼超额流动性。

三、量化宽松货币政策退出：路径选择

无论是从宏观经济的平稳复苏还是从中央银行货币政策调控的现实需要看，在经济复苏阶段，量化宽松货币政策的退出应该是循序渐进的，退出策略应保持及时性和渐进性，即量化宽松货币政策的退出要根据实体经济、金融市场和就业复苏状况分步骤实施。

第一步是自动退出。当金融市场融资功能得到恢复，一部分量化宽松货币政策工具的使用频率不断下降趋于停用，金融市场稳定的目标也基本实现，这时自动退出量化宽松货币政策就具备了基本条件。在这种情况下，只要中央银行不再继续运用短期流动性工具，随着已投放的短期贷款陆续到期或提前偿还，短期流动性就可以自动收紧。

第二步是主动退出。当明确住房市场见底回升，整体经济状况持续好转时，中央银行的货币政策基调就可以适时转变。因此，房地产市场和消费信贷复苏情况作出准确合理的趋势性判断，是中央银行确定何时主动实施量化宽松货币政策退出的关键所在。

第三步是全面退出。当财政政策与货币政策的刺激效果明显体现，实体经济及就业状况进一步改善，公开市场的利率操作目标基本实现。量化宽松货币政策就可以全面退出。

从美国的具体情况看，2013 年 6 月美联储明确发出退出量化宽松货币政策信号之后，给予了市场一定时间加以适应，即采取了缓慢退出的策略。所以 2013 年 12 月美联储发表声明，宣布从 2014 年起调低长期债券购买额为 750 亿美元。同时，美联储在声明中强化了利率政策"前瞻指引"，

暗示将在更长时间内维持超低利率。美联储的具体退出政策又分为两个阶段：第一阶段，当金融机构的资产负债表得以修复时，美联储采用数量手段，主要方法是减少购买债券的规模，但是升息的可能性较小；第二阶段，当企业和家庭的资产负债表得以修复时，市场上的货币供应量加速上升，流动性宽松后，美联储使用价格工具和数量工具收回流动性，开始调高利率水平。升息是量化宽松货币政策退出的最重要标志。

日本未来退出 QQE 时也可以效仿美国的路径。第一阶段仅使用数量工具修复金融机构的资产负债表；第二阶段是数量和价格工具共同使用来修复企业和家庭的资产负债表；第三阶段则是释放加息预期，引导之前流失的海外资金慢慢回国。这样可以达到不破坏现有经济增长预期下回笼超额流动性、保持通货膨胀的目标。

四、量化宽松货币政策难退出原因简析

在政治层面，日本量化宽松政策迟迟不退出源自政策推动者安倍政府在日本历次选举中一直保有执政权，安倍经济的支持者黑田东彦——日本中央银行行长的任期从 2013 年 4 月量化宽松政策开始一直到 2018 年 4 月，没有新任政府更换中央银行行长的任命。

在经济层面，日本量化宽松政策退出的成本巨大。当前，日本中央银行所持国债资产的加权平均利率仅为 0.317%，短期利率一旦超过该值就会形成"倒利差"，从而陷入财务危机。此外，日本中央银行自有资本占比过低，截至 2016 年底，日本中央银行自有资本仅 7.6 万亿日元，而过剩准备金规模却高达 320 万亿日元，财务风险大增。目前，日银所持超过 400 万亿日元国债的平均到期年限超过 7 年，在这种情况下，日本中央银行要退出量化宽松政策，不仅周期长，成本极高，难度也非常大。

当今世界，几乎所有国家都会受跨国资本的自由流动以及汇率变动的影响，各国中央银行难以只根据本国经济状况调整金融政策。在美联储再次加息、实施缩表之际，全球呈现回归货币政策正常化趋势，这势必对仍然坚持量化宽松政策的日本形成巨大的压力，其收益曲线调控目标面临更高的风险。

一旦利率失控，遭受的损失将数以万亿日元规模计；政府若被迫注资，不但会加剧财政危机，还将引发国家信用受损等连锁反应。因此，在

几乎无法达成2%的通货膨胀目标的情况下，日本中央银行被迫退出量化宽松，或将成为日本中央银行今后政策运行的重要选项。

第六节　日本量化宽松政策的溢出效应

随着世界经济全球化进程的推进，各个国家的资本、贸易的联系越发紧密。作为世界第三大经济体，日本实行的量化宽松政策在对日本本国经济产生影响的同时，也会通过贸易市场、汇率市场、资本市场等因素对世界各国的经济产生影响，从而产生溢出效应。本节将从日本量化宽松政策对世界经济以及中国经济两个角度，对日本量化宽松政策的溢出效应进行分析。

一、日本量化宽松政策对世界经济的溢出效应分析

（一）零利率以及负利率使日本资本外流加剧，新兴市场热钱流入

1992年2月，日本开始实行零利率政策，至2016年1月，日本推出负利率政策，期望实现刺激经济的目标。日本实行零利率以及负利率政策的主要目标是使实体企业的融资成本大大降低，促使实体企业增加投资，以达到刺激经济的目的。但是，零利率以及负利率政策使得资本找不到增值渠道，而日本金融自由度比较高，资本管制较少，所以日本国内寻求增值的资本变成国际游资，即通常所说的热钱，热钱涌入其他国家寻找增值渠道。在2008年国际金融危机之前，美国是日本资本去向的选项之一。但同时期新兴市场比如中国、印度、南非、巴西等国，经济增速快，利率水平大大高于日本，因此日本热钱大量涌入新兴市场寻求增值，2008年金融危机之后，也开始实行量化宽松政策，美联储降息之后更是如此。由于新兴市场国家金融体制普遍不完善，即使这些国家普遍实行外汇管制政策，但不能阻止日本热钱找到渠道大量流入，日本热钱的流入必然会使各国的金融市场波动增加。

（二）日本量化宽松政策使日元贬值，全球汇率波动增加，日本贸易竞争国家利益受损

日本实行的QE以及QQE政策使得日本银行的资产负债表快速扩张，日元的流通量大大增加，因此在外汇市场上，日元的供给大大增加，因此

日元在量化宽松政策下贬值。2013 年 4 月日本开始实行的 QQE 政策加快了日元贬值的速度，这也是日本量化宽松政策的目标之一，日元贬值，增加日本企业出口的竞争力。以汽车制造业为例，日元贬值大大增强了日本汽车在世界市场上的竞争力，美国以及德国汽车制造业都会遭受不同程度的冲击。同样，世界上各个国家同日本存在贸易竞争的企业都受到了不同程度的冲击。

（三）量化宽松政策下日本资产缩水，保值资产的寻求引起世界资产价格波动

量化宽松引起的日元贬值使得日本资产相比于其他国家的资产大幅缩水，尤其是相比于币值稳定以及走强的国家。因此日本有跨国投资能力的个人、企业以及其他群体将寻求国外币值稳定及走强国家的优质资产，比如 2008 年以前美国以及美国在量化宽松刺激之后经济复苏阶段的股票、中国房地产等。日本寻求保值资产的行为将引起各个国家资产价格的波动。

（四）日本量化宽松政策溢出效应影响新兴市场通货膨胀稳定性

根据通货膨胀传导理论，一个国家的通货膨胀将通过一定的渠道传导到其他国家。通货膨胀的传导力度同国家经济的影响力相关，其中美国对于世界各国，尤其是新兴市场国家的通货膨胀效应最为明显，美联储的量化宽松使得新兴市场国家的通货膨胀稳定性受到影响。由于日本 1999 年至 2016 年还陷入经济停滞的困境之中，虽然 2013 年安倍经济学使得日本经济有过短暂的复苏，但随后又发生下滑。因此日本的通货膨胀传导力度没有美国强，会小幅地影响新兴市场通货膨胀稳定性，尤其是同日本经济关联度较大的东亚小国，比如泰国、越南等，通货膨胀稳定性受到日本量化宽松政策的较大影响。

二、日本量化宽松政策对新时代中国经济的溢出效应分析

（一）日本量化宽松政策是高质量增长转型的外部冲击之一

日本量化宽松政策的实施，使得日本国内资产相比于中国在持续缩水，同时，相比日本实行的零利率甚至负利率，中国的利率有一定的优势，即使中国实行资本项目管制，对国际热钱警惕性很高。但在利益驱动下，日本热钱从各种渠道进入中国，尤其是中国的房地产市场和股票市场，引发房价上涨以及股市上涨，这都将在短期内"刺激"中国经济，但

刺激的幅度以及时间跨度有限,不可持续。

从长期来看,由于日本量化宽松造成的日元贬值效应,中国出口企业相比于同类型的日本出口企业丧失价格优势,中国的出口受到影响。同时,日本商品在日元贬值的背景下以低价打入中国市场,促使国内部分企业在竞争的过程中被淘汰。这两方面的影响在日本持续的量化宽松政策下都持续存在,在长期,将对中国经济造成负面影响,一定程度上会促使中国经济下滑。

2017 年 10 月 18 日,中国共产党第十九次全国代表大会在北京人民大会堂隆重开幕,这个新时代,是承前启后、继往开来、在新的历史条件下继续夺取中国特色社会主义伟大胜利的时代。新时代下,中国有应对好日本量化宽松政策不利影响的能力。习近平总书记在十九大报告中提出:我国将深化金融体制改革,增强金融服务实体经济能力,提高直接融资比重,促进多层次资本市场健康发展。健全货币政策和宏观审慎政策双支柱调控框架,深化利率和汇率市场化改革。健全金融监管体系,守住不发生系统性金融风险的底线。新时代下中国金融体制的深化改革将宏观审慎政策作为调控框架的支柱之一,从宏观层面,日本量化宽松政策对我国金融经济的不利影响也将列入宏观审慎的考虑。习近平总书记还强调健全金融监管体系以防范系统性金融风险,日本长期量化宽松政策致使热钱进入中国的房市与股市,会增加泡沫,但更为健全的金融监管体系可以制止日本热钱的流入,另外流入的部分热钱,也可以通过更为严格的监管,防止进入房市与股市滋生更大的泡沫,从而大大减小对我国金融经济的不利影响。

(二)日本量化宽松政策小幅影响中国货币政策

在资本和金融项目方面,日本中央银行大量发行货币、购买国债的行为,降低了其债券收益率,削弱了投资者对日本资产的投资兴趣,促使这部分资金流向具有良好经济前景的国家。日本量化宽松创造了大量流动性,除了少部分进入实体经济转化为消费和投资,其中一部分流入了全球金融市场。持续的热钱流入中国,将给中国带来更严峻的考验。由于中国经济发展比较快,人民币汇率和利息比较高,吸引了大量国际游资的关注。热钱的大量涌入会给中国本已脆弱的影子银行体系带来流动性风险,而且如果中国不能有效控制热钱,也会导致股市和房地产泡沫的膨胀。

日本量化宽松货币政策会使中国货币供应量增加，但增加幅度不大。之所以影响不大，首先是因为中国的广义货币供应量（M2）本身就很大，一贯是 GDP 的几倍。日本实行的量化宽松货币政策虽大幅度增加其广义货币供应量，但对拥有充足货币供给的中国来说，影响不大。其次，中国有独立的货币政策，主要是相对盯住美国的货币政策，日本的量化宽松货币政策对中国的货币政策有影响，但不是主要影响。

（三）日本量化宽松政策使中国通货膨胀水平略有增加

日本量化宽松政策会使中国通货膨胀水平有所增加，但是影响也不大。首先，从理论上讲，日本实行超常规的量化宽松货币政策会向其他国家输入通货膨胀。发达经济体进行量化宽松而流入全球金融市场的流动性，导致了全球范围内的流动性过剩，推高了全球大宗商品价格的上涨，进而提高了中国相关企业的生产成本，为中国带来了输入型通货膨胀压力。但是，由于日本经济还处于挣扎复苏阶段，并且日本的经济体量相比于中国已经大大落后，随着人民币加入 SDR，日本通货膨胀对中国通货膨胀的影响能力大大降低，所以日本的通货膨胀只能在较小的程度上向中国传导。其次，从中国的角度看，中国以 CPI 衡量的通货膨胀水平，其中度量中国 CPI 的一篮子商品中主要以食品为主，日本的货币政策对其影响很小。

（四）日本量化宽松政策对中国出口造成负面影响，但进口影响不大

日本的量化宽松货币政策对中国的贸易水平有较显著的影响。出口方面：日本量化宽松货币政策在长期中会使中国的出口水平有所下降，但不是很大。首先，日本的超量化宽松货币政策会使中日之间的贸易条件恶化，使人民币相对日元升值，从而抑制中国出口；其次，中国主要对外贸易伙伴是美国和东盟，日本不是最大贸易国，所以对出口影响不是很大。进口方面：从长期来看，日本量化宽松货币政策会使中国的进口有所增加。因为日本量化宽松货币政策的实施会使日元贬值，从而增加对日本商品和服务的进口。同时，中国对日本商品的进口主要集中在高技术产品，是一种刚性需求，所以这种刚性需求又使其影响不是很大。

（五）中国外汇储备管理困难加大

日本中央银行出台的新一轮量化宽松，从中长期来看增加了日本国债市场的风险。曾经在一段时间内，为了增强中国外汇储备的多元化，中国

政府显著增持了日本国债。但如果未来预期到日元贬值与日本主权债务风险上升，恐怕中国主权投资者会对继续增持日本国债变得越来越谨慎，中国外汇储备多元化的管理框架面临新的不确定性。

（六）中国金融政策对冲日本量化宽松政策外溢性

2017年7月14日至15日，第五次全国金融工作会议在北京召开，习近平总书记指出要强化监管，提高防范化解金融风险的能力。要以强化金融监管为重点，以防范系统性金融风险为底线，加快相关法律法规建设，完善金融机构法人治理结构，加强宏观审慎管理制度建设，加强功能监管，更加重视行为监管。基于金融工作会议侧重金融风险控制、宏观审慎监管层面的指导，日本量化宽松政策对我国外汇通货膨胀层面的不利影响会在金融风险控制以及宏观审慎制度的完善下得到减轻。

第五章 欧元区量化宽松政策
及其未来之路

第一节 欧元区货币政策：十年回顾

自 1999 年启动以来，尽管欧洲中央银行历经统一货币政策的开始实施、"9·11 恐怖事件"、大宗商品的价格持续上涨等多项事件的冲击，欧洲中央银行对于通货膨胀率维持在 2% 的货币政策目标一直得以良好的实现，这一稳定的局面直至金融危机的爆发。自 2007 年 9 月以来，欧元区经历了通货膨胀的持续上涨直至 4.1%，接着 2008 年，次贷危机迅速蔓延至欧洲，成为欧债危机爆发的导火索。在此期间，欧洲经济每况愈下。为了维持货币稳定和经济增长，欧洲中央银行不断下调货币政策的基准利率，但是作为欧洲中央银行货币政策目标的 HICP 以及 M3 均出现持续下跌，并先后出现了负增长形势（见图 5 - 1）。在 2009 年 9 月，通货膨胀率 HICP 跌至 - 0.3% 之后，在非常规货币政策的拉动之下，货币与信贷情况似乎又逐渐好转，但很快又下降至 2% 以下，并在 2015 年徘徊于通货紧缩的边缘。随着 2014 年末全面量化宽松政策的启动，欧元区货币与信贷情况随之好转，并于 2017 年 4 月实现了通货膨胀率 1.9%，之后一直在 1.5% 左右徘徊。就货币政策的宽松程度以及政策实施的主要目的的不同，按照欧元体系资产负债表扩张的趋势，欧洲中央银行的量化宽松政策大致分为四个阶段。

一、应对流动性风险阶段（2009 年 5 月至 2012 年 12 月）

在这一阶段，欧洲中央银行的主要调控目的是向金融市场提供大量流

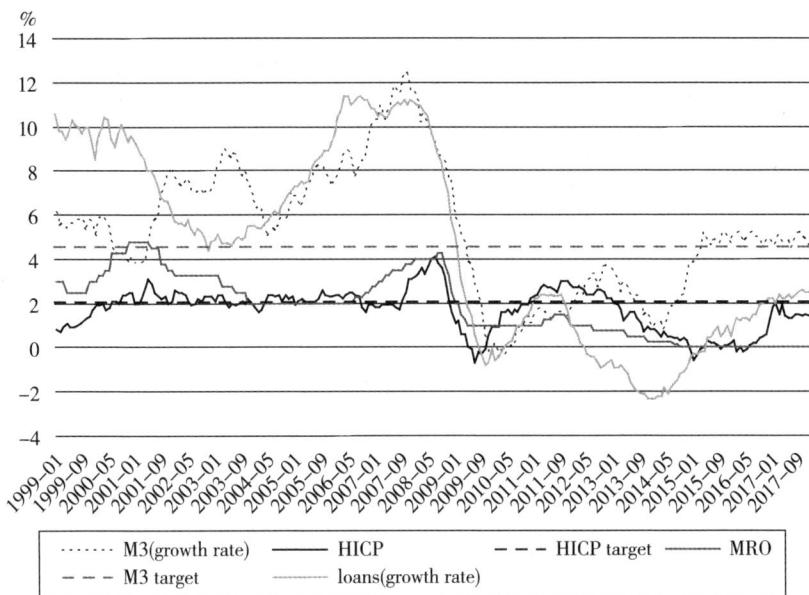

资料来源：欧洲中央银行。

图 5 - 1　欧元区 HICP、MRO、M3 和对私人部门的信贷增长率

动性，更加侧重于稳定金融市场，以防止次贷危机和随之而来的债务危机造成的流动性紧缺的风险。鉴于前期通货膨胀率和货币供给量急剧收缩，以及欧债危机的蔓延形势，欧洲中央银行实施非常规货币政策的态度较为坚决，主要的非常规货币政策内容包括：一是启动一系列长期再融资操作计划（LTRO），向信贷机构提供了近万亿欧元的流动性供给（其中 5 000 亿欧元是贷款的以旧换新）。二是启动 SMP（证券市场计划），前后执行了两轮担保债券购买计划（CBPP），在一级和二级市场购买了近 800 亿欧元的公共债券和私人债券。三是不断下调利率水平和法定准备金率，并在 2012 年 7 月 11 日将存款利率下调为零。

　　通过这一时期的量化宽松货币政策，欧元体系资产负债表迅速膨胀，尤其是在两次大规模的 LTRO 操作之后。到 2012 年 3 月，欧元区的基础货币比 2007 年 1 月增加了近 260%，年增长速度超过 50%。欧元体系资产总量从 2007 年 1 月的 11 383 亿欧元扩张到 2012 年 12 月的 30 248 亿欧元。不过，由于受到多国财政约束以及法律对欧洲中央银行"最后贷款人"角色的限制，欧元体系的资产负债表的膨胀程度仍明显低于美联储和英国中央银行。

二、实施错误的偏紧货币政策阶段（2012 年 12 月至 2015 年 1 月）

在此阶段，鉴于欧债危机的流动性压力基本缓和，欧元区经济开始缓慢复苏，货币供给和通胀指标逐渐回升（见图 5 – 1），加之成员国对于宽松政策态度存在分歧，欧元区量化宽松政策开始放缓，从而表现出相对偏紧的态势。欧元体系的资产负债表显示，自 2012 年 12 月之后，欧元体系的资产负债表规模开始逐渐下降，资产总量从 2012 年度末的 29 627 亿欧元下降至 2014 年末的 22 082 亿欧元，资产规模缩小了 1/4。

在该阶段的前期，欧元汇率变化反映了欧元区相对于其他国家的货币政策姿态。由于美国退出量化宽松的市场预期日益强烈，新兴市场资金大量回流美欧，加之日本的宽松货币政策持续打压日元汇率，这些外部因素均促使欧元汇率在 2013 年度出现明显的止跌回升趋势。

在该阶段后期，鉴于欧元汇率的坚挺以及通货紧缩风险的出现，欧元区货币政策才不得不转向实质性宽松阶段。2014 年 6 月，欧洲中央银行最主要的非常规货币政策是，将存款利率下调 10 个基点，从而出现了"创新"的名义负利率。但是，名义负利率并没有产生足够的量化宽松货币效果。这是因为，中央银行本来的目的是迫使商业银行减少在中央银行的存款，并努力实现存款向贷款的转化。然而，当负利率手段开始发挥政策效果的时候，欧洲中央银行发现商业银行存款减少，在某种程度上意味着中央银行资产负债表的收缩，使得货币政策变得偏紧。

三、全面量化宽松政策的到来（2015 年 1 月至 2017 年 12 月）

这一阶段的主要特征是欧洲中央银行全面启动量化宽松货币政策，其目的主要是化解通货紧缩风险。通货紧缩的风险最直接的影响是将提高原有债务的实际价值，使借款人的去杠杆进程受阻。

此轮货币政策的内容包括：第一，2015 年 1 月 22 日，欧洲中央银行宣布扩大资产购买计划。一是欧洲中央银行扩大采购范围，包括欧元区中央政府、机构和欧洲机构发行的债券。二是每月资产购买总额达600 亿欧元。该计划包括资产支持证券购买计划（ABSPP）和第三轮担保债券购买计划（CBPP3）。第二，欧洲中央银行还连续下调存款利率，降至 −0.40%。第三，实施两轮目标长期再融资操作（TLRO），实施有针对性的长期再融资操作，以加强欧洲中央银行宽松的货币政策利差，并促进新的贷款。

通过负利率与购买资产的组合工具，欧元体系的资产规模终于走出了收缩的格局，并不断抬升至 2017 年 10 月的 44 872 亿欧元（见图 5 − 2），通货紧缩的风险也有所缓和，HICP 增长指标由负转正，并于 2017 年达到 1.5%。

四、收缩量化宽松政策阶段（2018 年 1 月至今）

这一阶段的主要特征是：欧元区全面量化宽松政策力度开始减弱。由于欧洲中央银行在第二阶段出现通货膨胀形势的错误判断，从而导致货币政策偏紧，对于欧洲主权债务危机的冲击也有所低估，对于欧洲中央银行直接购买成员国国债极其谨慎。2012 年以来，即使是新任德拉吉行长突破了欧洲中央银行购买成员国国债的制度性约束，2012 年至 2014 年欧洲中央银行在量化宽松的规模和力度上仍然有所保留。在 2014 年 6 月实施负利率政策之后，2015 年年初开始进一步加大量化宽松政策规模。

2016 年以来，欧元区经济复苏刚刚确立之时，欧洲中央银行对于退出量化宽松政策的态度还较为谨慎。2016 年下半年以来，欧元区经济增长复

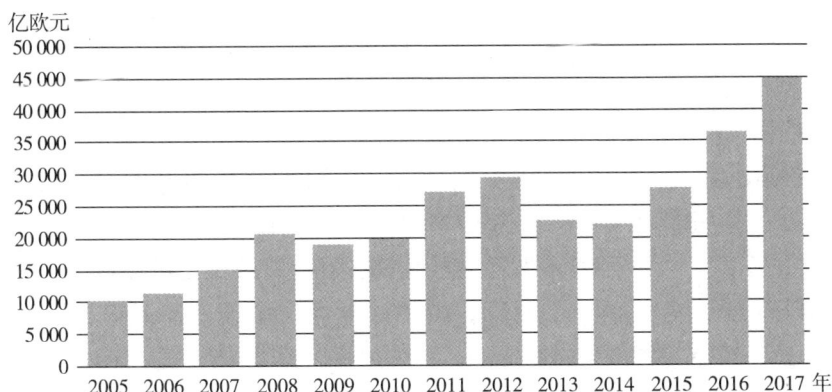

资料来源：欧洲中央银行。

图 5 − 2　欧元体系的资产规模扩大情况

苏形势较为稳定，2017 年前三季度的 GDP 年度增长率均超过 2%。2017 年 10 月 26 日，欧洲中央银行宣布，尽管欧元区经济复苏势头基本确立，但是失业率仍然较高，通货膨胀持续上升的基础尚不稳定，自 2018 年 1 月开始将资产购买计划的额度从每月 600 亿欧元下调至 300 亿欧元，并持续至 2018 年 9 月。但是，如果经济复苏不扎实，欧洲中央银行可能将资产购买计划延长至更长的时间。

第二节　欧元区量化宽松货币政策的有效性

一、促进货币与金融稳定

在金融稳定层面，欧元区的非常规宽松货币政策处在欧债危机爆发初期，缓解了金融市场的流动性压力，强化了欧洲中央银行作为"最后贷款人"的角色。一方面，由于 LTRO 操作的启动，欧洲货币市场的 3 个月 Euribor 和隔夜掉期指数的利差自 2011 年 12 月起持续迅速回落。另一方面，在长期政府债券方面，自 2011 年 12 月以来，大量流动性的注入连同欧洲财政整固计划的推进、希腊债务重组以及永久性的欧洲稳定机制（ESM）的确定等种种利好因素不断推出，欧元区整体长期政府债券收益率开始震荡下行，除希腊之外的外围国家与德国政府债券的利差明显缩小。

在货币稳定层面，量化宽松货币政策的第一阶段和第三阶段作用明显。次贷危机和欧债危机的爆发对金融市场和实体经济产生毁灭性的破坏，信贷规模急剧下跌，货币供给和通货膨胀率一度跌入负值。接着，在 2012—2014 年度，由于欧洲中央银行相对保守的宽松政策以及经济复苏形势严峻，这一阶段的通货膨胀率也出现了持续的下跌。在此背景下，欧洲中央银行第一、第三阶段的宽松货币政策在促进货币供给增加和消除通货紧缩风险方面效果显著。2011 年 10 月，欧元区的通货膨胀率一度达到 3%。宽松政策在货币层面的影响，更多地反映在 2015 年的全面量化宽松政策的启动之后。2015 年 3 月之后，欧元区广义货币供给一度突破 5%，而通货膨胀率也逐渐由负转正。

二、提振欧元区的投资与消费

其一，从财富角度来看，超低的利率促使债券价格、股票价格以及房地产价格均在同期有所提高，从而增加家庭的资产收益，使得资产价格收益进一步转化为消费。

其二，在信贷方面，较低的利率有利于信贷的增加，进而提高消费和投资水平。欧元区的私人贷款增长率逐步由 2012 年至 2014 年的负增长转为正向增长，并在 2016 年 8 月达到 2% 的年度增长率。欧洲中央银行的数据显示，2009 年第三季度至 2011 年第三季度，欧元区经济增长的主要动力是出口的增加，消费与投资增长幅度非常缓慢。而 2013 年第二季度至 2016 年第一季度，欧元区经济增长的投资和消费增长率对于 GDP 的贡献大大提高，甚至超过了出口增长速度。欧洲中央银行行长 Draghi 表示："2014 年 7 月放松信贷的政策组合之后，欧元区受益于更加多元的、国内需求驱动的经济恢复"。

三、刺激欧元区的出口规模

大量经验研究表明，通过价格渠道，名义汇率的贬值将提高出口商品的国际竞争力，增加出口规模，进而获得一定的经济增长。欧债危机的影响加之全面的宽松政策，欧元汇率自 2009 年至 2017 年上半年以来基本呈现贬值趋势。其中，2014 年下半年至 2015 年，由于负利率和全面量

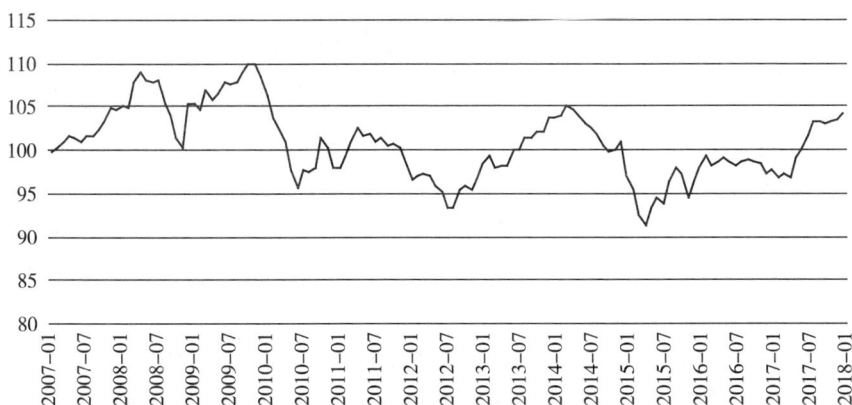

资料来源：欧洲中央银行。

图 5 – 3　2007—2018 年欧元名义有效汇率

化宽松政策的影响，逐利资本纷纷流出欧元区，欧元汇率出现快速下跌。欧元有效汇率指数一度从104.7持续下降至91.5，跌幅达10%；汇率促进增长的主要渠道是汇率对贸易的影响，图5-4表明，自2009年以来，得益于美国经济的复苏和欧元的不断贬值，2016年，德国对美国的经常项目盈余迅速扩大，欧元区的经常项目盈余已达4 000亿美元，占GDP比重达3.42%；2017年出口扩大的趋势有所放缓，经常项目盈余占GDP比重为3.27%。

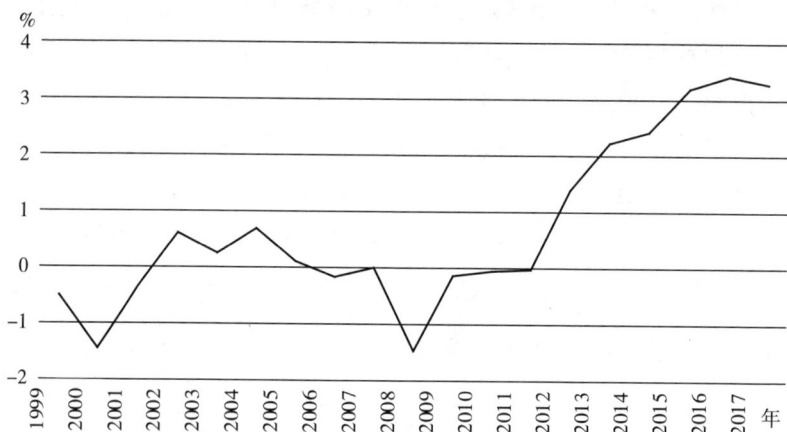

资料来源：欧洲中央银行。

图5-4　1999—2017年欧元区经常项目差额占GDP比重

四、多重改革与区域内经济失衡的纠正

除了汇率贬值的作用，量化宽松政策与紧缩性财政政策和结构改革相结合，也有助于促进区内经济失衡的纠正（见图5-5）。从汇率的角度而言，欧元区经济失衡与外围国家的真实汇率高于中心国家有关。国际金融危机之后，外围国家在采取紧缩财政政策的同时，加大了结构性改革，实施优化产业结构的政策调整，提高工资和产品价格的弹性，获得更强的国际竞争力，逐渐纠正区内经济失衡。

在财政紧缩方面，几乎所有欧盟国家均采取了冻结雇佣、削减工资等方式压缩财政各项支出；在收入措施方面，提高消费税的国家相对较多，而提高企业所得税（银行红利）的国家相对较少，实施的国家包括法国、荷兰、冰岛等国家（见表5-1）。

表 5 – 1　　　　　　　　　　　欧洲财政整顿的类型

支出措施	收入措施	其他措施
1. 运营支出	提高消费税，例如增值税、烟酒、能源的消费税 提高所得税： 企业所得税：银行红利、非财政收入的提高	解决逃税和社保欺诈等
招聘冻结或工作冻结，将工资、裁员、重组、效率削减		
2. 政府部门项目支出		
减少社会保障、卫生、教育、住房、福利、其他部门等项目的投资和基础设施建设等		
3. 资本支出		
削减资本支出		

资料来源：沃尔特（2012）。

　　除此之外，外围国家采取了各种结构性改革措施。例如，对于经济调整较好的国家，爱尔兰的结构性改革主要包括三项内容：一是劳动力市场改革，通过改革国内失业救济系统，降低长期失业风险，以刺激劳动力供给；通过改革薪资设定机制提升本国青年人的就业竞争力，为失业主力军——青年创造更多的就业机会。二是国有企业改革，通过国有资产私有化，在提高爱尔兰整体经济活力的同时，有效削减相关的财政开支。三是爱尔兰政府针对危机中本国金融体系暴露出的诸多问题，采取有针对性的金融改革措施，确保金融稳定和有效满足实体经济融资需求。主要措施包括两项：一是银行改革，重点是国内商业银行系统地去杠杆化和资产重组，恢复在危机中受到沉重打击的银行体系的生存能力和竞争力，以保障银行的信贷能力，满足实体经济必要的融资需求；二是改革金融监管体制，堵住危机中暴露出来的监管漏洞，维持金融体系的基本稳定，增强金融机构的抗风险能力。

　　再如，西班牙的结构性改革以促进经济增长为目标，政府特地制定中长期发展战略，以解决经济疲软和就业问题。具体措施包括三项：一是改善经济生态环境，创建高效的研发创新，增强经济总体竞争力；二是稳定金融，对国内银行部门进行重组；三是变革公司治理结构，变更储蓄银行法律地位，允许吸纳外部资本，鼓励相互兼并，进而要求所有银行核心一级资本充足率不得低于8%。

　　除此之外，意大利将结构性经济改革作为政府的首要任务，先后出台了"拯救意大利法案""意大利增长法案"以及"简化意大利法案"，努力提高经济自由度，打破劳动力市场和产品市场僵化，增进劳动参与，增强经济活力和竞争力。自2012年2月始，希腊政府先后三次（最近一次是在2015年7月）推出以优化增长为核心的综合结构改革措施，将财政调整、金融调控、养老金改革、国有企业改革与经济刺激计划统合起来，实行以实现经济可持续增长为最终目标的结构性改革。

事实表明，较之危机前，欧元区重债国的出口表现均有所提升，经常项目赤字有所改善。但是，由于各国经济的异质性，欧元贬值的效果不尽相同，区内失衡纠正的不确定性依旧存在。缩减工资以降低成本的改革在各国推行的效果不尽相同。自2008年以来，西班牙的单位劳动力成本增速下降近8%，出口占GDP比重增长7%，成为经济纠正最为突出的国家。

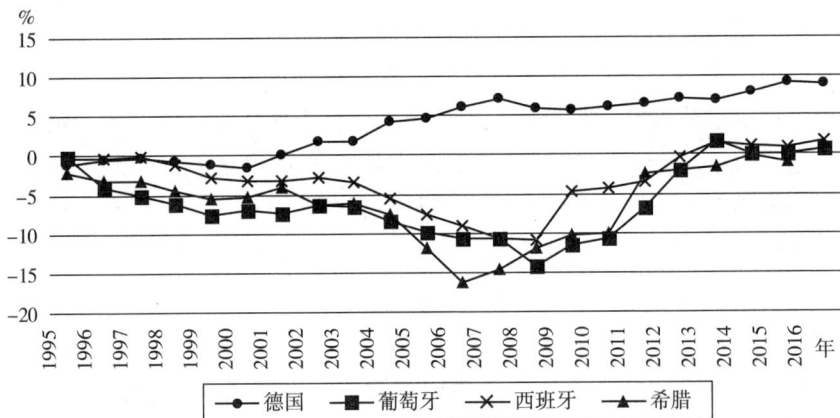

资料来源：欧洲中央银行。

图 5-5 1999—2016 年欧元区部分国家的经常项目余额占 GDP 比重

第三节 欧元区量化宽松政策的局限性

一、缺乏统一财政政策的配合

货币稳定意味着强大的财政担保，而长期以来，欧元区分散的财政政策和统一货币政策的协调问题，在量化宽松政策实施过程中得以反映。就各国而言，财政政策是在各国的形势和欧盟的要求之间相机而行的；就欧元区整体而言，财政政策是缺乏统一的协调或者约束的。

（一）加深了债务危机的破坏程度

一方面，缺乏财政协调，不利于整个金融市场的稳定。欧债危机的蔓延在一定程度上归结于欧元区各国的财政独立，强国不愿通过财政转移支付，对弱国施以援手。这样一来，一方面，量化货币政策以金融稳定为目标，向市场注入流动性；另一方面，因没有统一的财政协调机制作为担保，各国的政府债务危机始终存在，不断由各个国家而冲击到整个欧洲金融市场，加速了债务危机由公共部门向私人部门的转移。在金融危机之后，美国、英国乃至中国的政府杠杆率不断上升，通过不断扩大的财政支出，以保障金融稳定和防止信用紧缩。尽管欧元区国家也使用各种支持措施，包括银行再融资、提供政府贷款、收购受损资产、银行国民化和授予政府担保，但是这些援助措施的规模在各国国家之间的差异是非常大的。对于缺乏财政支出的国家而言，银行及企业个人的杠杆过高风险仍然没有解除。

（二）不利于经济增长的迅速恢复

从经济增长角度来看，量化宽松政策不仅是为了解决流动性问题，更重要的是为了刺激经济增长。但是，从日本20世纪末以来量化宽松货币政策的实施效果来看，其非常规货币政策几乎没有产生效果，部分原因在于财政政策与货币政策缺乏一致性。欧洲目前也面临着同样的问题。欧洲目前的货币财政政策配合，不利于经济增长的迅速恢复。欧洲目前采取的是极度紧缩的财政政策和宽松货币政策，政府债务减少是关键政策优先。2012年3月初，25个欧盟成员国达成一致的《稳定、协调和治理条约》，对各国的财政纪律及违反的惩罚作出更为具体明确的规定。此外，为了防止外围国家扩大财政支出的道德风险，欧洲中央银行在采取量化宽松政策的过程中，反复强调要加强财政纪律。在欧盟的压力和金融市场融资的压力之下，经济衰退的外围国家财政政策与货币政策之间不匹配问题更加突出。

（三）统一的财政纪律始终未能达成

经济危机前，许多欧元区国家没有利用有利条件，以建立对未来经济衰退的财政缓冲。导致政府债务迅速增加并爆发危机。危机之后，从政府部门和金融部门去杠杆角度来看，单一货币区为发展速度较快且通货膨胀较高的外围国家提供了较低的真实利率和充沛的资金供给，从而使金融服务部门对经济增长贡献突出，使财政开支过度和私人储蓄不足的经济模式得以维系，为其债务调整提供了软约束。欧洲中央银行持续的流动性救助，使希腊、西班牙和葡萄牙等重灾国家的信贷成本一直较低，这在一定程度上反而降低了它们进行经济自我纠正的效果。

二、可能导致银行新的潜在风险

（一）银行业可能陷入抵押品不足的风险

在公开市场操作方面，美联储与欧洲中央银行向市场提供流动性的方式是不同的。欧洲中央银行主要通过临时性交易的方式向市场提供流动性，这些临时交易的流动性供给建立在抵押基础上。此外，自欧元货币区联盟启动以来，欧元区担保市场的发展规模已经超过了无担保市场，成为银行之间相互融资的主要方式，抵押品成为银行融资的重要媒介。在欧洲近期推出大规模 LTRO 临时交易之后，欧元体系的银行业，特别是外围国家的银行业的大量资产已经成为抵押资产。虽然银行业对于抵押资产的比例限制问题并无定论，但市场仍然担忧银行业陷入抵押品不足的风险。

（二）降低银行业优化资产负债表的动机

通过银行渠道的量化宽松政策，欧洲中央银行希望能够增加银行体系流动性供给，并促使银行体系购买各国国债。根据欧洲中央银行的报告，在 2011 年 12 月至 2012 年 1 月之间，西班牙和意大利银行的政府债务持有量分别增长 29% ~ 13%，从而达到 2 300 亿欧元和 2 800 亿欧元；目前，西班牙和意大利银行的主权债券占其资产的 10% 左右。量化政策使得主权债务升值，这些国家的银行可以通过低息贷款购买高收益债券，增加账面的利润，从而降低优化资产负债表的动机。2015 年以来，意大利银行业的风险呈现逐步加剧的状态，甚至可能引发欧元区和欧盟银行业体系的重大风险。

（三）利差下降导致银行从事高风险业务的动机

欧洲中央银行数据显示，由于信贷增长的持续低迷，2008—2016 年的欧洲银行部门的平均利差收入下降了近 2%，无论是德国还是西班牙，其银行业的利差收入均处在负值区间。随着欧洲中央银行尽可能买进较长期主权债券，收益率曲线会变得更平缓，从而挤压银行的利润。此外，如果量化宽松未能刺激借贷增长，银行将会面临业务量和利润双双降低的困境（见图 5-6）。低利率导致初期的净利差收益减少，低利率以及非常规货币政策将迫使银行业"寻求收益"而从事高风险的业务。ESRB（2015）指出，欧元区整体银行业对于政府债券的风险暴露并没有发生改变，但是爱尔兰、意大利和葡萄牙等七个国家的银行对于本国债券的风险暴露有所下降，而其他十个国家（主要是卢森堡和荷兰）则有所上升。这种风险暴露重新分配的现象，说明了受债务危机影响较小的中部和北部国家，由于量化宽松政策的发展推动银行倾向于持有较高风险的资产的动机。

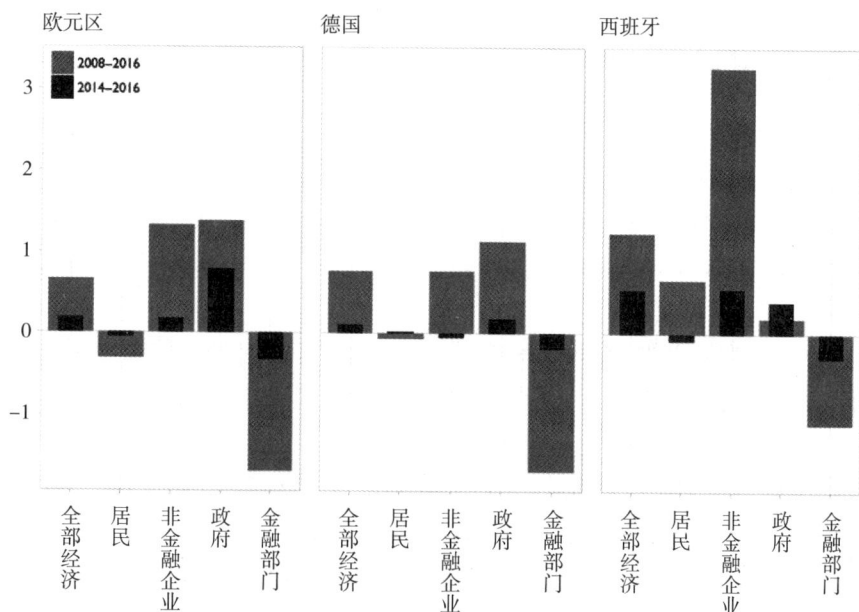

资料来源：ECB。

图 5-6　欧元区部分国家的各部门净利息收入占 GDP 的比重（%）

三、削弱欧元在国际货币体系的地位

尽管欧元仍然是国际货币体系中位居第二的主要货币，但是自欧债危机之后，欧元在国际货币体系中的地位开始全面下降。自 2012 年以来，无论是进出口计价或是外汇储备占比，还是支付清算规模均出现不同程度的下降，而欧元作为外汇储备货币，占比下降尤为明显（见表 5-2）。

表 5 - 2 欧元的国际地位

指标	欧元所占的百分比（%）		
	最新	比较期	差额
全球外汇储备存量 （按照已知的货币组成和不变汇率）	19.9 （2015Q4）	25.3 （2012Q4）	-5.5
国际债券余额（窄口径计算）	22.7 （2015Q4）	26.7 （2012Q4）	-4.0
国际贷款余额（所有跨境贷款）	21.9 （2015Q4）	21.6 （2014Q4）	0.3
每日外汇交易额	37.6 （2015）	39.2 （2012）	-1.6
出口商品计价	58.2 （2015）	66.7 （2012）	-8.5
进口商品计价	48.1 （2015）	51.3 （2012）	-3.2

资料来源：欧洲中央银行。

此外，欧元在中东欧国家的影响力也开始下降。在国家层面，中东欧国家发现欧盟内部成员之间的经济鸿沟难以逾越，"双速欧洲"问题始终存在，多国政府也明确表示不急于加入欧元区。在货币信心方面，欧债危机使得欧元在中东欧国家的地位降至历史最低。2012年的一项调查显示，捷克公民对欧元的信任度甚至下降至本国货币之下。在货币的使用方面，除了欧元以外，中东欧国家存在货币多元化的格局。例如，在捷克、波兰、匈牙利等主要的中东欧国家，银行部门存贷款的欧元化程度并不高，从而为人民币的使用提供可能。

四、无法纠正欧元区的结构性差异

欧洲中央银行统一的量化宽松货币政策无法解决希腊、西班牙等由于经济金融的异质性而导致经济的周期性波动。由于欧洲货币联盟的各个国家仍然保留着各自的国别特征，它们在政治制度、经济结构、金融市场、劳动力市场以及财政体系等方面存在差异性。这些异质性会在货币联盟的各国之间产生非对称冲击，从而导致价格和产出形成明显差异。外围国家的债务危机反映出欧元国家由于异质性而导致的结构性矛盾，统一货币政策对这样的非对称性冲击无能为力。在债务国家艰难的经济调整过程中，量化宽松政策无法从根本上纠正欧元区内的经济失衡关系。

各国的出口行业、出口地区结构存在差异，不同的出口汇率弹性，使汇率贬值对贸易的促进也不尽相同。此外，工资下降造成生活质量下降，一些外围国家的相关改革明显放缓，真实汇率的下降空间更加有限，对失衡的纠正形成阻力。除此之外，自危机以来，欧元外围国家经历了资本流入到急剧减少的危机时期，欧元的贬值不仅使处于对外金融负债的外围国家承受损失，并进一步推动资本向区外流出，阻碍宏观经济条件的改善。

五、受困于欧元区各国之间的矛盾与争议

在推行量化宽松政策的过程中，欧洲中央银行表现得较为迟疑与保守，从而反映出各国对于欧洲中央银行目标定位的矛盾与分歧。主要表现在以下几个方面。

（一）欧洲中央银行是否坚守德国中央银行的"货币稳定"唯一目标

作为一个现代中央银行，欧洲中央银行的职责不能仅仅满足保持物价稳定，还应包括熨平经济周期波动、避免通货紧缩以及保持金融稳定等宏观经济目标。在面临欧洲债务危机的重要关头，欧洲中央银行正在面临这样的困难：货币稳定优先还是金融市场稳定优先？是依照规定实施"不救助"条款，还是积极充当"最后贷款人"职责？一方面，以德国为首的少数核心国家坚持中央银行应以通货膨胀为唯一目标；另一方面，欧洲中央银行由于责任性过少，受到其他国家和广泛欧洲政治家的拷问，这使得中央银行出现在制定决策过程中显得保守和迟疑。对这些问题欧洲中央银行的立场显得摇摆不定，执行董事会内部意见不一，从而使欧洲中央银行独立性和中央银行政策的可信度遭受质疑。

（二）全面量化宽松建立于各国一致同意的基础上

2012 年，由于欧洲中央银行基于货币稳定目标的追求，没有继续采取更加宽松的货币政策，从而使欧元区出现了通货紧缩的风险和欧元汇率回调的问题。在此情况下，在欧洲，无论是政府、学术机构抑或民众，均倾向汇率贬值。法国总统奥朗德曾公开表示支持欧元贬值，并建议欧洲中央银行实施必要的外汇干预措施，以应对其他国家的政策溢出。而学术界则频繁表达危机之前欧元汇率高估的论证和欧元贬值的各种益处。德国的民

意也表明，基于稳定通货膨胀的需要，更多的德国人开始支持欧元贬值。

第四节　英国脱欧对欧元区量化宽松政策的影响

2016 年 6 月 23 日，英国举行脱欧公投，最终 51.9% 的选民选择了脱离欧盟。"英国脱欧"出人意料，成为近年来国际社会中的一个"黑天鹅事件"。在未来一定时期内，脱欧事件的影响将持续发酵，各种后果将逐渐显现，从长期来看，"英国脱欧"将对全球的经济与政治产生重大影响，尤其对欧盟的政治格局和经济发展产生巨大冲击，从而成为影响欧元区未来货币政策走势的一个主要因素。

一、英国脱欧的经济根源

（一）巨额的欧盟财政转移饱受诟病

英国每年要向欧盟支付巨额"会费"，是导致英国离开欧盟的直接原因。作为欧盟成员，英国 2015 年支付给欧盟的"会费"为 178 亿英镑（约合 259 亿美元），相当于每周要向布鲁塞尔支付约 3.5 亿英镑（约合 5 亿美元），而与英国从欧盟获取的收益和回报相比并不划算。如果退出欧盟，这笔资金可以投入国家医疗服务系统和住房体系等，以改善本国民众福利。

（二）欧盟经济持续低迷，吸引力降低

2008 年国际金融危机以及 2009 年欧债危机爆发以后，欧盟整体经济低迷，需求下滑，复苏乏力。经合组织发布的最新报告认为，尽管欧洲经济已从衰退中逐渐走出，经济增长的信心也已从 2013 年的最低点有所回升，但国际金融危机和欧债危机的影响仍然存在且持续发酵，同时新的问题不断凸显。根据数据显示，自 2008 年至 2015 年，英国国内 GDP 实现增长率达 6.8%，而同期欧盟经济增长仅为 1.9%；英国国内失业率维持在 5% 左右，而欧盟失业率达 10% 以上。在此背景下，部分英国人已不再认为欧盟是可靠的经济贸易伙伴，且在一定程度上认为，如果继续留在欧盟，持续低迷的欧盟经济可能拖累英国经济的可持续增长。

另外，作为欧盟成员国，英国不具备直接与美国、中国等其他经济体进行双边贸易谈判的资格与条件，因此一些人急切地希望摆脱欧盟的束缚，夺回贸易主导权，转而跟其他更有市场潜力的经济体加强贸易合作。

（三）欧盟功能危机不断凸显

欧盟的合法性更多来自其功能性作用，即民众认为欧盟是满足公共需求最合适的机构，能够提供有效的服务和附加值。而近年来在面对多重危机的情况下，欧盟大多应对不力，尤其是在应对债务危机和难民危机上表现得差强人意。英国支持脱欧的人们认为，欧盟管理机构的行政效率低下，繁冗复杂的管理程序增加了生产环节成本，使产品和服务价格升高，且对国内商业活动施加的监管过多，拖累了英国经济的发展。一些英国法律的制定要通过布鲁塞尔，一些裁决要得到欧洲法院支持，退出欧盟会使英国法院重新获权，从而降低交易成本。另外，欧盟在商业上有很多具体规定，在劳工权益保障和食品安全监管方面都有较高要求，这给英国一些中小型生产商带来不少经营压力。

（四）欧洲移民与英国就业

欧盟统一市场中的一大原则就是人员的自由流动，欧盟内很多成员国家经济低迷、债务缠身，保障社会就业和福利的财力远远不足，因此导致劳动力向就业环境更好、社会保障更完善的国家和地区流动。

相比较而言，近年来在实现经济复苏方面，英国保持了较为稳健的趋势，且就业环境较好，社会福利制度较完备。因此，大量东欧、南欧国家的移民不断进入英国谋求生计，从而使得移民人口占英国总人口的比例不断攀升。这些移民的涌入对英国本土低技能就业机会形成了挤占，也让医疗、教育等社会公共资源变得更加紧缺。因此，在支持脱欧的人群中，很多是由于移民的大量涌入而自身生活切实受到影响的中下层民众。

（五）欧洲一体化与民粹主义

"英国脱欧"更深层次的经济和社会根源则在于由全球化与欧洲一体化进程所造成的社会不平等与社会分化。英国面临的社会分化问题同样严峻。据统计，英国最富裕的20%人口和最贫困的20%人群之间的财富差距是欧盟中最严重的三个国家之一。近年来，卡梅伦政府采取一系列政策措施来应对债务危机，其中包括调整税收政策、削减社会福利等，加剧了社会阶层之间的不平等，使得英国贫富差距的扩大速度比20世纪80年代还快。根据英国经济学家的研究结果，至2015年，英国最贫困家庭的平均收入下降了12%，而次富裕家庭的收入仅下降3%。英国的社会分化为极端政党鼓吹民粹主义提供了空间。在2014年欧洲议会选举中，疑欧的英国独立党获得了超过20%的选票。此次公投，疑欧和脱欧力量正是抓住了民众在一体化面前的不安全感，承诺控制边境、减少移民、保护英国民众的就业机会，进而争取支持。

二、英国脱欧对欧洲的经济影响

（一）英国脱欧对欧盟财政预算体系产生影响

成员国缴纳欧盟"会员费"以及欧盟财政向低收入成员国倾斜的政策是英国脱欧的直接导火索。基于成员国国内生产总值征收的税金是欧盟预算的主要来源之一，而欧盟预算主要用于支持农业和农村发展，此外，贫困地区的区域融合项目也是欧盟预算的主要开支。因此，欧盟财政预算存在国家收支不一致的现象。而英国是欧盟最大的经济体之一，人均收入也高于欧盟平均水平，在欧盟财政预算体系内，英国是净支出的财政贡献者。因此，英国的退出必然会对欧盟预算产生一定的影响。

表 5 - 3 　　　　　　　　2014 年欧盟预算在英国的收支　　　单位：10 亿欧元

	支出
共同农业政策	3.952
地区政策	1.723
竞争力基金	1.023
其他	0.286
欧盟在英国的支出	6.985
	收入
传统自有资源与关税	2.731
增值税贡献	2 933
基于成员国国内生产总值的贡献	14.525
返还值	-6.066
公平与国内事务调整	-0.050
英国对欧盟的总捐款支出	14.072

资料来源：欧盟委员会。

英国对欧盟财税的影响分为两个方面。一方面，英国脱欧将加重德国、法国等主要成员国的财政负担。从表5-3可知，2014年英国对于欧盟的总贡献为140亿欧元，但是除去英国通过地区政策、竞争力基金等欧盟政策中得到的调节性收入近 70 亿欧元，英国在 2014 年对于欧盟的净捐款金额约为 70 亿欧元。因此，英国脱欧之后，在不减少外部性支出的假设下，欧盟预算缺口将由德国、法国为主的各国分摊，从而进一步加重各国的财税负担。另一方面，英国与欧盟未来的经贸关系可能降低欧盟对各成员的财政摊派。脱欧后，英国对欧盟预算的贡献将会从政府转移转为出口关税。例如，如果英国离开单一市场，并根据世界贸易组织规则向欧盟出口产品并缴纳相应关税。或者，英国如果以欧洲经济区成员的身份与欧盟成为贸易伙伴，英国对于欧盟业务的贡献将会列入欧盟预算中的"其他收入"中的一部分，从而将降低欧盟对其他成员国的摊派。

英国脱离欧盟财税体系的时间尚未确定。依照欧盟的预算周期，以及英国退出欧盟的谈判，预计将持续至少两年以上。欧洲有关智库认为，为防止政策真空带来的混乱，英国可能在 2021 年退出欧盟预算，以确保欧盟资助项目的可持续性和国内区域发展补助金的空白。

对于欧盟而言，英国脱欧将推动欧盟有关财政预算体系的改革。目前，持久的移民问题，欧债危机对经济的重创，使得欧盟预算已经接近极限，也失去了应有的"灵活性"。脱欧的问题为欧盟大幅修改预算安排提供契机。欧盟该考虑如何发展真正的自有资源，建立一个兼顾公平与效率，改善成员国直接的横向关系，构建更加清晰、有效的预算体系。

（二）英国脱欧将不利于欧盟对外贸易投资

脱欧将影响欧盟和英国之间的贸易与投资。首先，欧盟投资吸引力因缺少英国而下降。英国是全球第五大经济体，GDP 占欧盟的 1/6；双方保持密切的贸易合作关系，欧盟其他成员国约 1/10 的出口目的国是英国，而英国近一半的出口目的地是欧盟。其次，监管的分歧将影响双方的贸易投资规模。经贸关系的重新缔结将导致英国在市场准入、监管制度等方面形成新的制度安排。相对于欧盟其他国家，英国倾向于更加宽松和自由竞争的监管环境，双方监管分歧可能会随着时间的增加而增加，影响双方的贸易投资规模。最后，对于欧盟而言，英国是具有绝对权重的政治贸易谈判砝码，失去英国的欧盟在对外贸易投资谈判中，将不再是那么具有吸引力的合作伙伴。

（三）新欧盟国际金融中心：竞争与成本

首先，伦敦的成功经验难以复制。作为欧洲的国际金融中心，伦敦是

147

连接欧洲和外部的重要"门户"。由于内在的优势和大量的金融和专业服务网络，伦敦被视为欧洲领先的国际金融中心的成功经验难以复制。除了大量的资本市场交易业务，欧元区近70%的欧元货币市场业务也是在伦敦实现交易的；英国向欧盟出口的金融服务总量占其服务出口的1/5，约230亿美元；此外，在欧盟成员国中，英国对外提供的金融服务在国际市场上的占比最高（见表5-4）。其次，欧盟需要建立新的国际金融中心提供金融服务。与英国推崇金融自由竞争的理念相比，欧洲大陆国家的金融体系相对封闭，金融监管也更加严格。然而，现有的欧盟法规很难继续让脱离欧盟的伦敦为欧洲市场服务，特别是（但不仅仅）零售银行和欧元交易。最后，大量的搬迁和金融中心的转移将产生大量的成本。欧盟一些企业可能搬到欧元区的金融中心或分散到欧洲各地。尽管巴黎、法兰克福、柏林等多个城市都可能成为下一个欧盟的国际金融中心，但承担国际金融中心业务的竞争意味着业务质量的下降和新的成本。因此，虽然一个或两个中心可能最终受益，但欧盟的企业和家庭都将承担金融中心转移带来的各项成本和费用。

表5-4　　　　2012—2013年欧盟主要国家在国际金融市场的占比　　　单位:%

	英国	法国	德国
跨境银行贷款	17	9	9
外汇交易	41	3	2
外汇交易衍生品	7	——	8
利率 OTC 衍生品	49	7	4
对冲基金资产	18	1	——
PE 投资价值	10	5	2
资金管理	8	3	2
海运保险	22	4	5

资料来源：Kannoo（2016）。

在金融服务领域，英国离开欧盟同样带来很大的损失。其中，受打击最严重的是英国大型综合金融机构。离开欧盟的单一市场，意味着这些大型综合金融机构无法继续整合在各国的金融服务资源。若想开展欧盟业务，需要获得各种金融许可、分散其业务、分散其资本，并在欧盟内分别创建机构，并从事被许可的业务。因此，英国迫切需要仔细考虑有关内容，并与欧盟达成新的协议，而这一过程必然需要面对欧盟在与英国签订特别协议方面存在的敌意。

（四）英国脱欧对欧盟各成员国的影响不尽相同

由于英国与欧盟各成员国的经济联系紧密程度不同，英国脱欧对于欧盟各成员国的影响有所差异。

英国脱欧对德国的冲击主要表现为经常项目方面。2013 年德国与英国的进出口贸易总额约为 1 280 亿欧元，德国获得的贸易盈余超过 280 亿欧元，是英国最大的进口盈余国家。英国脱欧可能引起的经济放缓以及双方贸易规则的重新修订，可能导致德国投资需求下降而引起经济增长的放缓。Ferdinand 等（2016）预测称，受到脱欧影响，德国经济增长速度将有所放慢，2017 年经济增长预期比原来预测的增速降低 0.3%。除了将承担更多的欧盟预算支出，英国未来经济前景的不确定性也对德国有着显著影响。英国脱欧影响最大的国家可能是荷兰、爱尔兰和塞浦路斯，这三个国家与英国有着非常紧密的贸易、投资和金融联系。例如，各国统计数据显示，2014 年，荷兰与英国是欧盟成员国之间最大的金融投资伙伴，相互的国际投资头寸余额占比均列欧盟各成员国之首。而就意大利而言，由于与英国直接贸易关系较少，意大利在经济上受到英国的直接影响则相对较小。

三、英国脱欧或将延长欧元区量化宽松政策时限

综合上述，英国脱欧可能将延长欧元区量化宽松货币政策的实施时间。货币政策的调整主要是基于通货膨胀率的变化，而影响通货膨胀率的各种因素都可能成为改变货币政策调整的原因。英国脱欧对于欧元区货币政策调整的影响主要可以归纳为以下几点。

（一）投资欧盟的不确定风险增加

一方面，脱欧进展尚未明确。目前，由于政府和议会干预脱欧权利的分歧，英国如何启动脱欧的法律程序尚未完全确定。此外，根据《欧盟条约》第 50 条，英国与欧盟解除成员国关系，英国如何重新达成与欧盟的关系也有待进一步观察。

另一方面，并不确定欧盟会对英国采取何种"报复"行动。以往外界投资欧盟的原因是其稳定的政治经济环境，而众多不确定因素的存在使得

出现系统性风险的可能性有所增加。因此，当脱欧事件出现发酵时，不确定局面可能引起大量资金出于避险的需求离开英国和欧盟，使欧盟面临流动性不足的风险。例如，尽管英国金融体系的抗冲击性在金融危机之后得以提升，在英国"脱欧公投"时期，IMF认为"行业的关联性特征（Interconnectedness）可能将扩大冲击，并将某个子行业的压力转变成为系统性压力。"因此，不确定风险的增加将使流入欧盟和英国的长期投资资金有所放缓。

（二）预期双方经济增长均有所受累

从上述分析可以得知，英国脱欧将对欧盟各国和英国均有不同程度的影响。目前，大多数国际研究机构认为，英国脱欧存在巨大的长期净经济成本，但是经济影响可控，并且，欧盟的经济损失要小于英国。因此，英国脱欧对于欧元区经济前景存在影响，延长量化宽松货币政策的实施期限。

（三）脱欧"示范效应"将增加欧元区的政治风险

当前，由于经济的衰退和社会福利的下降，导致南欧地区的右翼政治力量增强，而英国脱欧给出了离开欧盟的示范，这种政治传染在意大利尤为突出，市场对于前不久的意大利公投给予了极大的关注。这种"示范效应"将在一定时期长期存在，一定程度上增加了欧元区分裂的政治风险，是经济增长的巨大隐患。

第五节 欧元区量化宽松政策的未来发展趋势

一、欧洲主要事件的发展态势

（一）欧洲主权债务问题尚未彻底解决

欧元区各国的政府债务杠杆率正在缓慢调整中。欧债危机之后，欧元区高债务国家采取了财政整固，大规模压缩了社会福利支出；由于经济的衰退和银行业出现的问题，不少国家对于私人部门仍然给予了一定的财政支持。总体而言，欧元区政府赤字水平整体下降明显，政府支出增长速度有所放缓，自2015年以来，欧元区整体政府债务占GDP比重处于缓慢下降的态势。在2012—2017年第三季度期间，欧元区的平均赤字水平由

3.6%下降至 -0.9%；尽管平均财政支出水平从49.7%微降至47.1%，由于经济低迷的原因，欧元区财税收入一直在46.1%的水平上下波动，没有形成很好的增长趋势。在这样的条件下，政府债务占 GDP 的比重，从2012年的89.5%缓慢下降至2017年第三季度的88.1%。从各国情况来看，欧元区各国处于显著不平衡状态，德国、芬兰、荷兰等国财政状况维持情况较好，爱尔兰财政状况明显好转，意大利、葡萄牙、西班牙、希腊等债务危机国家仍然没有摆脱政府债务高居不下的局面，其中希腊政府债务占比已经达到177.4%；而比利时、法国的财政状况情况也不乐观（见表5 - 5）。综合上述，尽管欧洲债务危机基本缓和，但是不排除特殊事件再次引发危机的可能。

表5 - 5　　　　　　　欧元区主要国家的政府债务杠杆率

（债务占 GDP 比重情况）　　　　　　　单位:%

	比利时	德国	爱尔兰	希腊	西班牙	法国	意大利	荷兰	奥地利	葡萄牙	芬兰
2012	104.1	79.9	119.5	159.6	85.7	89.5	123.3	66.4	82.0	126.2	53.9
2017Q3	107.0	65.1	72.1	177.4	98.7	98.4	134.1	57.0	80.4	130.8	60.4

资料来源：欧盟统计局。

（二）英国与欧盟未来的关系尚未明朗

英国与欧盟未来的政治经济关系存在着"悖论"，即英国在政治上独立，经济上则面临更多的壁垒与更大的损失，对于欧盟的冲击也更大。如果选择最为接近欧盟成员国的模式中，英国并不能解决与欧盟之间的政治分歧，因此，只有一个更加宽松的贸易投资关系，才能为英国提供更多的灵活性和自主性。这种贸易投资关系的缔结将花费长时间的谈判，存在诸多的不确定性。目前，双方已经确定了为期两年的过渡期，2018 年 2 月 28日，欧盟发布了英国"脱欧"协议草案，但是对于北爱尔兰的关系问题以及分手费的支付方面出现分歧，英国首相断然拒绝了这一草案。因此，"脱欧"仍然处于艰难的谈判阶段，未来的不确定因素仍然较多。

尽管当前二者之间的关系尚未明确，但英国和欧盟之间的制度安排应处于以下几种情况之一。一是挪威模式，作为欧盟自由贸易协会的成员，挪威、冰岛和列支敦士登同样也是欧洲经济区的成员，因此也被包含在欧洲内部市场之中。欧洲经济区是一个深度的自由贸易区域，并且已经将区域扩展到这三个国家。它保证了货物、服务、人员和资本的自由流动。然而，参与内部市场不是免费的。欧洲经济区的国家受到欧盟内部市场规则的限制，但它们没有制定规则的话语权。另外，欧洲经济区的国家在欧洲议会上是没有任何影响力的。

二是瑞士模式，瑞士与欧盟之间的关系受到 1972 年《欧洲自由贸易协定》和一系列双边贸易的监管，瑞士的欧盟一体化情况远低于 EEA（欧洲经济区）所达到的水平。特别是，欧盟与瑞士未能达成服务的自由流动。英国可能想要与欧盟在金融和商业服务领域开展更广泛的合作。然而，以"申请人"的立场进行谈判是不强势的。

三是土耳其模式，土耳其模式被视作有特权的合作伙伴关系。此模式对于英国来说一个重要的优势就是货物仍然可以自由流动。然而，人员、服务和资本的自由流动不包含在内。英国的服务部门，特别是金融业将会排除在欧盟内部市场之外。为了解决这个实质性缺点，英国不得不与欧盟重新协商服务和资本的自由流动，除了关税同盟。

四是世贸协定模式。英国在世贸组织的会员地位将会继续作为脱欧事件中的最后让步。世贸组织成员在最惠国待遇的基础中只提供了有限的进入欧盟内部市场的机会。这意味着英国在此情况下的市场准入同其他世界贸易组织国家是一样的。不过，最惠国待遇原则保证了英国可以不被征收更高的关税壁垒。

（三）意大利政治和金融风险加剧

首先，意大利脱欧前景堪忧。意大利公投失败之后，支持脱欧的五星运动党可能成为执政党，从而加剧了意大利脱欧的不确定性。而在公投之前，意大利民调显示，约 28% 的民众支持脱欧，这一数字比英国脱欧前略低。由此，欧元区的统一货币前景岌岌可危。

其次，意大利银行体系的不良资产不断上升。由于欧债危机的影响和三年的经济衰退，私人部门的债务负担逐渐加重，违约风险也更加显著。根据意大利官方数据，截至 2016 年 3 月，意大利银行的不良贷款率为 18.1%，不良贷款率的总额是 3 170 亿欧元（也有数据称是 3 600 亿欧元）。在 2011 年和 2013 年银行业亏损额均超过 200 亿欧元，2015 年末的资产规模约 3.91 万亿欧元，较危机之前相比增长非常缓慢。

最后，意大利经济复苏前景和金融体系修复前景脆弱。官方数据显示，尽管还没有恢复到危机之前的情况，自 2015 年以来，意大利的经济出现了恢复性增长，各项经济指标均比前几年有所改善。但是由于当前政局再次出现不稳定的情况，经济复苏前景可能受阻。与此同时，意大利的银行业存在的问题并没有得到实质性的改善，政局不稳、经济复苏回落等现象不利于问题银行的救助和整体银行业的恢复。

（四）欧盟一体化前景难料

欧债危机以来，德国、法国的意见分歧，英国与德国、法国矛盾的激化，乌克兰问题和难民问题等各种困难困扰着欧盟，欧盟一体化前景举步维艰。由于德国在财政方面的坚持，欧盟国家开始出现"离心德国"的迹象，以至于出现希腊退欧危机、英国退欧事件，以及意大利公投事件，以及未来可能出现新的退欧危机。目前，多数在过去主张加入欧盟或欧元区的国家均明确表示暂停该项计划，昔日团结、一致的欧盟正深陷入分崩离析的危机之中。此外，欧债危机使得中东欧国家意识到过度依赖西欧国家具有严重的脆弱性，中东欧国家对于欧盟未来前景存在悲观情绪。

如果上述事件导致欧元区有爆发系统性风险的可能，那么，欧洲中央银行不会坐视不管。在金融危机之后，欧盟的监管体系发生改革之后，欧洲中央银行已经在宏观审慎管理方面占据重要地位，它对欧元区金融稳定具有不可替代的作用。在欧债危机爆发之后，欧洲中央银行的一系列非常规性货币政策已经说明了这一点。欧洲中央银行将会通过银行间市场向整个金融体系注入流动性，扩大对政府债券的购买，启动长期再融资操作计划、购买担保债券计划等，一系列操作工具都有可能。

二、欧洲的通货膨胀和经济增长前景

2016年下半年以来，IMF调低了欧元区未来两年的经济增长预期，认为该地区2017年的经济增长预期约为1.4%。IMF认为，英国脱欧带来的溢出效应、难民激增、安全风险增加以及银行业问题，都可能给该地区的经济增长带来不利影响。英国脱欧对于欧元区的冲击在2016—2017年可能相对小于预期，欧元区经济增长有所复苏，但是，欧元区整体仍然处于相对低迷的状态，主要问题在于欧元区内部的经济结构。

投资不足以及外围国家劳动生产率低下是欧元区增长乏力的主要原因。在物价指数方面，尽管全面量化宽松促使欧元区的通货膨胀率有所上升，但距离期望的2%还有差距。对此，2010年欧盟提出了"欧洲2020的增长战略"；"容克投资计划"也于 2015 年开始投入运作。此外，欧元区各国开始建立新的企业成本管理体系，修改能源、交通行业等市场准入和监管办法，促进欧盟单一市场的形成。这些结构性改革旨在建立更具吸引力的投资环境。然而，经济结构改革想取得成效并非一日之功，外围国家离实现真正的单一市场还存在不小差距。目前已经出台的各种增长和投资计划大都悬而未决，银行业的结构性重组仍需加强，实现经济稳定增长的链条尚未形成。尤其令人担忧的是，欧元区财政紧缩政策的力度在外围国家几近极限，这一窘迫的局面将对欧元区经济增长产生持续的影响。

三、与主要经济体的贸易投资关系

（一）欧洲与美国

长期以来，欧洲经济金融形势与政策主要受制于美国，欧洲中央银行利率的回调再次验证了欧美货币政策的联动性。如果欧洲局势得以平稳过渡，而美国经济的复苏又推动欧洲贸易出口的增长，欧洲经济衰退的局面将得以遏制，而欧元区内的脱欧事件得以平息，那么欧洲中央银行的量化宽松政策会在美国加息的一定时间后随之结束。

（二）欧洲与中国

中国作为第二大经济体，与欧盟保持着密切的贸易关系。在中国提出"一带一路"倡议之后，欧洲从自身利益出发，积极寻找与中国相互配合的合作机制。除了加入亚洲基础设施投资银行以外，欧盟还提出"容克"投资计划与中国"一带一路"倡议相互结合的构想；为了实现这一对接，双方决定建立中欧共同投资基金等；此外，我国已与欧洲着手制定能源领域合作路线图、深化信息通信技术领域对话与合作，能源、环境、基础设施等领域开展合作，等等。中国的经济增长以及是否能与中国的贸易投资合作取得突破性进展，均会影响着欧洲经济前景。

（三）欧洲内部

最后，作为多国统一的中央银行，欧洲中央银行的货币政策决定还需接受各国分歧的考验。随着美国经济的转暖，以德国为首的中心国家经济复苏局势将随之逐步增强，从而带动欧元汇率的走强。而欧元区统一的货币政策基于经济存在异质性的不同国家的平均水平而制定的，欧元区外围国家必将在经济尚未复苏的情况下被动接受逐步走强的欧元。目前，根据各国中央银行数据，2016 年德国经济增长率达 1.9%，这是德国近五年来的最强增幅；而作为欧元区第三大经济体，2016 年意大利经济增长率为 0.9%，意大利政府在 2017 年以来多管齐下维持缓慢增长；作为经济恢复最为强劲的西班牙而言，2016 年西班牙经济增长 3.2%，2017 年基本继续维持相对较好的复苏趋势，同比增长约 3.1%。但是，2018 年以来，西班牙经济由于加泰罗尼亚地区局势以及内部金融风险问题，经济增长前景相对堪忧，IMF 下调西班牙经济增长约 0.1 个百分点，至 2.4%。

四、欧元区未来货币政策展望

随着欧元区经济复苏形势转好，欧元区量化宽松政策的转变存在可能性，但是具有诸多不确定和冲突。

一方面，根据欧元区中央银行数据，2017 年欧元区的通货膨胀率为 1.7%，而 2016 年第四季度的经济增长达 1.8%，这为欧洲中央银行进一步调整货币政策提供了可能。另一方面，以意大利为代表的南欧国家金融体系风险突出，脱欧对欧盟的负面影响存在，以及欧元区经济增长形势脆弱，未来一定时期内，欧元区或将维持量化宽松政策或者非常规性的宽松货币政策。然而，各国经济差异突出是货币政策调整的突出问题，如果德国不能以通货膨胀换增长，外围国家就需要忍受经济低迷之下的相对紧缩的货币政策；加之当前欧元区分裂的政治风险增强，欧元区各国的矛盾将进一步加大，并可能出现恶化。

根据 2018 年 1 月的货币政策决定，欧洲中央银行维持资产购买计划，每月已降至 300 亿欧元，并承诺持续到 2018 年 9 月或者更长时间，直至看到持续调整通货膨胀的路径。可见，随着欧洲经济的明显复苏，欧元全面量化宽松政策已经开始逐步收缩。但是，通货紧缩的出现和危机中出现的错误判断，使得欧洲中央银行对于政策收紧将非常谨慎。第一，可以明确的是，如果经济持续回暖，欧洲中央银行将进一步收缩甚至停止资产购买计划，而前瞻性指导以及资产购买计划已经成为未来欧元区缓解零下限约束的工具。第二，对于负利率而言，尽管使用负利率有着一定的成本，并只能获得适度的利益（伯南克，2017），例如由于利率过低导致私人部门对于高风险资产的追逐，欧元区已经成为全球资产套利的主要地区（刘元春等，2017），负利率对于固定资产收益率以及中长期基准利率产生负面影响（周莉萍，2017），而关于现金的选择以及对银行利润率的影响将限制负利率的好处（耶伦，2016）。但是对于经济开放程度较高的欧洲而言，负利率的存在有助于欧元贬值趋势，因此，欧洲中央银行对此将会非常谨慎。第三，从欧洲近期对于合格抵押品范围的调整推断，欧洲中央银行未来可以通过收缩合格抵押品范围的方法，控制临时交易的信贷规模与风险。

此外，除了需要考虑继续实施量化宽松政策对核心国家通货膨胀的影响以外，欧洲中央银行何时退出量化宽松政策、收缩过于扩大的资产负债表等问题，都将面临各国政府的争议和妥协。

第六节　欧元区量化宽松政策的外溢效应

一、延缓全球经济的再平衡

欧元区的经济复苏历程反映了世界经济面临着新的矛盾，即发达经济体呈现相对独立化的特征或全球呈现出一定意义上的"去全球化"趋势。解决这一矛盾亟待全球经济治理改革加速进行。

从经常项目来看，欧元汇率贬值有利于欧元区的出口贸易。例如，得益于美国经济的复苏和欧元的不断贬值，德国对美国的经常项目盈余迅速扩大，欧元区的经常项目盈余一度达到 4 000 亿美元，超过中国的最高历史水平。与此同时，美国的贸易赤字自 2009 年之后出现缓慢增加的趋势。在资本项目方面，2014 年第四季度，欧元区对外证券投资的净资金流出达 1 350 亿欧元，创历史最高纪录；2014 年第三、第四季度的数据均显示，欧元区的资金主要流向了美国、英国和加拿大。因此，无论从经常项目还是资本项目来看，全面量化下的欧元贬值将延缓全球经济的再平衡。

二、强化发达经济体"去全球化"趋势

自国际金融危机之后，以美国为首的发达经济体系受到重创，竞相贬值的汇率政策促使贸易保护主义重新抬头。回顾历史，在经济萧条阶段，当美元升值威胁经济增长和就业形势之时，美国的贸易保护主义便随之加剧。一方面，美国以重新制定全面贸易规则为由排斥以中国为首的新兴市

场经济体；另一方面，欧美由于国内经济增长形势严峻而矛盾重重。对于欧元的大幅贬值，美国并不急于调高利率，而是调低经济增长预期，同时催促德国刺激国内消费。特朗普政府上台之后，美欧之间同盟关系似乎有所弱化，美国独立化趋势较为明显，美国政府各项政策特立独行，甚至不断挑战现有的贸易、投资和金融秩序。2018 年 3 月，特朗普政府对钢铁和铝征收 25% 和 10% 的特别关税，实际上对于德国、意大利等国的钢铁行业也是重要的负面冲击。与此同时，欧洲对于中国贸易制裁、否认中国市场经济地位以及否决中国在欧的投资与收购等行为的频频出现，也反映出"去全球化"趋势的蔓延。

三、对中国的影响

（一）加剧双方产品竞争

在贸易方面，欧元贬值的影响可以归结为中欧出口竞争加剧。以德国为主的欧洲国家的国际竞争力主要集中在中端型资本与技术密集型行业。随着近年来我国产业升级的加快和研发投入的增加，我国与欧盟国家的产品贸易结构有所靠近，价格竞争便显得更加重要，即便在信息通信技术领域也是如此。因此，加剧的市场竞争需要我国加大供给侧结构性改革，把提高供给体系质量作为主攻方向，支持传统产业优化升级，加快发展现代服务业，瞄准国际标准提高水平，促使我国产业迈向全球价值链中高端。

（二）考验我国短期资本流动管理能力

一方面，欧元贬值和收益率下降，有利于我国充分利用国际资源来缓解国内的融资难问题，也有助于我国企业"走出去"，进一步扩大对欧洲的直接投资输出和全球资产配置的实现。有关数据显示，2014 年中国企业对欧非金融类直接投资达 98.48 亿美元，增长 117.7%。2015 年上半年，中国内地企业已发行了近 30 亿美元的欧元债券。另一方面，欧元和英镑贬值导致欧洲的资本流出，美元升值吸引资本回流美国，这两大因素决定了我国未来将面临跨境资金频繁流动，从而对我国的金融监管以及如何实现全面开放新格局提出挑战。

（三）有利于人民币国际化

在人民币国际化方面，欧元吸引力的下降为扩大人民币在中东欧地区的使用提供可能。要发挥人民币国际化在中东欧金融合作中的作用。在中国与中东欧的贸易投资活动中逐步加大人民币结算比重，探索人民币中东欧合作基金，推进人民币与中东欧国家货币直接交易业务。此外，扩大与中东欧国家的货币双边互换协议，支持中东欧国家在华境内发行人民币债券，在基础设施投资中更多地引进跨境人民币信贷，在条件成熟的情况下推出 RQFII 在中东欧的试点工作。

（四）为"一带一路"倡议提供结构性机遇

美国和欧盟关系的相对弱化，以及美国和欧洲各自独立化发展态势，使得未来欧洲经济一体化的进程可能被缓释，全球经济治理的必要性和急迫性进一步加强，贸易、投资、金融等秩序亟待新的合作与协调。化解这一系列的矛盾，我国需要依照"构建人类命运共同体"理念，在"一带一路"倡议引导下，主动参与和推动经济全球化进程，积极参与全球经济治理改革，推动经济全球化朝着"开放、包容、普惠、平衡、共赢"的方向发展。

第六章 全球量化宽松政策及其退出的影响：基于理论的分析

量化宽松货币政策的最终目的是刺激经济复苏，当经济周期进入下行期，投资需求、消费需求低迷时，为刺激经济，政府不断降低利率，利率降至零时，仍无法促进投资，货币政策陷入"流动性陷阱"。此时，不得不采取量化宽松的货币投放，通过购买国债或金融机构债来扩大政府赤字、增加信贷投放量，以此刺激经济，熨平经济波动，消除增长缺口。

量化宽松货币政策最初始于19世纪30年代美国大萧条，属于凯恩斯经济学派主要思想，21世纪从日本缘起。面对本轮经济危机，美国、日本、欧洲等经济体普遍实施量化宽松货币政策，应对危机，在经济金融全球化的今天，国与国之间经济贸易往来、金融市场等紧密相关，量化宽松在刺激本国经济的同时，对他国经济和政策形成外溢效应。

党的十九大报告指出，"坚决打好防范化解重大风险的攻坚战"，"有效维护国家安全"。金融安全，是国家安全的重要组成部分，是经济平稳健康发展的重要基础。2017年4月，习近平主席在第五次全国金融工作会议上强调，要把主动防范化解系统性金融风险放在更加重要的位置，科学防范，早识别、早预警、早发现、早处置，着力防范化解重点领域风险，着力完善金融安全防线和风险应急处置机制。当前和今后一个时期，我国金融领域尚处于风险易发高发期，既要防止"黑天鹅"事件发生，也要防止"灰犀牛"风险发生，涉外金融要注意国际经济复苏乏力，主要经济体政策外溢效应等使我国面临跨境资本流动和汇率波动等外部冲击风险。当前的世界经济格局仍然是延续缓慢复苏态势。其中，不稳定因素主要是大国货币政策、贸易投资格局和大宗商品价格。伴随美国经济复苏，美联储决定从2014年开始逐步退出量化宽松货币政策（以每月100亿美元的规模削减量化宽松），同时加强对超低利率政策前瞻性指引（政策利率很可能在失业率跌至 6.5% 的临界值之后的相当长时期内仍然保持在低位）。这标志着全球经济已经正式进入"后 QE 时代"。量化宽松货币政策走势对我国开放经济会产生怎样的影响？中国应如何应对？已成为当前急需明晰的重要问题。

第一节　量化宽松政策外溢效应机制分析

量化宽松政策外溢主要是对新兴经济体的经常项目和资本项目，通过汇率、利率和资产价格渠道产生影响和冲击。

一、经常项目传导机制分析

量化宽松货币政策通过国际贸易等经常项目对他国经济形成溢出效应。在经济萧条量化宽松推出时，一方面，促进需求增加，不但维稳本国经济，拉动本国需求和投资，也促进他国出口，形成一种"共同繁荣"现象；另一方面，金融市场本币投放增加，本币贬值，有利于本国出口，抑制他国出口，成为一种"以邻为壑"的政策。这两种效应同时发挥作用，其相对影响强度将取决于具体出口商品对于汇率波动的敏感程度以及本国的收入分配结构等因素。危机后，量化宽松虽促进了发达经济体经济增长，在一定程度上促进了进口增加，但发达经济体再工业化、重整制造业、出口导向占据主要战略地位、贸易保护主义重新抬头、美元等货币的贬值削弱了发展中国家出口的增长，量化宽松政策在国际贸易方面对发展中国家正效应有限。

二、资本项目传导机制分析

量化宽松货币政策也通过利率汇率渠道、资产价格渠道、托宾 Q 渠道资本项目，对新兴经济体国家经济形成巨大的溢出效应。

（一）利率、汇率渠道传导

根据利率平价原理，套利者在比较金融资产的收益率时，不仅考虑两种资产利率所提供的收益率，还要考虑两种资产由于汇率变动所产生的收益变动。发达经济体实施量化宽松，货币投放量增加，货币贬值，基准利率接近零，甚至负利率，债券市场收益率不断走低，本国利率与他国利率形成利差，资金流向高收益的发展中国家进行套利套汇。

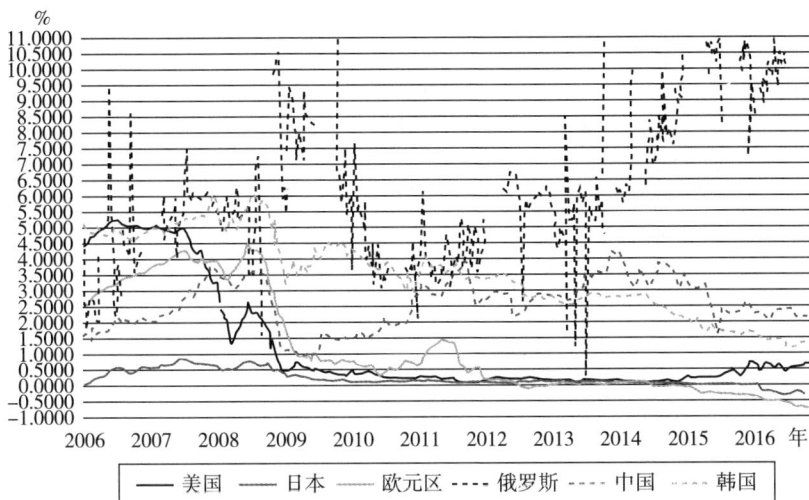

资料来源：Wind。

图 6 - 1　2006—2016 年发达经济体和新兴经济体国家 1 年期国债收益率比较

从利率方面来看，美国、日本、欧洲等经济体实施量化宽松货币政策，市场利率不断走低，甚至为负。

自 2009 年 3 月起，美联储将联邦基金利率保持在 0 ~ 0.25% 的超低区间，并不断向市场注入大量资金，连续推出了四轮量化宽松货币政策，其 1 年期国债收益率从 2007 年初的 5% 左右持续下降至 2011 年中期的 0.1%，2011 年至 2014 年末，国债收益率一直保持在 0.1% ~ 0.2% 区间，其后随着量化宽松的退出以及后期加息，国债收益率逐步上升至 2016 年中期的 0.65% 左右。欧洲中央银行依旧维持量化宽松，基准利率不断下调，2016 年 3 月，欧元区基准利率下降至零，2014 年 6 月，其公债收益率进入负利率区间，2016 年 7 月、9 月与 10 月议息会议均决定维持货币宽松力度，将主要再融资操作利率、边际贷款便利利率和存款便利利率分别保持在 0%、0.25% 和 -0.40%。日本政府从 2008 年 8 月起四次出台经济刺激对策，日本银行数次下调利率，利率水平接近零且长期保持不变，其 1 年期国债收益率从 2015 年 11 月已开始由正转负，到 2016 年 2 月，5 年期和 10 年期长期利率均进入负利率区间，日本正式进入负利率时代。

从汇率方面来看，美联储量化宽松政策的推出，致使美元对中国、巴

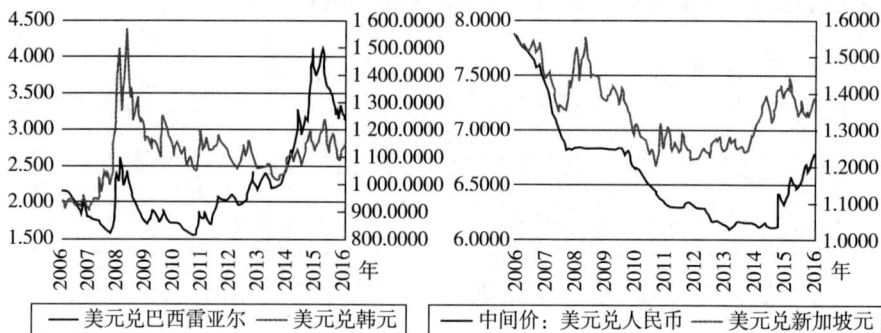

注：左图：左轴表示美元兑巴西雷亚尔，右轴表示美元兑韩元；右图：左轴表示美元兑人民币，右轴表示美元兑新加坡元。

资料来源：Wind。

图 6 - 2　2006—2016 年美元兑新兴经济体国家货币币值走势

西、韩国、新加坡等国家货币持续贬值，2014 年的量化宽松的退出，美元开始走强进入上行通道，新兴经济体国家货币币值开始走弱。

这与新兴经济体国家市场利率形成巨大的利差和汇差空间，促使资金流向新兴经济体国家，随着美联储的政策退出，资金已从这些国家流出，向发达经济体回流。

（二）资产价格渠道

量化宽松货币政策以后，美元开始走弱，一方面，以美元计价的大宗商品价格上扬，另一方面，美元资本流向全球市场，尤其是新兴经济体国家大宗商品、房地产等市场，从而推动资产价格上扬，进一步导致更多的资本流入。2008 年金融危机后，随着量化宽松的推出，美元贬值，大宗商品价格一路飙涨，美元指数和大宗商品价格反向变化。2009—2012 年，由于经济低迷，市场对大宗商品的需求减少，没有经济基本面的支撑，大宗商品价格下行，美元指数与大宗商品双双大幅下滑，其后，美元指数和大宗商品成反向变化。尤其是 2014 年，美联储量化宽松退出，加息提上日程后，美元正式进入上行通道，大宗商品价格开始下降。

（三）托宾 Q 渠道

托宾 Q 值揭示了货币由资本市场作用于投资的一种可能渠道。只要企业资产负债的市场价值相对于其重置成本来说有所提高，那么，已计划资本的形成就会有所增加。美国、日本、欧洲等发达经济体推出量化宽松货

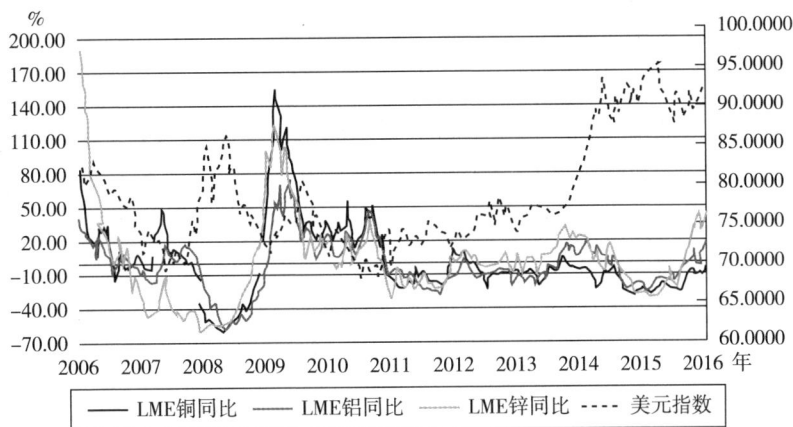

注：左轴为大宗商品同比变化；右轴表示美元指数。

资料来源：Wind。

图 6 - 3 2006—2016 年美元指数和大宗商品价格变化关系

币政策后，资金流向全球，不但推高了本国的股市、房地产等资产价格，同时，新兴经济体国家外汇占款大幅上升使得货币供应量上升，推动这些国家股票市场等各种资产价格上升，托宾 Q 上升，投资意愿上升，企业投资扩张，促进发展中国家及新兴经济体等国内投资增加，形成一种货币供应↑ → 资产价格↑ → Q↑ → 投资支出↑ → 总产出↑的传导机制，这有利于提振投资者信心，稳定国内金融体系。

三、QE 政策退出与资本流动逻辑

与量化宽松政策对新兴市场经济体的溢出效应一样，量化宽松政策退出（如美联储缩表），其政策外溢性也非常显著。新兴市场将面临更大的货币贬值和资金外流压力。以美国为例，无论是加息还是缩表，都是紧缩性货币政策，对于新兴市场经济体而言，其资本流出压力增大，推升美元走强，可能导致美国以外的市场出现"美元荒"，美元拆息进一步上升，叠加已有的加息效应，美元可能继续走强，从而使得新兴市场经济体面临更大的货币贬值和资金外流压力。

（一）资本流动逻辑

资本的天性是追逐收益，从低收益的地方流向高收益的地方，其收益可归类为金融资产收益率和实体经济投资收益率，金融资产收益率主要取

决于一国的货币投放量和利率，实体经济的收益率取决于一国的经济增长速度，最终由资本、劳动力以及技术水平来决定。

首先，在量化宽松的货币政策下，发达经济体的市场利率已经等于零或接近于零，债券市场收益率不断下降，加之本币贬值预期，而股票市场由于经济萧条，复苏的前景不明朗，与此相对应，新兴经济体相对较高的金融市场利率以及货币的升值预期，资本大量流流入。过多的流动性则成为各种资产价格上涨的推手，进一步促使资本流入。

其次，2000年以来，新兴经济体经济高速增长，危机后，其经济增速虽下滑，年复合增长率仍高于发达经济体；另外，欧洲、日本等发达国家技术在短时间内无法突破瓶颈，但人口老龄化程度不断上升，劳动人口减少，劳动力成本较高，这也促使国际资本流入劳动力成本相对有优势的发展中国家，尤其是量化宽松政策推出以后，发达国家本身投资意愿不强，更多的资本在全球范围内投资，流入劳动力成本有优势的发展中国家以及新兴经济体也就成为一种选择。

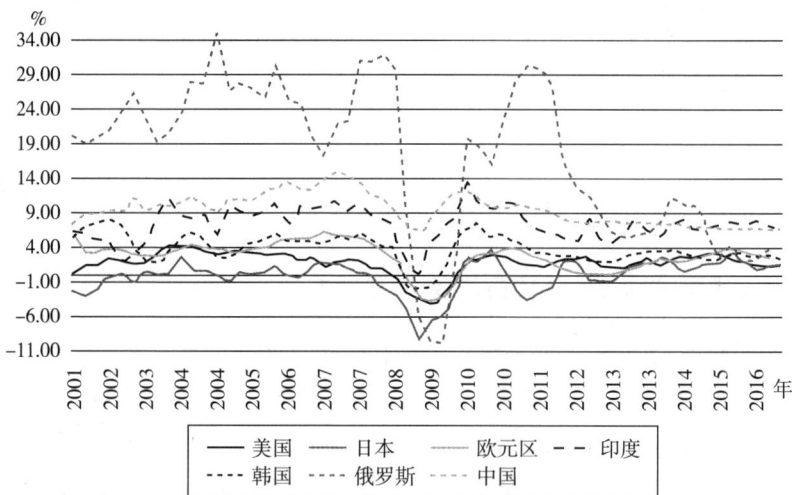

资料来源：Wind。

图6-4 2000—2016年发达国家和新兴经济体GDP同比季度增长率比较

（二）QE政策退出时机与退出影响

当经济开始真实复苏时，需考虑退出QE政策，正如量化宽松政策推出对发展中国家以及新兴经济体形成溢出效应一样，QE政策退出将对新兴经济体带来相反的影响。此次危机至今，欧元区量化宽松仍在继续，日本进入负利率时代，美国复苏最快，通货膨胀率、失业率以及劳动者参与率等指标已达美联储目标范围，美联储已退出 QE，开始缩表，2015 年已加息一次，未来加息预期在强化，另外，欧元区和日本也会随着本国经济真实复苏和经济结构的调整到位而退出 QE 政策。这将从实体层面和金融层面影响发展中国家和新兴经济体。

1. 经济层面的影响

目前，美联储已开始紧缩资产负债表，QE 逐步退出，欧元区和日本暂时虽未考虑退出 QE，只是时间问题。投资资本将通过托宾 Q 渠道向发达经济体转移，抑制新兴经济体国家投资增加。有利的一面，QE 政策退出，说明发达经济体经济真实复苏，这将一方面拉动发展中国家外需，出口增长；另一方面，将引发美元强势，引起国际市场大宗商品价格下行，增加发展中国家出口产品的价格优势，形成出口生产的扩张效应。值得一提的是，目前发达经济体的贸易保护主义又在强化，加之地缘政治冲突等各种因素，发达经济体的经济复苏带动出口生产的扩张效应可能有限。

2. 金融层面的影响

在金融层面，QE 退出，将使国内外金融市场环境发生巨大变化。首先，单从汇差层面来说，资金流动发生逆转，大量资金从发展中国家逃离，金融市场利益结构将发生重大调整。以中国为例，从 2008 年国际金融危机爆发以来，中国热钱流动与人民币汇率变动的预期存在高度相关性，美国四轮 QE 相继推出后，在美元贬值人民币升值的预期下，大量海外热钱涌入我国房地产市场和资本市场，随着 QE 政策退出后，美元进入升值通道，同时，美联储加息，我国的资金外流开始加剧。

其次，从利差层面来说，自 2015 年以来，美联储首次提高基准利率 0.25 个百分点，由 0 ~ 0.25% 提高至 0.25% ~ 0.5%，目前，美联储已摆脱零利率，进一步加息预期在强化，人民币兑美元已从升值转化为贬值，进入下行通道，金融危机后，从最低点 6.04 上升至 6.8 附近，国际热钱也在逐渐撤出中国市场。

可以说，随着欧元区和日本 QE 政策的退出，将进一步放大国际热钱流出中国的风险，这将对中国房地产市场和资本市场造成震荡，房地产市场巨大的风险将会暴露出来，国内银行体系以及整个金融体系所面临的风险会加大。

3. 货币政策失去独立性

金融危机后，新兴经济体国家也在实施宽松的货币政策，扩大货币供应量，促进本国的消费和投资，政策利率也在不断下调，新兴经济体国家QE政策的退出，以及加息预期，使中国等实行固定汇率制的国家将在维稳汇率与下调利率以刺激经济之间面临两难，这些国家的货币政策不得不考虑美联储的加息时间和加息频率，货币政策失去独立性。

对于我国来说，在人民币汇率升值预期强烈、热钱流入时期，往往我国的通货膨胀与资产价格上升较快，如果为了控制通货膨胀与资产价格，就需要加息政策紧缩货币，而一旦加息又会导致套汇、套利的热钱进一步流入，增加中央银行对冲基础货币投放的压力，最终削弱货币政策调控的效果；在人民币汇率贬值预期强烈、热钱流出期间，往往中国经济表现疲弱，如果为了刺激实体经济，就需要减息政策，放松银根，而一旦减息又会导致套汇、套利的热钱进一步流出，削弱货币政策调控的效果。

第二节 基本经验事实：后 QE 时代的 "量价齐观"

2008 年以来，美国、日本、欧洲等主要发达经济体普遍实施量化宽松货币政策，主要是通过国际贸易和国际金融渠道，形成全球流动性的冲击溢出效应。

一、货币政策走势及其分化

这里主要以数量维度下的全球流动性冲击和国际金融稳定维系来讨论全球货币政策走势、分化与影响。量化宽松退出的"发令枪"始于 2013 年 12 月 19 日，美联储宣布量化宽松从 2014 年 1 月开始减少购买（见图 6-5）。QE 货币政策，如中央银行大规模资产购买（LSAPs），是在非常规情况下，短期名义利率触及零下限（已无法再降），由中央银行直接发行基础货币，购买长期债券（主要是政府债券）。这种出于美国对维护自身利益需要的非常规货币政策对全球产生流动性冲击。政府债券作为全球安全资产的重要构成，其资产配置过程表现了（官方和私人）全球流动性变化。从数量维度看，2008 年国际金融危机后，全球流动性过剩与紧缩压力相胶着。一方面，主要发达经济体量化宽松货币政策导致全球受到流动性过剩冲击；另一方面，全球范围内的流动性紧缩压力时隐时现（见图 6－6），并且已不容小觑。尽管美国、欧洲、日本等发达经济体在货币政策调整大方向上有所趋同，但是它们渐次运用非常规货币政策走势已产生分化，这无疑会给全球经济复苏带来诸多挑战。

美联储缩表与加息并行，将收紧全球美元的流动性，抬高全球资金成本，推升美元汇率，加大人民币贬值和我国资本流出的压力，增加我国货币政策的操作难度。因此，我国应提前做好应对措施，以维护金融安全，促进经济健康发展。

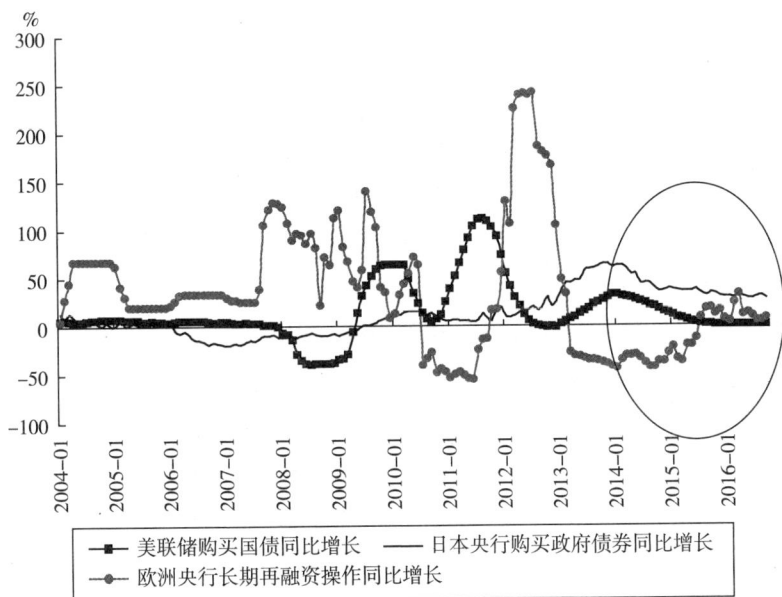

资料来源：Wind。

图 6－5　美国、欧洲、日本的量化宽松政策走势

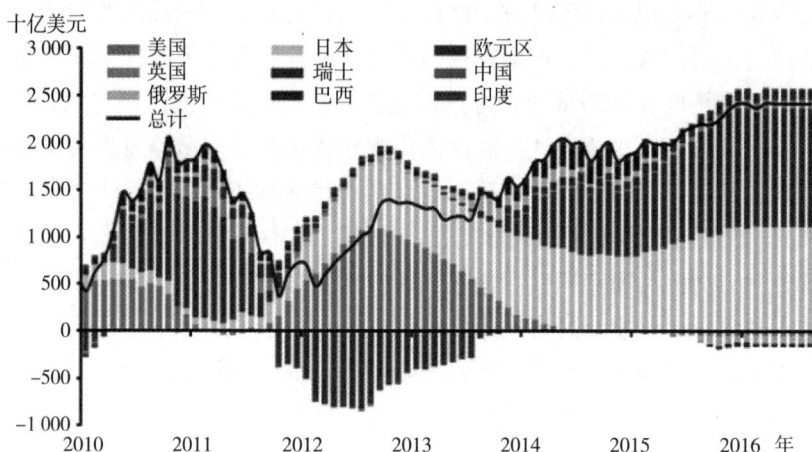

资料来源：彭博有限合伙企业。

图 6 - 6　全球中央银行资产的每月变化情况

二、长期利率分化与趋同

长期利率的分化与趋同潜在的政策含义是对部分经济体货币政策主动权的现实挑战。QE货币政策，主要是要实现长期债券价格上涨、长期利率下降，最终促进消费和投资。值得注意的是，以美联储为例，QE政策不是为了扩张其资产负债表，而是要向陷入停滞的某个信贷市场提供流动性，使得该市场可以恢复运转，将资本分配到生产性用途上，从而刺激经济。从价格维度看，与常规货币政策不同，QE货币政策更多的是通过资产价格变化传导到实体经济。目前，QE已导致美国长期债券收益率下降。结合主要经济体长期利率走势（见图6 - 7），国际金融危机后，从中国与美国十年期国债的名义收益率走势来看，在2011年以后出现了分离。这似乎为中国的货币政策预留了一定的主动空间。但值得注意的是，从实际收益率走势看，中美在趋势上基本一致，特别是2015年下半年到2016年初甚至基本重合（见图6 - 8）。这在某种程度上表明两国市场的真实联通及货币政策相互影响。2016年中国货币政策的主动权将会受到美国货币政策的影响，进而大国的货币政策及其外溢效应将成为全球失衡再平衡的关键所在。

美联储通过加息引导短端利率上行，伴随调整金融市场上的长期资产供给，对收益率曲线长端施加影响。尽管，这种"量价结合"的货币政策正常化方式，有助于纠正其收益率曲线平坦化及恢复金融市场的久期配置，但是美国利率变动对中国利率波动性及中美利率协动性具有非对称冲击效应，中美利率之间存在着协同趋势，并具有显著的波动溢出效应。

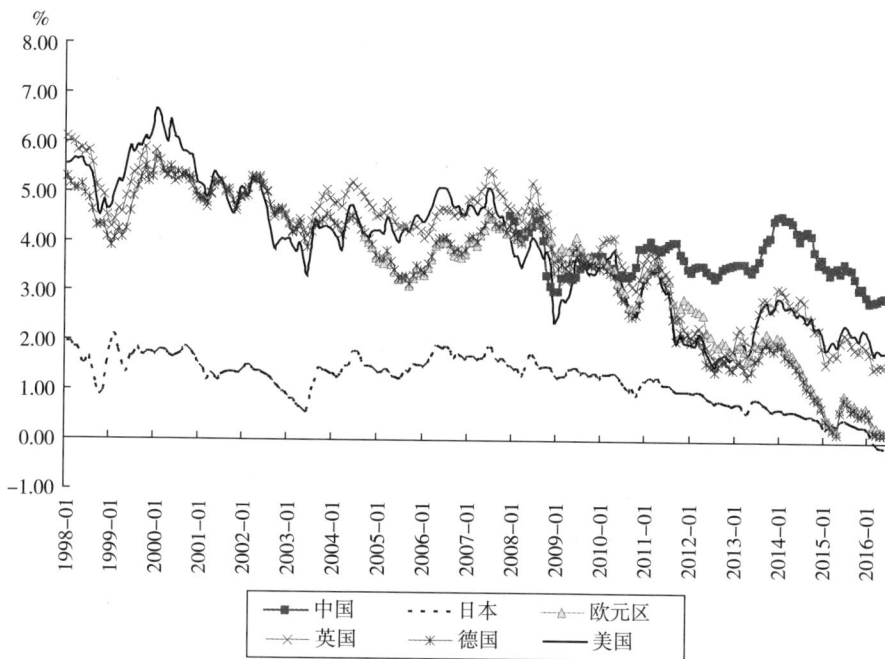

资料来源：Wind。

图 6 - 7　中国、美国、英国、德国、日本和欧元区的十年期国债收益率走势
（日度数据月均值）

三、影响的超宏观效应

在美联储政策外溢效应下，全球失衡从贸易失衡转向贸易失衡与金融失衡并存，外围经济体维护国家金融安全的压力在显著上升。从全球贸易失衡看（见图 6 - 9），其在 1998 年亚洲金融危机到 2008 年国际金融危机十年间呈现出不断放大的态势，2008 年国际金融危机后有所缓和。其中，从需求方面看，美国经常账户赤字的动态变化起到了主导作用。在概念上，全球贸易失衡是一个流量概念，与之相应，全球金融失衡（即

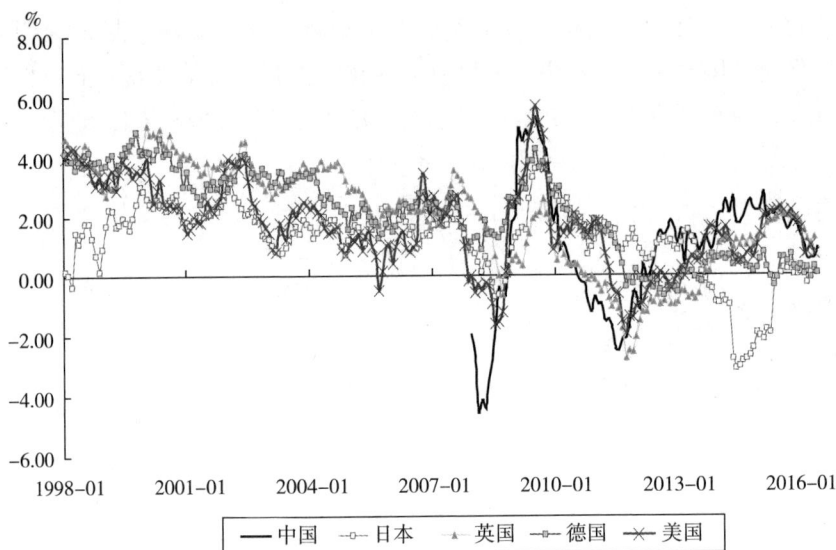

资料来源：Wind。

图 6-8　美国、英国、德国、日本、中国的十年期国债实际收益率走势
（日度数据月均值）

全球安全资产的供给和需求之间存在结构性失衡）是一个存量概念。从全球金融失衡看（以净国外资产全球占比来衡量）（见图 6-10），一直比全球贸易失衡程度要大，并且在 1992 年以前较为稳定，在 1992 年后出现小幅收窄，但到 1995 年后呈现出不断放大的态势，直到 2008 年以后程度有所收敛。

　　根本而言，本轮全球经济失衡下资金大规模流动具备以下条件：一是发达的美元计价资本市场，美元资产减少供给；二是亚洲新兴国家超量储蓄流向美国，用于弥补美国的经常账户失衡；三是全球储蓄与计划投资平衡下较低的长期利率。随着全球失衡的纠正和真实利率的上升，美国国债等债券融资的成本也将上升，进而提升全球的真实利率。综合来看，全球失衡已从贸易失衡转向了金融失衡。与此同时，全球金融市场的剧烈动荡伴随着短期跨境资金流动的日益激烈，使得维护金融稳定的外部压力显著增大。

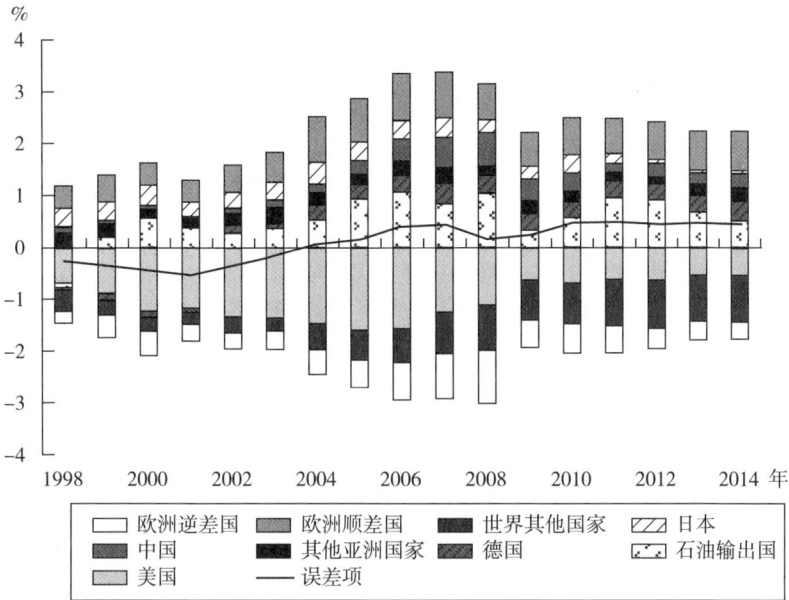

资料来源：国际货币基金组织。

图6-9　主要经济体的经常账户差额对对全球 GDP 的占比

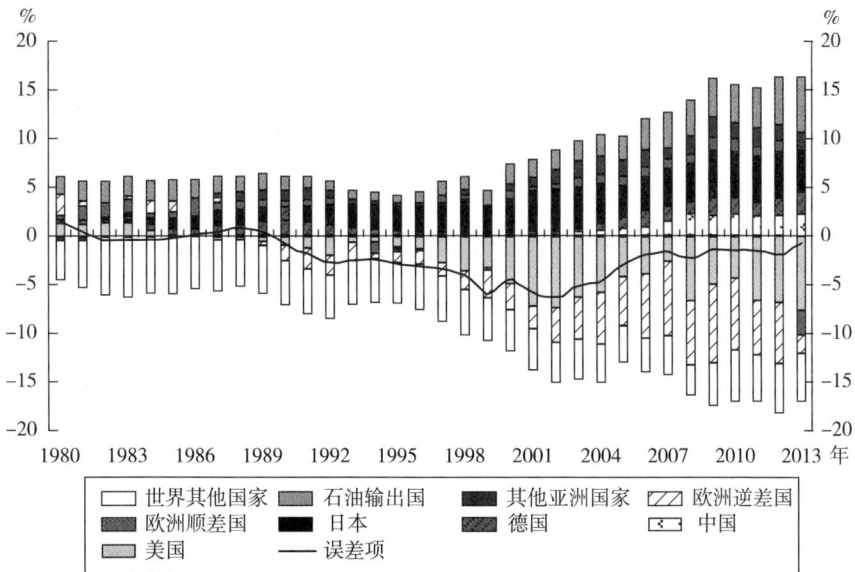

资料来源：国际货币基金组织。

图6-10　主要经济体的净国外资产存量全球占比

第三节　政策外溢效应与金融稳定的内在
逻辑再思考

走出量化宽松时代，如果对美联储等货币政策当局政策外溢效应的内在逻辑进行再思考是极其必要的，这其中涉及外围经济体金融稳定外部冲击及中间传导机制的分析。如前所述，QE 货币政策，即中央银行大规模资产购买（LSAPs），是在非常规情况下，短期名义利率触及零下限（已无法再降），由中央银行直接发行基础货币，购买长期债券（主要是政府债券），以实现长期债券价格上涨、长期利率下降，最终促进消费和投资。从 QE 政策外溢看，以中央银行大规模资产购买同比增长作为 QE 政策代理，以国际经济交往过程中贸易和金融联系作为主要渠道，纳入货币供给结构作为传导中介，以汇率、利率作为监测对象，同时兼顾资产价格（主要是股指）、通货膨胀与人民币国际化，尝试分析发达国家 QE 政策变化对国内的影响。

一、贸易流量调整与金融稳定：经常账户

QE 货币政策通过国际经贸（主要是经常项目）对他国经济形成溢出效应。其中，经常账户动态其影响因子主要涉及净出口、汇率、货币供给和通货膨胀等。

首先，从经常账户动态看，一方面，货币供给量的增加，促使 QE 国家名义收入增加，进而促进他国出口，形成一种"共同繁荣"现象，对他国经济形成一种正效应。另一方面，货币供给量的增加，在金融市场本币增加，迫使 QE 国家货币贬值，也有利于 QE 国家出口，但抑制他国出口，成为一种"以邻为壑"的政策，对他国经济形成一种负效应。这两种效应同时发挥作用，其相对影响强度取决于具体出口商品对于汇率波动的敏感程度以及本国的收入分配结构等因素。

其次，从汇率动态看，随着时间的推移，一个经济体的净国外财富将伴随其经常账户收支变化而变化，考虑全球贸易失衡，当 QE 国家更倾向于消费其国内自己生产的产品时，对于他国生产产品的相对需求将下降，并且他国货币也可能会贬值。对于中国 2016 年的人民币对美元汇率贬值，

似乎正是如此。而关于人民币实际汇率波动的真实图景更为复杂，因为人民币对内对外币值经常背离。

最后，从通货膨胀动态看，借助总供求分析框架，考虑美国 QE 退出，则意味着其经济复苏，如果来自美国的外需增加，中国对美国出口增加，对中国的总需求将可能形成正向影响。此外，2007 年以来美元汇率与大宗商品价格指数显著负相关，伴随美国 QE 退出，如果短期内美元汇率升值会对大宗商品价格形成压制，进而国内从国外进口价格（企业成本）降低，对总供给层面可能形成正向影响。综合来看，中国的通货膨胀压力仍在。

二、金融存量快速转移与金融稳定：资本流动

QE 货币政策通过资本流动（主要是资本和金融项目）对他国形成溢出效应，其中，短期资本流动其影响因子主要涉及汇率、国内外利率差异和资本流动逆转。

首先，从汇率的市场变化看，受美元汇率指数进入阶段性升值的影响，加之人民币汇率弹性在中央银行退出常态式外汇市场干预的进一步加大，人民币汇率单边升值预期已产生分化，并开始转化为单向贬值预期，汇率利率联动效应更为突出，QE 退出将使国内外金融市场环境发生巨大变化。

其次，从国内外利率差异看，伴随美国 QE 退出、经济复苏，美国长期债券等低风险资产的利率将缓慢上行，而中国利率市场化也将带来国内利率中枢提升（投资增速会受到影响）。中美利率在变化方向上虽有趋同之势，但利率水平的差异仍将是阶段性的客观存在。自 2015 年以来，美联储首次提高基准利率 0.25 个百分点，由 0 ~ 0.25% 提高至 0.25% ~ 0.5%，目前，美联储已摆脱零利率，进一步加息预期在强化。与此同时，人民币对美元已从升值转化为贬值，进入下行通道，金融危机后，从最低点 6.04 上升至 7 附近，国际短期资本也在逐渐撤出中国市场。

最后，从短期资本流动是否发生逆转看，伴随大量资金从发展中国家逃离，金融市场利益结构将发生重大调整。以中国为例，从 2008 年国际金融危机爆发以来，中国短期资本流动与人民币汇率变动的预期存在高度相关性，美国四轮 QE 相继退出后，在美元贬值、人民币升值的预期下，大

量海外热钱涌入我国资本市场和房地产市场。但当前中国已转变为面临资本流出的风险，在中国政府部门对外净债权和私人部门对外债务情况下，美国 QE 退出，如果私人部门将人民币资产向外汇资产进行转移，将导致资本流出扩大。当然，若未来相对于美国经济复苏，中国经济发展前景更好，则国际资本流动在中国将不会发生大规模逆转。

三、金融稳定与开放经济虚实相济：汇率利率链接与流动性冲击迭代

当经济开始真实复苏时，QE 政策需考虑退出。正如量化宽松政策推出对发展中国家以及新兴经济体形成溢出效应一样，美国、欧洲、日本 QE 退出对发展中国家和新兴经济体带来相反的影响。此次危机至今，欧元区量化宽松仍在继续，日本进入负利率时代，美国复苏最快，通货膨胀率、失业率以及劳动者参与率等指标已达美联储目标范围，美联储开始退出 QE，2015 年和 2016 年各加息一次，未来加息预期在强化。这将从实体层面和金融层面影响发展中国家和新兴经济体。

首先，从基础理论看，结合蒙代尔—弗莱明模型，对传统利率平价理论进行了拓展，假定资本流动是不完全的，套利资本的供给也是有限的，国内外利率差异会引起有限的资本流动，如果套利者是风险厌恶，则需要获得一定的超额报酬才愿意持有风险资产。由此不仅可以对短期资本流动问题进行较好的解释，而且还可以通过进一步引进相关资产价格参数，并结合人民币国际化进程，对于如果利率反映金融风险的能力下降时的具体情景进行初步的判断。

其次，从风险提示看，结合现实的时间布局，2010 年 QE2 与国际资本流入新兴经济体时间相重叠，2011 年 QE3 与国际资本大规模撤离新兴市场时间相重叠，2014 年美国 QE 开始退出以及 2015 年和 2016 年美联储各加息一次，进一步导致不确定性增强，各方需要积极应对美元汇率变化。当前，对于中国面临资本流出的风险已不可小觑。随着欧元区和日本 QE 退出，短期资本流出中国的风险可能会进一步放大。这将对中国的资本市场造成震荡，房地产市场的风险也可能会暴露出来，进而国内的银行体系以及整个金融体系所面临的风险会加大。

最后，从政策含义看，结合货币政策独立性，在人民币汇率贬值预期

强烈、短期资本流出期间，往往中国经济表现疲弱，如果为了刺激实体经济，就需要减息放松货币政策，而一旦减息又会导致套汇、套利的热钱进一步流出，也会削弱货币政策调控的效果。因此，发达经济体 QE 退出以及加息预期，使中国等发展中国家的货币政策不得不考虑美联储的加息时间和加息频率，从而自身货币政策独立性受到严峻挑战。

第四节　国家金融稳定外部冲击压力的实证分析

一、相关变量选取与数据说明

国内外关于量化宽松货币政策研究的定量分析为本研究奠定了基础。本书数据样本区间为 2004 年 1 月至 2016 年 9 月，共计 153 个样本观测值。具体说明如下。

（一）以中央银行大规模资产购买同比增长作为 QE 政策代理

选取了美联储国债持有量同比增长（TRB _ US）、日本中央银行购买政府债券同比增长（TRB _ JP）、欧洲中央银行长期再融资操作同比增长（TRB _ EU）代表不同国家的量化宽松货币政策走势。以上数据来自Wind，具体情况如图 6 - 11 所示。

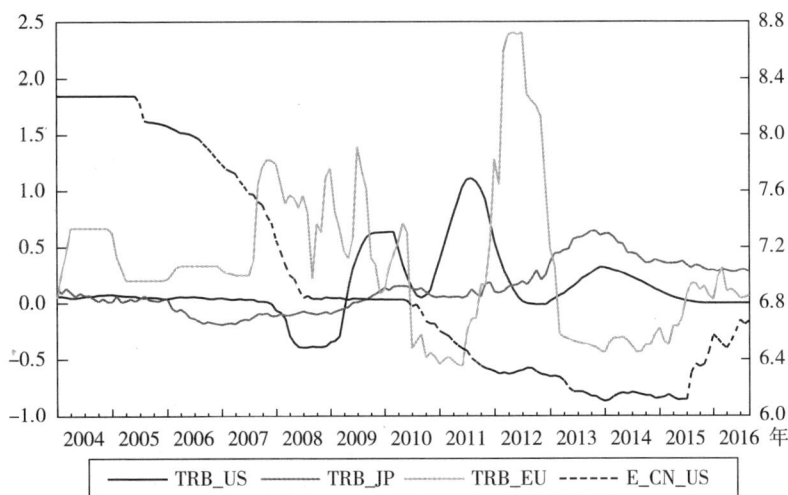

图 6 - 11　美国、日本、欧洲量化宽松与人民币汇率

（二）纳入货币供给结构作为传导中介

选取美国、日本、欧盟各自准货币（M2 - M1）和狭义货币 M1 之比（M21 _ US、M21 _ JP、M21 _ EU）代表宏观货币结构，以上数据来自 Wind；中国的准货币（M2 - M1）和狭义货币 M1 之比（M21 _ CN），数据来自 CEIC。值得注意的是，准货币（M2 - M1）和狭义货币 M1 之比 M21 实际上大致代表的是执行价值储藏功能与交易媒介功能的不同货币存量对比，该比例近似表达了不同货币的"自身透支"情况。从走势上看（见图 6 - 12），其中，日本的 M21 最为平稳；中国的 M21 在 2009 年以前基本稳定，但在 2009 年后逐渐呈现上升趋势，2015 年后开始下降；欧美的 M21 走势基本一致，且 2008 年国际金融危机后与中国正好相反。

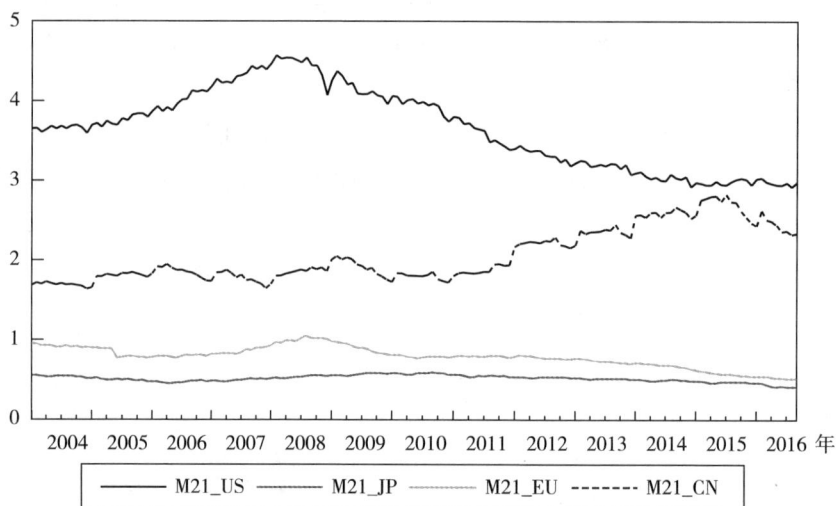

图6-12 中国、美国、日本、欧洲各自的M21

（三）以汇率、利率作为监测对象

选取美国 3 个月短期国债利率（SI _ US）、美国十年期国债利率（LI _ US）和美元外汇价值广义指数（实际美元指数 RE _ US，1973 年 3 月 = 100）作为美国利率、汇率代理变量，以上数据来自 Wind；中国短期贷款利率（6 个月至 1 年）利率（SI _ CN）及其扣除 CPI 后的实际利率（RI _ CN）、人民币对美元汇率月均值（E _ CN _ US，见图 6 - 11），以上数据来自 CEIC。

（四）同时兼顾资产价格（主要是股指）、通货膨胀与人民币国际化

选取离岸人民币业务（中国香港人民币存款 HR_CN，单位：百万元）和境内银行代客涉外收付款顺差当月值（FL_CN，单位：亿美元）分别代表人民币国际化和中国跨境资金流动，以上数据均来自 Wind。此外，选取美国 CPI（2010 = 100）和 PPI（2010 = 100）之比（BS_US）；中国 CPI（CPI_CN）、中国股指（ST_CN，2010 = 100），以上数据来自 CEIC。

二、OLS 线性回归与影响因子分析

参见表 6 - 1，方程 1 至方程 4，依次刻画了主要发达经济体量化宽松政策走势对人民币汇率、短期利率、资本市场（估值体系）以及人民币国际化的影响。其中，方程 1、方程 2 和方程 4 的拟合优度均较高（超过95%，甚至接近100%）。综合来看，就人民币汇率、利率、资本市场和离岸人民币业务作为监测对象而言，在 4 个方程中，回归系数均较为显著的是欧洲中央银行长期再融资、实际美元广义指数、美国十年期国债利率、美国准货币与狭义货币之比、中国消费者物价指数。从整体上看，中国开放型经济受到美国相关参数显著影响。

表 6 - 1　　　　　　　相关的监测对象解释因子线性回归分析

方程 自变量	方程 1 （因变量 E_CN_US)	方程 2 （因变量 SI_CN)	方程 3 （因变量 ST_CN)	方程 4 （因变量 HR_CN)
人民币兑美元汇率　　　E_CN_US		0.331488 **	− 31.45781 **	− 235 529.4 **
美联储购买国债　　　TRB_US	0.009310	0.186693 **	− 5.078763	59 157.86 **
日本中央银行购买政府债　TRB_JP	− 0.251927 **	0.550513 **	− 14.74842	− 157 329.1 **
欧洲中央银行长期再融资　TRB_EU	− 0.065668 **	0.181004 **	8.723476 **	− 49 884.48 **
美国的不同物价对比　　BS_US	1.856625 **	− 3.301658 **	900.9105 **	253 508.3
实际美元广义指数　　　RE_US	0.026803 **	− 0.042133 **	− 3.025195 **	5 526.707 **
美国十年期国债利率　　LI_US	0.133962 **	− 0.102373 **	12.20925 **	23 414.62 **
美国短期国债利率　　　SI_US	0.127565 **	0.211043 **	− 2.754340	9 003.243
美国准货币与 M1 比　　M21_US	− 1.141681 **	0.973229 **	70.75705 **	− 456 382.3 **
日本准货币与 M1 比　　M21_JP	0.346245	− 2.349040 **	123.5080	30 252.55
欧盟准货币与 M1 比　　M21_EU	1.212495 **	3.454371 **	− 256.9234 **	92 011.78
中国准货币与 M1 比　　M21_CN	− 0.122596	0.118681	7.881308	299 302.1 **

续表

方程 自变量		方程1 （因变量 E_CN_US)	方程2 （因变量 SI_CN)	方程3 （因变量 ST_CN)	方程4 （因变量 HR_CN)
中国消费者物价指数	CPI_CN	0.038163**	0.072064**	5.550384**	14 510.97**
中国短期国债利率	SI_CN	0.097091**		28.32638**	84 383.31**
中国净出口额	EX_CN	−5.26E−07	−3.08E−07	3.59E−05	0.845412**
中国跨境资金流动	FL_CN	−1.33E−05	5.49E−06	0.004832	−23.23316
离岸人民币业务	HR_CN	−1.55E−06**	1.89E−06**	4.15E−05	
常数项C		5.321286**	4.367289**	−701.0939**	1 607 357**
R^2		0.986730	0.954859	0.817170	0.991327
DW统计量		0.767117	0.806064	0.623124	0.945812

注：** 表示95%置信度下的显著性，阴影处表示回归系数并不显著。

（一）对人民币汇率的影响

以人民币对美元汇率作为监测对象，参见表6-1中的方程1，美国QE货币政策对于人民币对美元汇率（直接标价法）并不显著，日本中央银行、欧洲中央银行QE货币政策则是与人民币对美元汇率成反向关系的显著影响变量（即日本中央银行、欧洲中央银行QE货币政策加强会带来人民币对美元汇率的升值压力，日本中央银行、欧洲中央银行QE货币政策减弱会带来人民币对美元汇率的贬值压力）。这在某种程度上刻画了国际化进程中的人民币与日元、欧元之间的相互竞争关系。直观上看，美国QE货币政策似乎并不对人民币对美元汇率有影响，但是，考虑美国的CPI/PPI的不同物价比、实际美元广义指数、美国十年期国债利率和美国短期国债利率，都会对人民币对美元汇率产生显著的正向影响，即上述美国相关变量的增加导致人民币对美元汇率的名义贬值。比较有意思的是，参见表6-1中的方程1，中国自身的净出口、跨境资金流动对于人民币对美元的影响并不显著，离岸人民币业务对人民币对美元有负向影响，但较为微弱。从汇率监测看，人民币对美元汇率的经济基本面特别是国际收支影响较弱，而受美国QE货币政策所引致的美元价格变化影响较大。

（二）对中国短期利率的影响

以中国短期国债利率作为监测对象，参见表6-1中的方程2，美国、日本、欧洲的 QE 货币政策对于中国短期贷款利率均会产生正向显著影响（即美国中央银行、日本中央银行、欧洲中央银行 QE 货币政策加强会带来中国短期贷款利率提升的压力，美国中央银行、日本中央银行、欧洲中央银行 QE 货币政策减弱会带来短期利率下降的压力）。但值得注意的是，若发达经济体 QE 货币政策走势存在分化，则其对人民币短期贷款利率的影响可能会相互抵消。另值得注意的是，参见表 6－1 中的方程 2，对中国短期国债利率影响较大并且较显著的是美国的 CPI/PPI 的不同物价比、日本和欧盟各自的准货币和狭义货币之比。这表明在现行国际货币体系内，中国短期国债利率实际上受到外部环境的制约，中央银行货币政策独立性受到一定的挑战。此外，与人民币对美元汇率相似，中国的净出口、跨境资金流动对于人民币短期国债利率的影响并不显著，离岸人民币业务对中国短期国债利率有正向影响，但也较为微弱。从利率监测看，中国短期国债利率受美国 QE 货币政策影响更为直接，而对于自身经济基本面的反应并不敏感，中国利率市场化仍任重而道远。

（三）对中国资本市场和离岸人民币业务的影响

监测上同时兼顾资产价格（主要是股指）与人民币国际化。对于中国的资本市场以中国股指作为代理变量，参见表 6－1 中的方程 3，美国、日本的 QE 货币政策对于中国的股指虽然有负向影响，但并不显著，从资产价格的角度看，仅欧洲中央银行 QE 货币政策对于国内股指会产生显著正向影响。因此，在欧洲中央银行不断实施 QE 时，可能会对中国股市产生一定的正向影响，而若欧洲中央银行 QE 退出，则可能带来对中国股指下行的压力。值得注意的是，参见表 6－1 中的方程 3，对中国股指产生影响较大并且较显著的是美国的 CPI/PPI 的不同物价比、日本和欧盟各自准货币和狭义货币之比。对比表 6－1 中的方程 2，上述相关系数正好与方程 3 符号相反，这体现了资产价格与利率反向关联的基本事实，对于人民币国际化，以离岸人民币业务为代理变量，参见表 6－1 中的方程 4，美联储 QE 货币政策对于人民币国际化（以香港人民币存款代表）具有正向显著影响，而日本、欧洲的 QE 货币政策走势对离岸人民币业务具有负向显著影响。但值得注意的是，如果发达经济体的量化宽松货币政策走势存在分化，则其对离岸人民币业务影响可能会相互抵消。值得注意的是，综合来看，中国的净出口仅在方程 4 中系数较为显著，但回归系数相对较小，跨境资金流动4个方程中回归系数均不显著。这表面上似乎与前文的机制分析中以国际经济交往过程中贸易和金融联系作为主要渠道不相符，但可能的解释也许反过来正好体现了机制分析中相关影响因子串联或并联于净出口和跨境资金流动，从而体现贸易和金融对于开放型经济外部冲击的名义簿记功能。

三、VAR 脉冲响应函数分析

向量自回归（VAR）是基于数据的统计性质建立的模型。在本书中，进一步将美国、日本、欧洲量化 QE 货币政策（TRB ＿ US、TRB ＿ JP、TRB ＿ EU)作为系统的外生变量，把其他变量作为系统的内生变量，并且把每一个内生变量作为系统中所有内生变量的滞后值的函数来构造模型。VAR 脉冲响应的结果如图 6 - 13 所示，其中，在长期具有持久效应的是：美国、欧洲的 QE 货币政策的一个脉冲，（1）对离岸人民币业务、中国的准货币与狭义货币之比在长期都有持续的正向影响；（2）对于人民币对美元汇率、跨境资金流动在长期都有持续的负向影响。

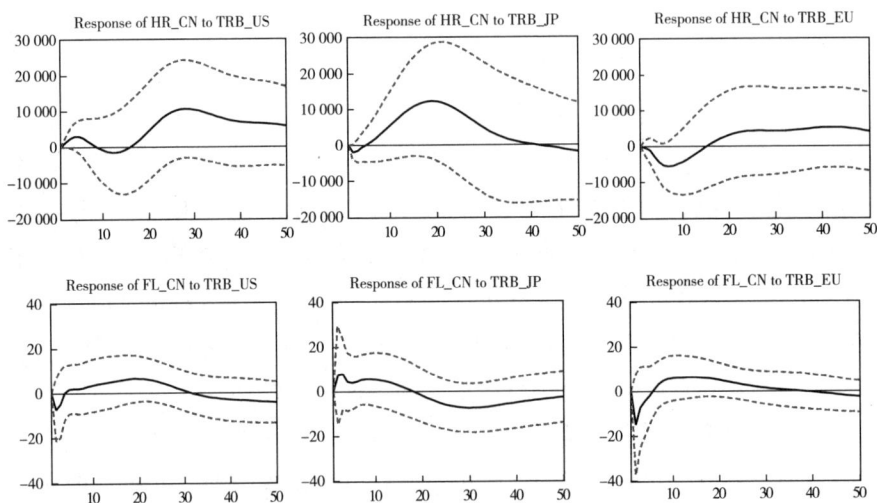

图 6 – 13　VAR 模型脉冲响应分析

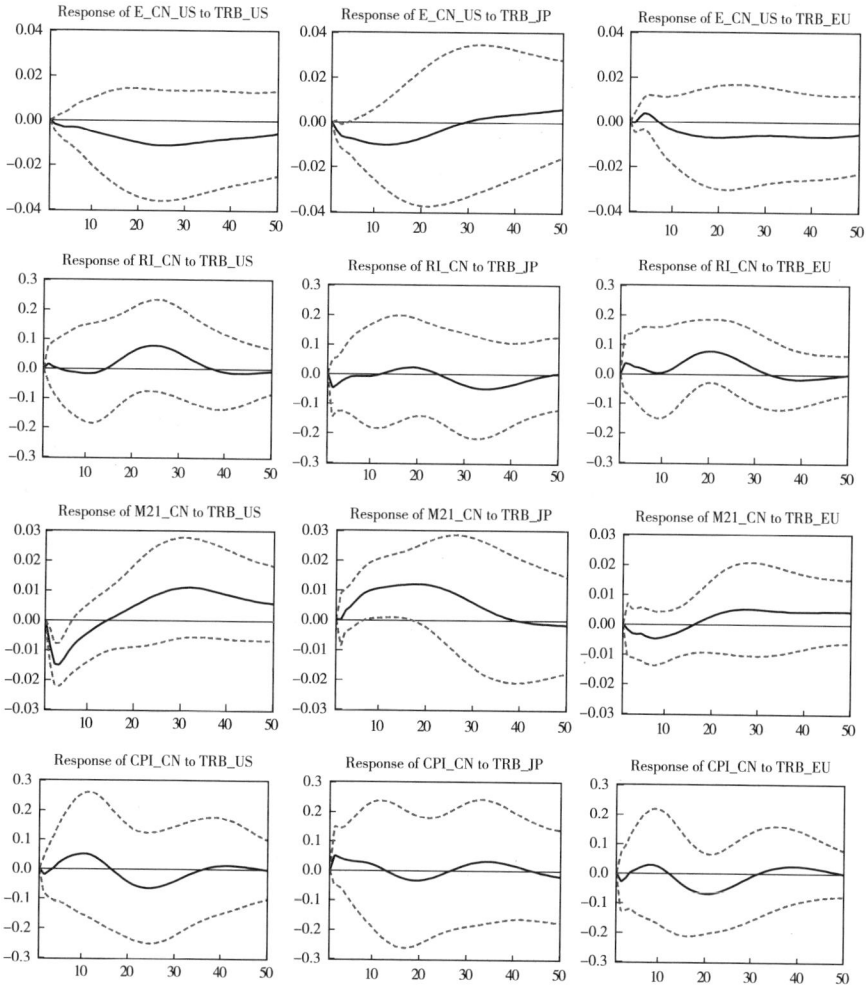

图 6 - 13　VAR 模型脉冲响应分析（续）

另选取样本区间为 2003 年 1 月至 2017 年 8 月，变量如下：中国跨境资本流动（SCF）、中国中央银行资产负债表规模（NDA）、中国经常账户余额（CAB）、经济增长率（EGI）、国内汇率（ERD），国内利率（IRD）、房地产收益率（HPI）、股票收益率（SPI），美国中央银行资产负债表规模（FDA），对美联储资产负债表规模的国际溢出效应进行了重新测算，数据来源是 Wind。为消除通货膨胀，将短期国际资本流动、中国资产负债表规模、中国经常账户余额、国内生产总值、房地产价格指数、股票价格指数以及美联储资产负债表规模除以居民消费价格指数，将中国利率和美国利率分别减中国和美国居民消费价格指数的同比增长率，得到各变量的实际值；为剔除季节因素，对各变量季节调整；为去除中美双边汇率变动影响，将短期国际资本流动、中国资产负债表规模、中国经常账户余额、国内生产总值以及房地产价格指数转化为亿美元核算；为避免样本量纲对模型估计的影响，将各变量先减均值再除方差作去量纲化处理。

运用 TVP - VAR 模型分析美联储缩表影响中国跨境资本流动的时变动态关系。表 6 - 2 列出了 MCMC 一万次抽样估计的参数后验均值、标准差、95% 置信区间、Geweke 检验以及无效影响因子。从表 6 - 2 可以发现，在 1% 的显著性水平下，Geweke 检验结果均无法拒绝估计参数收敛于后验标准分布的原假设，由此表明在迭代周期中预期已经能够有效使得马尔科夫链趋于集中。表 6 - 2 报告了 MCMC 两万次抽样估计的 TVP - VAR 模型参数后验均值、标准差、95% 置信区间、收敛概率 Geweke 检验以及无效影响因子。在 1% 显著性水平，Geweke 检验结果不能拒绝估计参数收敛于后验标准分布的原假设，表明在迭代周期中两千次预期抽样能够有效使 Markov 链趋于集中。参数无效影响因子普遍较低，至少可以获得 122 个有效样本数，满足后验统计推断需要，后验均值接近参数真实值，表明模型参数模拟结果有效。

表 6 - 2　　　　　　　　　　参数检验

参数	均值	标准差	95% 上界	95% 下界	Geweke 检验	无效影响因子
sb1	0.0023	0.0003	0.0018	0.0029	0.981	10.04
sb2	0.0023	0.0003	0.0018	0.0029	0.491	9.73
sa1	0.0255	0.0861	0.0031	0.1824	0.000	68.15
sa2	0.0056	0.0018	0.0033	0.0103	0.951	74.14
sh1	0.1702	0.0562	0.0822	0.2937	0.000	109.85
sh2	0.1961	0.1102	0.0836	0.4992	0.325	220.60

图 6 - 14 中，存在较为显著波动的中国跨境资本流动（SCF）、股票收益率（SPI）和美国中央银行资产负债表规模（FDA），而国内汇率（ERD）、国内利率（IRD）和房地产收益率（HPI）相对波幅较为受限。

第一，对于汇率。2005 年 7 月汇改前，由于汇率波幅受限，由此使得汇率随机波动率基本保持为零。汇改后至次贷危机前夕，人民币汇率在中

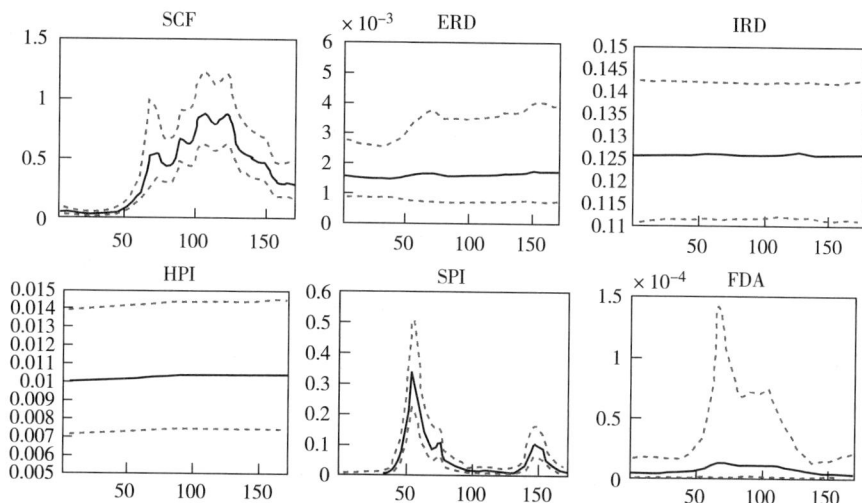

图 6 – 14　基于 TVP – VAR 模型的时变随机波动分析

国经济高速增长和贸易顺差的强力支撑下得以持续升值。次贷危机期间，我国一度再实行"盯住"美元爬行汇率制度，而且由于贸易顺差规模急速下滑，特别是 2012 年起"双顺差"局面更是首次被打破，国际资本流入下滑，从而极大地降低了人民币汇率的升值能力。这同时也更进一步表明人民币实际汇率已经十分接近于均衡汇率，由此极大地降低了人民币汇率的随机波动率，并降至零附近。此后，虽然两次放宽人民币汇率波动区间，但由于中央银行仍通过适度调整汇率中间价的方式来保持汇率稳定，即汇率每日中间价（开盘价）可以持续低于或高于前天市场价（收盘价），因而人民币汇率的波动区间依然较为合理，同时也使得 2014 年起人民币与美元汇率的市场价持续略低于中间价。但由于 2015 年实行汇率中间价市场化以及资本外流严重，人民币存在贬值压力，并由此加剧汇率波动。

第二，对于利率。中央银行在 2004 年扩大金融机构贷款利率浮动区间，在此期间利率的随机波动率较为稳定。但是 2006—2007 年中央银行分八次调高存贷款利率，这在一定程度上加剧了利率波动。同时为了加快利率市场化改革，2010—2011 年又分五次调高存贷款利率，而且 2012 年 6 月将存款利率浮动区间上限调整为基准利率的 1.1 倍，2014 年 11 月 21 日进一步将存贷款利率浮动区间上限调整为基准利率的 1.2 倍，2015 年 10 月 24 日更是不再设定存款利率浮动上限。至此，我国名义上完成利率市场化，因而在此期间利率经过一段时期波动后又趋于稳定。

第三，对于国际资本流动。由于我国长期以来执行较为严格的资本流动管制制度，从而使得国际资本流动规模相对较小。2002 年起中国开启了资本账户开放较有实质性的改革，同时随着 2005 年汇率改制，我国也进一步启动"合格境外机构投资者"（QFII）和"合格境内机构投资者"（QDII）项目，2006 年起更是允许居民可用人民币购汇或自由外汇资金从事境外证券投资，2011 年又推出境外直接投资试点方案和人民币结算试点业务等。近年来，随着资本账户开放步伐的加快，国际资本流动的幅度也随之加剧，主要表现为自 2009 年以来短期国际资本流入和流出频繁交替出现。

四、走出量化宽松对中国金融稳定的外溢冲击

（一）人民币国际化进程中要防止对自身货币的过早透支

稳步推进促进国民经济可持续发展的人民币国际化。关键是要加快中国经济结构调整和自身去杠杆化，实现国内资本市场和房地产市场稳健发展。根植国内实体经济和涉外经济发展，以人民币国际化合理引导预期，提振消费投资信心。合理投放货币，避免货币市场过度波动。在人民币产品交易系列不断健全，广大国民的金融选择权更为充分后，"稳中有进"加快人民币资本项目可兑换。

（二）将人民币资本项目可兑换作为金融开放的最后"防火墙"

加强对美国 QE 退出以及其他经济体 QE 政策实施及变化带来的与国内政策调控相叠加的冲击进行前瞻性调整。有序适度调整外汇储备的资产结构。随着中国持有的美国长期国债到期，对于美国 QE 退出，一方面维持对美国国债投资总量，另一方面将持有的美元国债组合尽快从长期逐步调整成短期，重新投资于期限不超过 3 个月的美国国债。从而使我国的投资组合具有更好的流动性，实现中国从美国国债"美元陷阱"中稳步退出。完善微观审慎和宏观审慎相结合的审慎政策框架，加强对短期资本流动的监测和预警。防范货币的套息交易（Carry Trade），严防对借入低利率货币（如日元、欧元）投资于高利率货币（如人民币）的金融资产交易，限制其进入国内市场进行套利和投机。

（三）防范人民币汇率动态与跨境资金流动同向共振风险

防范美国货币政策调整对全球其他经济的影响，比如对欧元、英镑、

日元和人民币等的影响，防止汇率波动对我国汇率相对稳定以及人民币资产价格的估值体系造成实质性冲击，引发内外风险共振风险。保持人民币对美元汇率相对稳定，善用人民币汇率动态调整，伴随汇率基本趋向均衡，在美国 QE 退出、人民币国际化和中国经济结构调整和去杠杆化进程中，保持人民币对美元汇率相对稳定的影响可能会更小、更为可取。

第七章　全球量化宽松政策的影响：基于中国银行业的分析

2006 年次贷危机以来，发达经济体纷纷出台了量化宽松政策（以下简称 QE 政策），通过货币政策扩张刺激需求，以达到促进经济增长的目的。在经济全球化程度越来越高的今天，发达经济体 QE 政策不可避免地会对我国金融体系产生溢出效应。作为我国金融体系的主体，发达经济体的 QE 政策也会对我国银行业产生影响。这一部分中，我们将首先分析发达经济体 QE 政策对我国银行业产生影响的机制，在此基础上，分别对美国、日本和欧元区的 QE 政策对我国银行业的影响进行评估。鉴于美国在全球经济体系中的主导地位以及不同国家 QE 政策在作用机理上的相似性，我们在评估中以美国 QE 政策为重点，对日本和欧元区的分析相对简要。

第一节　影响机制分析

发达经济体 QE 政策对我国银行业的影响机制至少可以概括为以下五个方面：

第一，从银行供给角度来看，发达经济体 QE 政策提高了金融体系的总体流动性。从实践来看，QE 政策通过中央银行购买资产的方式向金融体系注入了大量的流动性，在商业银行资产负债表中体现为流动性资产的增加。流动性的增加使得商业银行能够增加信贷投放，最终通过乘数效应扩大资产规模，从而实现银行资产负债表的扩张，并由此影响到银行的绩效。

第二，从金融需求角度来看，发达经济体 QE 政策通过直接或间接方式降低了金融体系中的利率水平。这一点以日本和欧元区实施的负利率政策最为典型。较低的利率水平能够从金融需求层面降低融资成本，扩大金融需求。对于商业银行来说，金融需求的扩大意味着市场投资机会的增多，从而也能够实现银行资产负债表的扩张。

第三，从国际业务角度来看，发达经济体 QE 政策对商业银行的国际业务会产生较大影响。一是 QE 政策直接改变了本国金融体系的流动性和利率环境，对商业银行位于该国的分支机构开展业务产生直接影响，并进一步影响该分支机构的经营业绩。当然，目前我国商业银行中除少数大银行以外，绝大部分银行在国外设立的分支机构还比较少，这一部分的直接影响并不会很大。二是 QE 政策会导致相应外币汇率的变化，从而会对银行直接以相应外币进行计价的外币资产价值产生影响。三是 QE 政策会对汇率产生影响，使人民币面临一定的升值压力。汇率的变化会直接对外贸企业产生影响，进一步又会影响到商业银行与外贸业务有关的国际业务。

第四，从外部竞争角度来看，发达经济体 QE 政策会对该国银行业金融机构的经营绩效产生直接影响。一方面，QE 政策直接导致本国利率水平的下降，可能会导致本国银行业金融机构利差水平收窄和利润水平的下降；另一方面，QE 政策可能又会扩大本国市场金融需求，提高本国银行业金融机构发展所需要的市场空间。市场竞争环境的变化会导致本国银行业金融机构竞争力的变化，进而影响到其海外布局的调整。中国作为发达经济体银行业金融机构的主要海外市场之一，上述银行业金融机构海外布局的变化将会对我国银行业金融机构的竞争格局产生一定影响。

第五，从预期角度来看，发达经济体 QE 政策一定程度上扭转了金融机构对经济发展的悲观预期。预期的改善有助于提升金融机构对经济发展的信心，进而促使金融机构采取更加积极的扩张性经营策略，并最终促进银行业资产的扩张。

第二节　美国 QE 政策的影响

如前文所述，鉴于美国在全球经济体系中的主导地位以及不同国家 QE 政策在作用机理上的相似性，美国 QE 政策对我国银行业的影响是本研究评估的重点。具体地，我们将从微观和宏观两个层面分析美国 QE 政策（货币政策）对我国银行行为的影响。在微观层面，我们将以上市银行季度数据为基础，比较 2007 年金融危机以来美国四次 QE 政策实施前后上市银行各项经营数据的变化。在宏观层面，我们将基于美国基础货币增长、1 年期债券收益率以及我国总信贷增长的月度数据，构建 VAR 模型，分析美国货币政策与我国银行信贷增长之间的长期关系。

一、微观分析

（一）研究方法

在微观层面，参照 Rodnyansky 和 Darmouni（2017）的方法，本书首先对 QE 政策实施前后三个季度银行各项经营指标进行比较。在此基础上，通过较为严谨的方法，对美国 QE 政策对上市银行各项经营指标的影响进行回归分析。进一步，我们还从外部和内部多个角度分析了当银行面临的内外部环境不同时，美国 QE 政策对我国银行业产生的影响是否存在差异。

对于评估方法有以下两点需要说明：

第一，由于非上市银行一般仅披露年度数据，而准确评估 QE 政策的影响需要频率更高的数据。受数据披露限制，这一部分微观层面的分析主要基于上市银行的季度数据。由于江阴银行、无锡银行、江苏银行、杭州银行、常熟银行、贵阳银行等银行上市时间较短，我们在评估中仅考虑 2013 年上市的 16 家银行。此外，为了降低 QE 政策实施时点不同对分析可能产生的噪音，本书在分析上市银行贷款增速变化情况时，将宣布实施 QE 政策的当季度数据予以剔除。换言之，我们是将 QE 政策实施之前的三个季度数据与实施之后的三个季度数据进行对比分析。

第二，关于 QE 政策时点的界定。自 2007 年金融危机发生以来，美联储主要实施了三轮 QE 政策。具体如下：（1）第一轮 QE 政策（QE1）。2008 年 11 月 25 日，美联储首次公布将购买政府支持企业房利美、房地美、联邦住房贷款银行与房地产有关的直接债务，还将购买由两房、联邦政府国民抵押贷款协会所担保的抵押贷款支持证券（MBS），标志着第一轮 QE 政策的开始。（2）第二轮 QE 政策（QE2）。美联储于 2010 年 11 月 4 日宣布，启动第二轮量化宽松计划，计划在 2011 年第二季度以前进一步收购 6 000 亿美元的较长期美国国债。（3）第三轮和第四轮 QE 政策（QE3&4）。美联储于 2012 年 9 月 14 日宣布，计划在 2012 年 6 月底以前买入 4 000 亿美元的美国国债。在此之后。2012 年 12 月 12 日，美联储宣布了第四轮量化宽松政策（QE4），即在原有每个月购买 400 亿美元机构抵押贷款支持证券的基础上，从 2013 年 1 月起，每个月再购买 450 亿美元的长期国债。考虑到第三轮和第四轮 QE 政策在时间上比较接近，为便于研究起见，我们将这两轮 QE 政策合并在一起进行考虑。基于此，我们共考察三次 QE 政策的时间，分别为 2008 年第四季度、2010 年第三季度和 2012 年第三、第四季度。以此为基础，比较上述三个时点前后三个季度上市银行各项经营指标的变化。

（二）美国 QE 政策前后比较

表 7－1 给出了三次 QE 政策前后我国 16 家上市银行各项经营指标的变化情况。在指标选择上，我们主要关注以下几类指标：（1）成长性。以银行贷款增速来衡量，该指标以各个季度末银行贷款余额与上年同期相比的增速计算得到。贷款增速越高，意味着银行信贷扩张越快。（2）盈利能力。主要包括：1）资产利润率。以当季银行的资产利润率来衡量，等于银行当季实现的净利润除以当季期末银行的总资产。2）成本收入比。为银行当期营业费用加折旧与营业收入之比。3）净息差。为银行当期净利息收入和银行全部生息资产的比值。（3）经营风险。包括银行不良资产比率和资本充足率两个指标。（4）业务结构。具体包括：1）资产结构。以银行期末贷款在总资产中的比重来衡量。2）负债结构。以银行期末存款在总负债中的比重来衡量。3）收入结构。以银行当期利息收入在总营业收入中的比重来衡量。具体结果如表 7－1 所示。

表 7－1　　　　　美国 QE 实施前后银行经营指标的变化

变量		QE 前三个季度		QE 后三个季度		差异（%）
		N	均值（%）	N	均值（%）	
成长性		12	21. 67		24. 74	3. 07*
	银行贷款增速	6		136		
盈利能力		12	0. 30		0. 28	− 0. 02*
	资产利润率	6		136		
	成本收入比	12	32. 32	136	31. 46	− 0. 86
		6				
		12	2. 76		2. 50	− 0. 26***
	净息差	6		136		
经营风险	不良贷款率	118	1. 15	132	0. 94	− 0. 21***
	资本充足率	111	11. 94	117	11. 97	0. 03

续表

变量		QE 前三个季度		QE 后三个季度		差异
		N	均值（%）	N	均值（%）	（%）
业务结构	贷款在资产中占比	12	50.01		49.76	-0.25
		6		136		
	存款在负债中占比	12	77.69		77.44	-0.25
		6		136		
	利息收入占比	12	83.18		80.92	-2.26**
		6		136		

说明：*、**、***分别表示系数在10%、5%、1%显著水平上异于零（双尾）。

根据表7-1的结果，从成长性来看，在美国实施QE政策以后，我国银行业的信贷扩张明显加快。三个季度的平均贷款增速从QE实施之前的21.67%上升至实施之后的24.74%，平均提高了3.07个百分点，且具有统计上的显著性。说明在美国实施QE政策以后，我国商业银行也加大了信贷投放力度，实现了信贷规模的快速增长。

从盈利能力来看，在美国实施QE政策以后，我国上市银行整体盈利状况呈现一定的下降势头。其中，三个季度平均资产利润率由美国QE政策实施之前的0.30%下降至实施之后的0.28%，季度资产利润率下降了0.02个百分点，同样具有统计上的显著性。除此之外，平均净息差也出现了大幅下降。从美国QE政策实施之前的2.76%下降至实施之后的2.50%，下降了0.26个百分点。上市银行盈利能力的下滑一方面与美国实施QE政策有关，另一方面也与近年来我国金融市场化改革有关。其中，利率市场化改革对银行盈利能力的影响尤为明显，是导致银行息差收窄、盈利能力不断下降的一个重要原因。表7-1中的结果与我国利率市场化改革的步伐正好相吻合。与之相比，我国上市银行成本收入比指标尽管出现了一定下滑，但下滑幅度并不明显，反映出商业银行经营效率有一定程度的改善，但并不明显。

从经营风险来看，上市银行不良贷款率出现了明显下降，说明银行的资产质量出现了一定改善。上市银行三个季度的平均不良贷款率从QE之前的1.15%下降到QE之后的0.94%，下降了0.21个百分点，并具有统计上的显著性。这种改善可能与信贷资产的快速扩张有关：由于信贷资产出现不良一般需要一定的时间，在不良贷款总量保持稳定的情况下，信贷资产的快速扩张导致了不良贷款比率的下降，即信贷资产的快速扩张可能对不良贷款率起到一定的"稀释"作用。与之相比，上市银行平均资本充足率尽管有一定幅度的上升，但并不明显，资本充足情况基本保持稳定。

从业务结构来看，上市银行贷款在资产中平均占比从 QE 之前的 50.01% 下降至 QE 之后的 49.76%，出现了一定程度的下降，但幅度并不明显；存款在负债中占比从 QE 之前的 77.69% 下降至 QE 之后的 77.44%，也出现了小幅下降。这些数据说明上市银行资产结构和负债结构都出现了一定幅度的多元化趋势。与之相比，上市银行利息收入占比从 QE 之前的 83.18% 下降至 QE 之后的 80.92%，下降了 2.26 个百分点，且具有统计显著性，说明上市银行收入结构中非利息收入占比不断增加、对利息收入的依赖程度有所下降，银行收入结构多元化趋势不断加强。

通过比较美国 QE 政策前后上市银行各项经营指标的变化，我们分析了美国 QE 政策会在哪些方面对我国银行产生影响。总体来看，QE 政策实施以后，银行贷款增速上升明显，信贷扩张速度加快。其他指标中，上市银行盈利能力、不良贷款率、利息收入占比等指标都出现了一定程度的下降。

（三）回归分析

除单变量比较以外，我们进一步通过回归分析对上述分析结果进行验证。核心解释变量"QE 实施后"为虚拟变量，具体设置如下：对于每一轮 QE 政策，在 QE 政策实施之前的三个季度该变量取值为零；实施后三个季度该变量取值为 1。我们选取的控制变量包括：（1）银行资产规模。以期末银行总资产的自然对数来表示。（2）银行资产负债率。以期末上市银行总负债除以总资产来衡量。（3）银行类型。由于银行中既包含大型商业银行，也包含股份制银行和城市商业银行，在回归分析中本书还通过虚拟变量的方式对银行类型进行了控制。具体结果如表 7-2 所示。

表 7-2　　　　　　　　　回归分析

	贷款增速	资产利润率	成本收入比	净息差	不良贷款率	资本充足率	贷款在资产中占比	存款在负债中占比	利息收入占比
QE 实施后	0.043 *** (0.014)	-0.001 *** (0.000)	0.001 (0.005)	-0.002 *** (0.000)	-0.001 ** (0.000)	-0.000 (0.001)	0.004 (0.006)	-0.001 (0.008)	-0.020 *** (0.006)

	贷款增速	资产利润率	成本收入比	净息差	不良贷款率	资本充足率	贷款在资产中占比	存款在负债中占比	利息收入占比
资产规模	−0.071 ***	0.001 ***	−0.048 ***	−0.001 *	−0.003 ***	−0.000	−0.027 ***	0.002	−0.017 ***
	(0.012)	(0.000)	(0.005)	(0.000)	(0.000)	(0.001)	(0.006)	(0.007)	(0.005)
资产负债率	0.150	−0.028 ***	1.231 ***	−0.121 ***	0.050	−1.044 ***	−0.603 *	−1.540 ***	1.031 ***
	(0.682)	(0.003)	(0.263)	(0.019)	(0.033)	(0.065)	(0.319)	(0.416)	(0.303)
银行类型	控制	控制	控制	控制	控制	控制	控制	控制	控制
截距项	2.037 **	0.023 ***	0.415	0.166 ***	0.060 *	1.127 ***	1.701 ***	2.106 ***	0.373
	(0.758)	(0.003)	(0.293)	(0.021)	(0.037)	(0.073)	(0.354)	(0.462)	(0.336)
Adj_R^2	0.189	0.309	0.465	0.262	0.300	0.723	0.344	0.240	0.414
$F-value$	13.21 ***	24.41 ***	46.40 ***	19.56 ***	22.43 ***	119.75 ***	28.44 ***	17.54 ***	37.89 ***
观测值数量	262	262	262	262	250	230	262	262	262

注：括号为回归系数标准差，＊、＊＊、＊＊＊分别表示系数在10%、5%、1%显著水平上异于零（双尾）。

可以看到，表7-2的回归分析结果与表7-1是一致的。虚拟变量"QE实施后"回归系数显著的结果表明，在美国实施QE政策以后，我国上市银行信贷增速出现了显著上升，说明美国实施QE政策对我国的信贷增长具有明显的促进作用；资产利润率和净息差都出现了显著下降，说明美国QE政策实施以后我国上市银行的盈利能力有所下降；不良贷款率和利息收入占比都显著下降，说明美国实施QE政策以后，上市银行资产质量有所改善，收入结构多元化趋势更加明显。总体上看，在控制了银行资产规模、资产负债率、银行类型等因素之后，表7-2的结果进一步验证了前面的分析结论。

（四）影响因素

考虑到信贷业务是商业银行目前的主要业务，且信贷对于社会经济发展的重要性，这一部分中，我们将以信贷增长为例，从外部和内部两个方面分析哪些因素会影响到美国QE政策与我国商业银行行为之间的关系。

1. 国内货币政策

现阶段，我国商业银行国际化经营程度还比较低，主要在国内开展经营活动。在这种情况下，美国QE政策对我国银行业的影响将会在较大程度上受中国货币政策的影响。一方面，作为世界上最发达的经济体，美国的货币政策对世界其他国家具有很强的导向作用。在美国实施宽松货币政策的背景下，国内货币政策一般也会比较宽松。此时，美国货币政策和国内货币政策对商业银行行为的影响是一致的，且两者出现叠加，从而对商业银行产生更大的影响，商业银行所面临的流动性环境更为充足，资金成本更低，银行进行信贷扩张的可能性会更高；另一方面，除受美国货币政策影响以外，国内货币政策的制定还会综合考虑本国的经济形势，体现出一定的独立性，从而出现国内货币政策与美国货币政策不完全一致的情况。此时，美国货币政策和国内货币政策可能会出现一定程度的抵消，对商业银行行为的影响也会因此受到削弱。综合以上分析，我们预期，国内货币政策越宽松，美国 QE 政策对我国银行信贷增速的影响越明显；反之，国内货币政策越紧，美国 QE 政策对我国银行信贷增速的影响越不明显。

具体地，为考察国内货币政策不同情况下美国 QE 政策对我国银行信贷的影响是否存在差异，本书分别以我国 M1 同比增速和 M2 同比增速来反映国内货币政策的变化。具体地，由于前文分析使用的是银行季度贷款增长数据，这一部分中，我们采用我国月度 M1 同比增速和 M2 同比增速的季度平均值来反映相应季度我国货币政策的宽松程度。M1 同比增速和 M2 同比增速越高，说明我国的货币政策越宽松。对国内货币政策的分析结果如表 7 - 3 所示。

表 7 - 3　　　影响因素：国内货币政策（因变量：信贷增速）

	（1）	（2）
QE 实施后	- 0.079 *** （0.029）	- 0.170 *** （0.038）
QE 实施后 × M1 增速	0.770 *** （0.169）	
M1 增速	0.402 *** （0.079）	
QE 实施后 × M2 增速		0.986 *** （0.194）
M2 增速		1.222 *** （0.139）
资产规模	- 0.035 *** （0.011）	- 0.010 （0.009）

续表

	（1）	（2）
资产负债率	− 1. 429 **	− 1. 515 ***
	（0. 666）	（0. 529）
资产利润率	− 22. 366 **	− 10. 307
	（11. 234）	（9. 016）
银行类型	控制	控制
截距项	2. 548 ***	1. 771 ***
	（0. 706）	（0. 566）
Adj_R^2	0. 398	0. 618
$F - value$	22. 64 ***	53. 84 ***
观测值数量	262	262

注：括号为回归系数标准差，＊、＊＊、＊＊＊分别表示系数在10%、5%、1%显著水平上异于零（双尾）。

表7-3的第（1）列以M1增速来衡量国内货币政策。可以看到，反映国内货币政策的变量M1增速与QE实施后虚拟变量的交互项回归系数显著为正。说明当M1平均增速较高从而国内货币政策较为宽松时，美国QE政策对我国银行信贷行为的影响更加明显；反之则相反。需要说明的是，第（1）列中QE实施后虚拟变量的回归系数显著为负，意味着当M1平均增速较低从而国内货币政策较紧时，美国QE政策对我国银行信贷行为的影响反而为负。这一结果说明，国内货币政策是否宽松将会在很大程度上影响到美国货币政策与我国银行信贷行为的关系。当国内货币政策较紧时，美国实施QE政策并不会导致我国银行的信贷扩张。

第（2）列以M2增长来衡量国内货币政策，结果与第（1）列基本类似，M2增速与QE实施后虚拟变量的交互项回归系数同样显著为正。

可以看到，无论是以M1平均增速还是M2平均增速来衡量国内货币政策，国内货币政策的宽松程度都会显著影响到美国QE政策与我国商业银行信贷行为的关系。

2. 资产结构

近年来，我国商业银行的资产结构发生了深刻变化，一个主要特征是信贷资产在总资产中占比不断下降，投资类资产占比不断上升。信贷资产占比的下降和投资类资产占比的上升意味着商业银行资产配置多元化程度的提高，银行可以在更大的范围内配置资产，拥有更多的资产配置渠道。
从理论上说，与那些资产结构较为单一、主要集中于信贷资产的商业银行
相比，面对由国外 QE 政策所导致的流动性宽松，资产配置多元化程度较
高的商业银行既可以增加信贷投放，也可以选择扩大在其他方面的资产配
置，比如增加投资类资产配置。在这种情况下，这类商业银行的信贷增长
幅度可能会相对偏低。换言之，商业银行资产配置多元化程度越高，美国
QE 政策对银行信贷增速的影响越小；反之，商业银行资产配置越集中于
信贷资产，美国 QE 政策对银行信贷增速的影响越大。

　　为对上述假设进行验证，本书以贷款在总资产中的比重来衡量银行的
资产结构，以期末贷款总额除以资产总额来衡量。该指标越高，说明银行
总资产中信贷资产占比越高。在此基础上，本书考察美国 QE 政策对于资
产结构不同的银行影响是否存在系统性差异。具体结果如表 7-4 所示。

表 7-4　　　　　　　　　　影响因素：资产结构

	信贷增速
QE 实施后	-0.230^{**}
	(0.103)
QE 实施后 × 银行资产结构	0.527^{**}
	(0.204)
银行资产结构	0.311^{*}
	(0.177)
资产规模	-0.043^{***}
	(0.012)
资产负债率	-0.554
	(0.716)
资产利润率	-44.263^{***}
	(11.645)
银行类型	控制
截距项	1.985^{***}
	(0.782)
Adj_R^2	0.314
$F-value$	15.99^{***}
观测值数量	262

　　注：括号为回归系数标准差，*、**、***分别表示系数在10%、5%、1%显著水平上异于
零（双尾）。

表 7-4 的结果表明，商业银行资产结构不同，美国 QE 政策对银行信贷增速的影响也不同。QE 政策与资产结构的交互项回归系数显著为正，说明当银行资产构成中信贷资产占比越高，美国 QE 政策对银行信贷增速的影响就越明显：美国实施 QE 政策以后，商业银行信贷增加的幅度会越高，反之则越低。这一结果与前文的分析相吻合，说明资产配置的多元化一定程度上缓解了美国 QE 政策对我国银行信贷增长的冲击。

3. 银行流动性

美国 QE 政策之所以促进我国商业银行的信贷扩张，其中一个重要的渠道在于：QE 政策增加了金融体系的流动性，金融体系宽松的流动性进一步传导到商业银行的资产负债表，从而为银行信贷扩张提供资金支持。考虑到这种情况，一个自然的问题是，当商业银行本身的流动性状况不同时，QE 政策对银行信贷行为的影响是否会存在差异？直观上说，银行流动性较为充足时，意味着银行面临的流动性约束较低，包括信贷投放等在内的资产运用基本都能够得到满足。在这种情况下，面临外部流动性的增加，由于商业银行本身的流动性已经基本能够满足其资产配置需要，商业银行可能不会过多地增加其信贷投放。反过来，当面临的流动性约束较高时，商业银行可能仍有较多的信贷需求无法满足。因此，我们预期，随着外部流动性环境的改善，银行面临的流动性约束将会减小，之前没有被满足的信贷需求会得到满足。此时，银行信贷增长的幅度可能会更高。即商业银行资产流动性越差，美国 QE 政策对银行信贷增速的影响越大；反之，资产流动性越高，美国 QE 政策对银行信贷增速的影响越小。

为了对上述因素进行考察，本书以流动性最高的现金和在中央银行存款在银行总资产中占比来衡量商业银行的流动性状况，以期末商业银行现金和在中央银行存款之和除以总资产来衡量。在此基础上，考察流动性状况不同的情况下美国 QE 政策对银行信贷行为的影响是否有差异。具体结果如表 7-5 所示。

表 7-5　　　　　　　　　　影响因素：流动性

	信贷增速
QE 实施后	0.180 ***
	(0.070)
QE 实施后 × 银行流动性	−0.890 **
	(0.397)

续表

	信贷增速
银行流动性	- 0. 373
	(0. 268)
资产规模	- 0. 040 ***
	(0. 014)
资产负债率	- 1. 019
	(0. 740)
资产利润率	- 43. 469 ***
	(12. 205)
银行类型	控制
截距项	2. 510 ***
	(0. 792)
Adj_R^2	0. 267
$F - value$	12. 94 ***
观测值数量	262

注：括号为回归系数标准差，＊、＊＊、＊＊＊分别表示系数在10%、5%、1%显著水平上异于零（双尾）。

从表7-5可以看到，商业银行流动性状况不同时，美国QE政策对银行信贷的影响存在系统性差异。具体地，美国QE政策与流动性指标的交互项回归系数显著为负，说明当银行流动性较为充足时，与美国QE政策实施之前相比，QE政策实施以后商业银行信贷增长提高的幅度更小；反之则越大。说明商业银行本身较高的流动性对外部的流动性扩张能够起到一定的缓冲作用：当自身流动性状况较好时，银行的信贷增长对外部流动性扩张会相对不敏感；而当自身流动性较低时，银行的信贷增长对外部流动性扩张会更加敏感。换言之，商业银行本身流动性越充足，外部流动性增长对银行信贷行为的冲击会更小，反之则更大。这一结果说明，商业银行自身流动性状况不同时，QE政策对银行信贷行为的影响存在很大差异。这与前文的分析结论相吻合。

（五）小结

这一部分利用我国上市银行季度数据，从微观层面考察了美国QE政策实施前后银行各项经营指标的变化。总体上看，上市银行在美国QE政策实施以后，信贷增速出现了显著上升，以资产利润率和净息差为代表的盈利能力指标下降明显；此外，不良贷款率和利息收入占比均有所下降，说明银行资产质量和收入多元化程度均有所提高。上述结果从不同角度说明了 QE 政策对我国金融体系的溢出效应。我们进一步以信贷增速为例，考察了内外部环境不同时，美国 QE 政策对我国银行行为的影响是否存在差异。研究结果表明，从影响因素上看，国内货币政策状况越宽松，QE 政策对我国银行信贷的促进作用越明显；此外，银行本身的流动性状况以及资产结构都会影响到美国 QE 政策与我国银行信贷行为的关系：银行自身流动性状况越差、信贷在资产中占比高，QE 政策对银行信贷的促进作用越明显；反之则越不明显。

二、宏观分析

前文从微观层面分析了美国 QE 政策对我国银行各项经营指标的影响，验证了 QE 政策对我国金融体系的溢出效应。受数据可得性限制，前文的分析主要基于上市银行数据。我国金融体系中不同类型的银行数量众多，基于上市银行数据尽管能够提供微观层面的视角，但并不能反映我国银行业的全貌。针对这种情况，这一部分将从宏观层面分析美国 QE 政策对我国银行信贷总体行为的影响。QE 政策本质上是一种货币政策，QE 政策的实施将会导致货币供应的增加。考虑到这一点，同时为便于分析，我们将基于美国的货币政策数据和我国总体信贷数据，构建 VAR 模型，从宏观层面分析美国货币政策对我国总体信贷行为的影响。

（一）数据与指标选取

为了反映美国货币政策与我国银行信贷行为的长期关系，并结合数据可得性，这一部分分析基于 2002 年 1 月至 2016 年 6 月美国和我国货币政策月度数据。在指标选取上，我们从数量和价格两个方面来衡量美国的货币政策。另外，为构造适用于 VAR 模型的平稳序列，本书分别以我国银行总信贷同比增速（Loangrowth，等于我国当月银行信贷余额与上年同期相比的增长率）来衡量银行总信贷的变化；以美国基础货币同比增速（USMBgrowth，等于美国当月基础货币与上年同期相比的同比增长率）和美国 1 年期国债利率的月度变化（USbond1Y，等于美国当月 1 年期国债收益率与上月相比的差异）。可以看到，美国基础货币的同比增长率越高，美国 1 年期国债利率的月度变化越小，说明美国货币政策越宽松；我国银行信贷同比增速越高，说明我国货币政策越为宽松。三个数据的时间序列如图 7-1 所示。

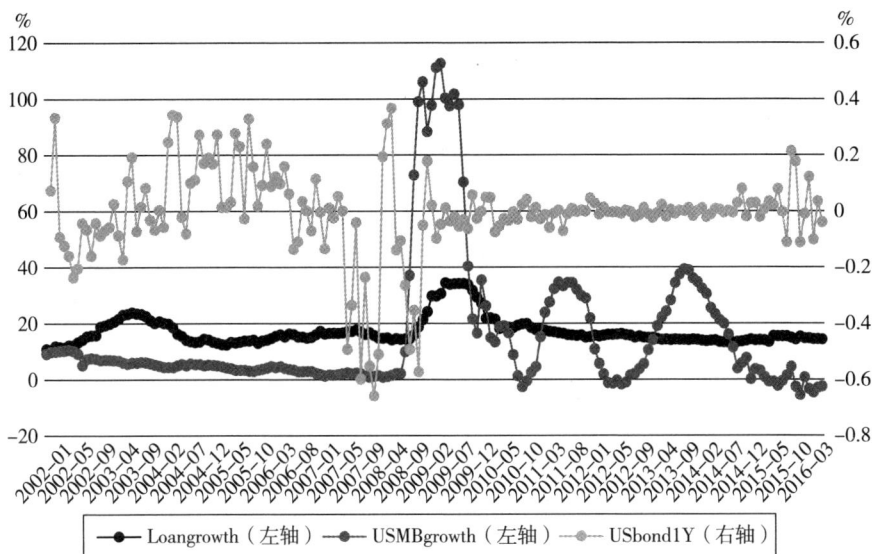

资料来源：Wind 资讯。

图 7-1　中美货币政策指标的时间序列图（2002 年 1 月至 2016 年 6 月）

从图 7-1 可以看到，样本期间我国总信贷增速经历了两轮明显的扩张周期。其中之一是 2002 年 8 月至 2004 年 8 月，总信贷的平均增速从之前的 12% 左右上升到 2003 年 8 月的 23.9%，此后到 2004 年 8 月又回落至 13% 左右。另一轮发生在 2008 年 11 月至 2010 年 5 月。总信贷的平均增速从之前的 15% 左右上升到 2009 年 6 月的 34.4%，此后到 2010 年 6 月以后又回落至 20% 以下的水平。这一轮扩张主要源于为应对金融危机而采取的经济刺激计划。从美国货币政策来看，样本期间美国基础货币经历了三轮明显的扩张。第一轮发生在 2008 年 9 月至 2010 年 10 月；第二轮发生在 2010 年 10 月至 2012 年 6 月；第三轮发生在 2012 年 6 月至 2014 年 12 月。基础货币的上述三轮扩张正好与美联储的三轮 QE 政策相吻合，反映了 QE 政策对美国基础货币供应的影响。从美国债券收益率情况来看，自 2005 年 10 月开始，美国 1 年期国债的收益率呈现出明显的下降趋势，并一直持续至 2008 年上半年；从 2008 年 4 月经历了短期的上升之后，于 2008 年 7 月开始再次进入下降通道，到 2010 年 7 月之后基本保持稳定。从图 7 - 1 中可以看到，在 2007 年 8 月至 2009 年 4 月期间，美国 1 年期国债收益率经历了大幅的波动，反映了金融危机期间市场情绪处于非常不稳定的状态。

（二）单位根检验与滞后期选择

为确保数据分析的可靠性，我们采用 ADF 方法对三个数据的时间序列进行了单位根检验，依据 AIC 准则确定滞后阶数的检验结果（见表 7 - 6）。

表 7 - 6　　　　　　　　　　　变量单位根检验（美国）

变量	检验类型（C，T，L）	ADF	5% 临界值	P 值	是否平稳
Loangrowth	（c，t，3）	-4.193 ***	-3.436	0.006	平稳
USMBgrowth	（c，t，4）	-3.672 **	-3.436	0.027	平稳
USbond1Y	（c，t，0）	-7.036 ***	-3.436	0.000	平稳

注：检验形式中的 c 和 t 分别表示带有常数项和趋势项，k 表示滞后阶数；滞后期 k 的选择是以 AIC 和 SC 值最小为准则；*** 、** 、* 分别表示在 1%、5%、10% 水平上显著。

从表 7 - 6 可以看到，我国银行总信贷同比增速（Loangrowth）和美国 1 年期国债利率的月度变化（USbond1Y）在 1% 的显著性水平上拒绝了存在单位根的原假设，说明这两个变量都是平稳的。另外，美国基础货币同比增速（USMBgrowth）在 5% 的显著性水平上拒绝了存在单位根的原假设，也满足平稳性要求。单位根检验结果表明，我们所选取的上述三个变量都满足构建 VAR 模型的平稳性条件。

另外，在构建 VAR 模型之前，还需要选择变量的滞后期。本书采用 LR、FPE、AIC、SC 和 HQ 等 5 个评价标准来选择最佳滞后阶数。检验结果如表 7 - 7 所示。

表 7 - 7　　　　　　　　　　　最佳滞后阶数（美国）

滞后阶数	LR	FPE	AIC	SC	HQ
0	NA	2.63E $-$ 10	-13.545	-13.488	-13.522
1	951.915	6.84E $-$ 13	-19.497	-19.267	-19.403
2	81.056	4.52E $-$ 13	-19.911	-19.509	-19.748
3	61.499	3.37E $-$ 13	-20.207	-19.633 *	-19.973
4	38.733	2.9E $-$ 13	-20.356	-19.610	-20.054 *
5	13.966	2.95E $-$ 13	-20.341	-19.422	-19.968

续表

滞后阶数	*LR*	*FPE*	*AIC*	*SC*	*HQ*
6	13. 603	3E – 13	– 20. 325	– 19. 234	– 19. 882
7	15. 026	3. 02E – 13	– 20. 321	– 19. 058	– 19. 808
8	28. 655	2. 74E – 13	– 20. 420	– 18. 985	– 19. 837
9	14. 992	2. 74E – 13	– 20. 421	– 18. 813	– 19. 768
10	26. 472 *	2. 51e – 13 *	– 20. 513 *	– 18. 733	– 19. 790
11	9. 788	2. 61E – 13	– 20. 478	– 18. 526	– 19. 686
12	11. 821	2. 67E – 13	– 20. 462	– 18. 337	– 19. 599

注：* 表示在每一列标准中选择的滞后阶数。

从表 7 - 7 可以看到，*LR*、*FPE* 和 *AIC* 标准显示的最佳滞后期均为 10，*SC* 标准显示的最佳滞后期为 3，*HQ* 标准显示的最佳滞后期为 4。综合以上标准，本书将选择的滞后期确定为 10。在此基础上，我们基于我国银行总信贷同比增速（Loangrowth）、美国基础货币同比增速（USMBgrowth）、美国 1 年期国债利率的月度变化（USbond1Y）等三个变量构建 VAR 模型。所构建的模型的 AR 根倒数均落在单位圆之内（见图 7 - 2），说明模型是稳定的，可以基于模型进行脉冲响应分析和方差分解。

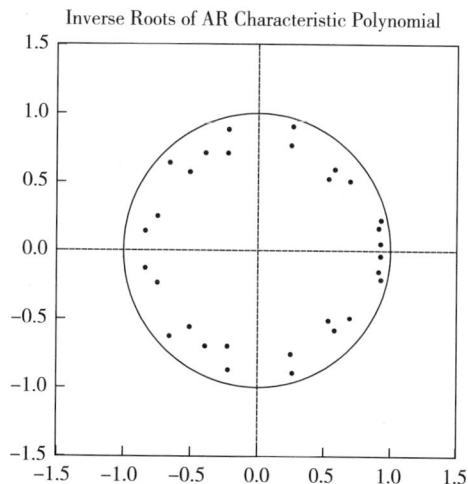

图 7 - 2　AR 根倒数的分布图（美国）

（三）脉冲响应分析

基于所构建的 VAR 模型，我们可以使用脉冲响应函数分析美国 QE 政策对中国总信贷增速的动态影响。具体结果如图 7 - 3 所示。

Response of LOANGROWTH to USMBGROWTH   Response of LOANGROWTH to USBOND1Y

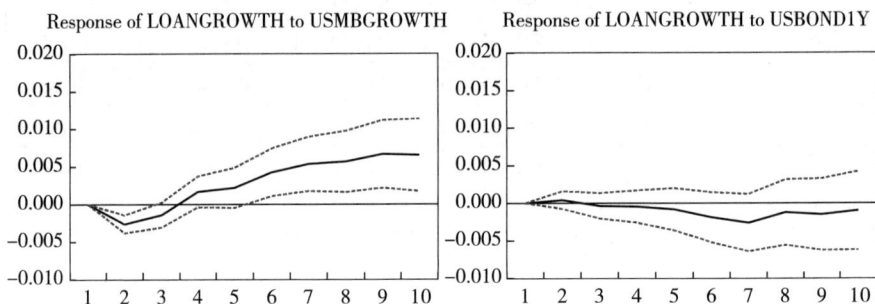

图 7 - 3   脉冲响应函数（美国）

基于图 7 - 3 的结果，从基础货币情况来看，对于美国基础货币增速（USMBgrowth）的一个正向冲击，我国总信贷增速在短期内会出现小幅下降，说明短期内我国银行信贷的变动对美国基础货币扩张并不敏感，甚至出现了相反方向的变动。不过，在 2 个月以后美国基础货币增速的正向冲击将会对我国总信贷增速产生正向影响，且在 4 个月以后，这种正向冲击将抵消前期所造成的负向冲击，最终累积形成的总效应变为正向。这种正向效应会随着时间的延长而不断加大，在 9 个月后基本达到最大值。总体上看，美国基础货币增速与我国总信贷增速之间存在着长期的正向关系，但总信贷增速对美国基础货币增长速度的反应存在 2 个月左右的滞后期，且总的正向效应会在 9 个月之后达到最大值。

从美国 1 年期国债收益率来看，图 7 - 3 的结果表明，对于美国 1 年期债券收益率月度变化（USbond1y）的一个正向冲击，我国总体信贷增速在短期内会出现小幅上涨。债券收益率的上升意味着货币政策的收紧，这一结果意味着当美国货币政策出现收紧时，我国总信贷增速的反应并不敏感，总信贷增速在短期内甚至会出现一定幅度的上升。不过，大约在 2 个月以后，美国货币政策收紧对我国总信贷增速的负向影响开始显现。而且，这种负向影响很快就会超过前期产生的正向影响，美国 1 年期债券收益率的上升会对我国总信贷增速产生总的负向效应。这种负向效应不断累积，到第 7 个月左右达到最大值。

从图 7 - 3 可以看到，无论是从基础货币数量还是从 1 年期债券收益率角度来衡量美国货币政策的变化，所得到的结论是类似的：美国货币政策对我国总信贷增速产生了显著的影响，但我国总信贷增速对美国货币政策的反应存在 1~2 个月的滞后期。随着时间的延长，美国货币政策对我国总信贷增速产生的溢出效应开始显现，并在 7~9 个月的时间达到最大。

（四）方差分解

脉冲响应函数描述的是 VAR 模型中一个内生变量的冲击给其他内生变量所带来的影响，而方差分解是通过分析每一个结构冲击对内生变量变化（通常用方差来度量）的贡献度，进一步评价不同结构冲击的重要性。我们在脉冲响应分析基础上进行方差分解，考察美国基础货币增速、1 年期国债收益率月度变化等反映美国货币政策的指标对中国总信贷增速的影响程度。针对 Loangrowth 变量的方差分解结果如表 7 - 8 所示。

表 7 - 8　　　　　　　　　Loangrowth 方差分解（美国）

Period	S. E.	Loangrowth	USMBgrowth	USbond1Y
1	0.0068	100	0	0
2	0.0099	92.7030	7.1274	0.1696
3	0.0125	94.1289	5.6829	0.1882
4	0.0165	95.5044	4.3063	0.1894
5	0.0197	95.4539	4.2355	0.3106
6	0.0228	92.4422	6.6344	0.9234
7	0.0262	89.1421	9.1653	1.6926
8	0.0292	87.2928	11.1715	1.5357
9	0.0321	84.9725	13.5429	1.4846
10	0.0343	83.1193	15.4980	1.3827
11	0.0362	81.4072	17.2713	1.3215
12	0.0378	79.8324	18.5329	1.6348
13	0.0390	77.5265	19.6585	2.8150
14	0.0402	74.4314	20.8409	4.7277
15	0.0413	71.1535	21.5320	7.3145
16	0.0423	67.8944	21.6456	10.4600
17	0.0434	64.3703	21.3484	14.2814
18	0.0445	61.2771	20.7137	18.0092
19	0.0455	58.6629	19.9610	21.3761
20	0.0466	56.3220	19.1283	24.5498

从表7-8可以看到，尽管从长期来看美国基础货币增速和1年期国债收益率的月度变化对我国总信贷增速均会产生正向溢出效应，但两者在影响程度上却存在很大差别。以第2期为例，我国总信贷增速（Loangrowth）的预测残差为0.0099，其中，92.7030%的部分由总信贷增速（Loangrowth）本身的残差冲击所导致，7.1274%的部分由美国基础货币增速（USMBgrowth）的残差冲击所导致，0.1696%的部分由美国1年期国债利率的月度变化（USbond1Y）所导致。可以看到，后两部分的贡献相对比较小。但是，随着时间的延长，美国基础货币增速（USMBgrowth）和美国1年期国债利率的月度变化（USbond1Y）两个变量对我国总信贷增速（Loangrowth）预测残差的贡献不断增大。其中，美国1年期国债利率的月度变化（USbond1Y）对我国总信贷增速（Loangrowth）预测残差的贡献程度以更快的速度上升，在第19期以后超过美国基础货币增速（USMBgrowth）的贡献。

（五）小结

作为基于银行微观数据分析的补充，利用美国货币政策数据和我国总体信贷数据，这一部分采取标准的VAR方法，从宏观层面分析了美国QE政策对我国银行总信贷的影响。研究结果表明，在宏观层面，美国货币政策的变化对我国银行总信贷的变动产生了显著的影响。从长期来看，这种影响是正向的，说明美国的货币政策对于我国银行总信贷具有一定的溢出效应。不过，这种影响大约需要2个月的时滞。而大约在9个月以后，美国货币政策对我国银行总信贷增速的影响将会达到最大值。总体上看，这一部分的分析从宏观层面进一步验证了美国QE政策对我国银行业的溢出效应。

第三节　日本与欧元区QE政策的影响

从本质上说，日本、欧元区的QE政策对我国银行业的影响与美国具有一定的共性。另外，考虑到日本和欧元区的QE政策采取的是一种渐进的方式，直接从微观层面比较QE政策前后银行经营指标的变化存在一定难度，在这一部分中，我们仅从宏观角度采取VAR方法对日本和欧元区的货币政策与我国总信贷增速之间的关系进行分析。

一、日本

结合数据可得性，这一部分分析主要基于 2000 年 1 月至 2016 年 6 月日本和我国的货币政策月度数据。为构造适用于 VAR 模型的平稳序列，本书分别以我国银行总信贷的同比增速（Loangrowth，等于我国当月银行总信贷余额与上年同期相比的增长率）来衡量银行总信贷的变化情况；以日本基础货币同比增速的月度变化（JPMBgrowth，等于日本当月基础货币同比增速与上月相比的差异）和日本 1 年期国债利率的月度变化（JPbond1Y，等于日本当月 1 年期国债收益率与上月相比的差异）来衡量日本的货币政策变动。三个数据的时间序列如图 7-4 所示。

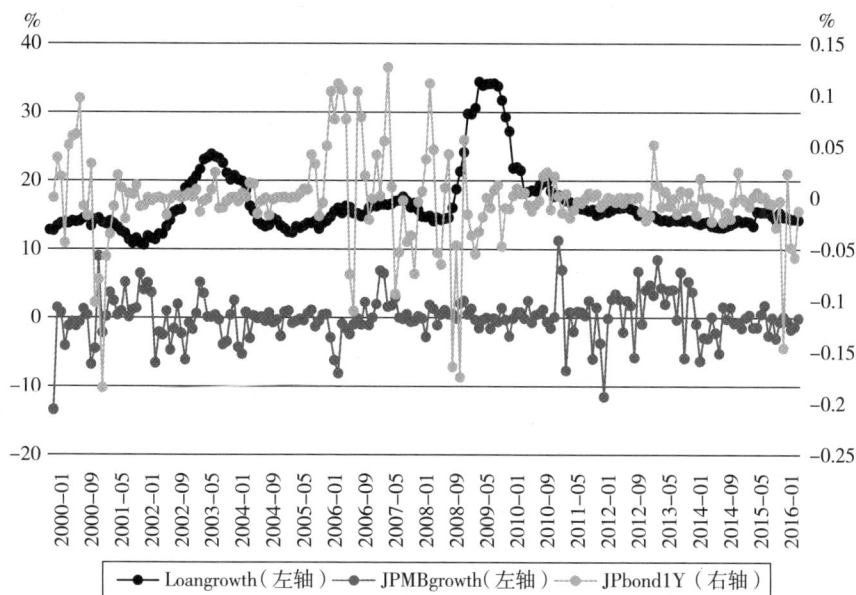

资料来源：Wind 资讯。

图 7-4 中日货币政策指标的时间序列图（2001 年 1 月至 2016 年 1 月）

对数据时间序列的单位根检验结果如表 7-9 所示。可以看到，所选取的三个指标均满足平稳性要求。

表7-9　　　　　　　变量单位根检验（日本）

变量	检验类型（C, T, L）	ADF	5%临界值	P 值	是否平稳
Loangrowth	$(c, t, 3)$	-4.167 ***	-2.876	0.000	平稳
JPMBgrowth	$(c, t, 0)$	-12.316 ***	-2.876	0.000	平稳
JPbond1Y	$(c, t, 0)$	-9.891 ***	-2.876	0.000	平稳

注：检验形式中的 c 和 t 分别表示带有常数项和趋势项，k 表示滞后阶数；滞后期 k 的选择是以 AIC 和 SC 值最小为准则；***、**、* 分别表示在1%、5%、10%水平上显著。

类似地，我们采用 LR、FPE、AIC、SC 和 HQ 等5个评价标准来选择最佳滞后阶数。检验结果如表7-10所示。依据表7-10的结果，我们选择的滞后阶数为4。

表7-10　　　　　　　最佳滞后阶数（日本）

Lag	LogL	LR	FPE	AIC	SC	HQ
0	1896.807	NA	3.97E-13	-20.0403	-19.9888	-20.0194
1	2203.732	600.8586	1.70E-14	-23.1929	-22.98711 *	-23.1096
2	2219.062	29.5248	1.59E-14	-23.2599	-22.8997	-23.1140
3	2230.395	21.4670	1.55E-14	-23.2846	-22.7700	-23.0762
4	2252.23	40.6657 *	1.35e-14 *	-23.4204 *	-22.7515	-23.1494 *
5	2254.577	4.2960	1.45E-14	-23.3500	-22.5267	-23.0165
6	2259.416	8.7060	1.52E-14	-23.3060	-22.3283	-22.9099
7	2261.988	4.5443	1.63E-14	-23.2380	-22.1059	-22.7794
8	2263.944	3.3943	1.76E-14	-23.1634	-21.8770	-22.6423

我们进一步基于我国银行总信贷同比增速（Loangrowth）、日本基础货币同比增速的月度变化（JPMBgrowth）和日本1年期国债利率的月度变化（JPbond1Y）等三个变量构建 VAR 模型。所构建模型的 AR 根倒数均落在单位圆之内（见图7-5），说明模型是稳定的，可以基于模型进行脉冲响应分析和方差分解。

基于所构建的 VAR 模型的脉冲响应分析结果如图7-6所示。

从图7-6可以看到，我国总信贷增速与日本基础货币增速的月度变化之间存在着正向关系。与美国不同的是，我国总信贷增速对日本基础货币增速月度变化的反应更为迅速，不存在明显的滞后期，且这种冲击在第3个月之后即达到最大值，并基本保持平稳。

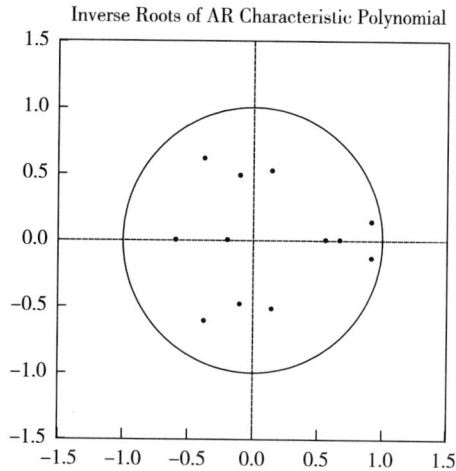

图 7 - 5 AR 根倒数的分布图 （日本）

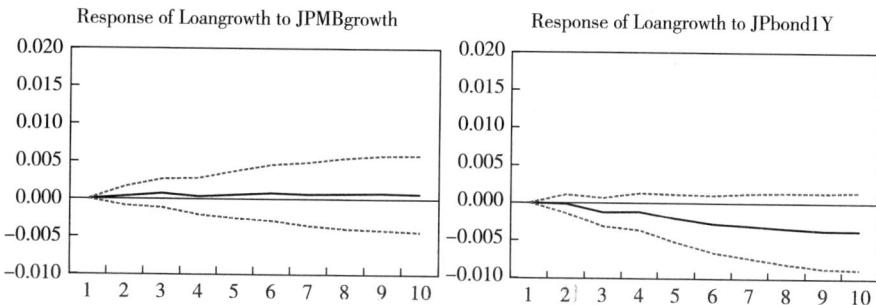

图 7 - 6 脉冲响应函数 （日本）

此外，我国总信贷增速与日本 1 年期国债利率的月度变化之间存在着反向关系。日本 1 年期国债利率的月度变化对我国总信贷增速的冲击也不存在明显的滞后期。不过，这种冲击对我国总信贷增速的影响大约需要 8 个月的时间才会达到最大。

针对 Loangrowth 变量的方差分解结果如表 7 - 11 所示。

表 7 - 11 Loangrowth 方差分解 （日本）

Period	S. E.	Loangrowth	JPMBgrowth	JPbond1Y
1	0. 0084	100	0	0
2	0. 0128	99. 9059	0. 0836	0. 0105

Period	S. E.	Loangrowth	JPMBgrowth	JPbond1Y
3	0. 0166	99. 1916	0. 2386	0. 5699
4	0. 0217	99. 2021	0. 1643	0. 6336
5	0. 0260	98. 7622	0. 1620	1. 0758
6	0. 0299	98. 1146	0. 1960	1. 6894
7	0. 0337	97. 6547	0. 1904	2. 1549
8	0. 0369	97. 1602	0. 1950	2. 6448
9	0. 0396	96. 6298	0. 2078	3. 1625
10	0. 0419	96. 1823	0. 2125	3. 6052
11	0. 0438	95. 7491	0. 2189	4. 0320
12	0. 0453	95. 3424	0. 2266	4. 4311
13	0. 0464	94. 9901	0. 2318	4. 7781
14	0. 0472	94. 6760	0. 2368	5. 0871
15	0. 0477	94. 4039	0. 2415	5. 3546
16	0. 0481	94. 1809	0. 2450	5. 5741
17	0. 0483	94. 0018	0. 2478	5. 7504
18	0. 0484	93. 8656	0. 2499	5. 8845
19	0. 0484	93. 7699	0. 2512	5. 9789
20	0. 0485	93. 7089	0. 2519	6. 0391

从表 7-11 可以看到，从绝对值上来看，我国总信贷增速（Loangrowth）的预测残差中，日本基础货币增速的月度变化（JPMBgrowth）和日本 1 年期国债利率的月度变化（JPbond1Y）这两个变量的贡献都不是很大。以第 2 期为例，总信贷增速（Loangrowth）的预测残差为 0.0128，日本基础货币增速的月度变化（JPMBgrowth）和日本 1 年期国债利率的月度变化（JPbond1Y）的贡献分别仅占比 0.0836% 和 0.0105%，总体所占份额非常小。随着时间的增加，上述两个指标的贡献也有所增加，但在绝对值上仍比较小。这一点与美国有所不同，一定程度上意味着日本 QE 政策对我国总信贷增速的影响要低于美国。

二、欧元区

结合数据可得性，对欧元区的分析基于的是 2005 年 1 月至 2016 年 6

月货币政策月度数据。与前文类似，为构造适用于 VAR 模型的平稳序列，我们分别以我国银行总信贷的同比增速（Loangrowth，等于我国当月银行总信贷余额与上年同期相比的增长率）来衡量银行总信贷的变化；以欧元区 M1 同比增长率（EUM1growth，等于欧元区当月 M1 同比增长率）和欧元区 1 年期国债利率的月度变化（EUbond1Y，等于欧元区当月 1 年期国债收益率与上月相比的差异）来衡量欧元区的货币政策。三个数据的时间序列如图 7 - 7 所示。

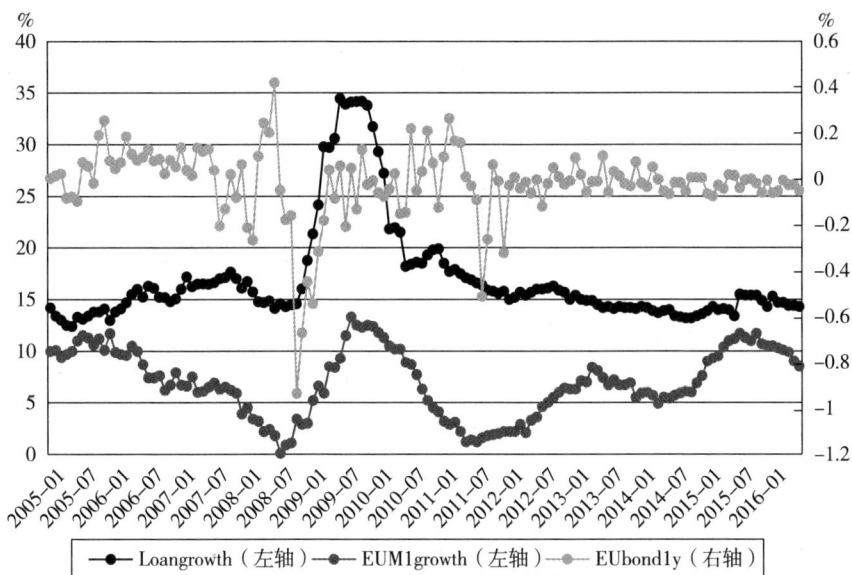

资料来源：Wind 资讯。

图 7 - 7　中欧货币政策指标的时间序列图（2005 年 1 月至 2016 年 1 月）

对数据时间序列的单位根检验结果如表 7 - 12 所示。可以看到，所选取的三个指标也都满足平稳性要求。

表 7 - 12　　　　　　　　　　变量单位根检验（欧元区）

变量	检验类型（C，T，L）	ADF	5%临界值	P 值	是否平稳
LoanGrowth	（c，t，3）	- 3.702 ***	- 2.883	0.005	平稳
EUM1Growth	（c，t，4）	- 3.520 ***	- 2.883	0.009	平稳
EUbond1Y	（c，t，0）	- 6.047 ***	- 2.883	0.000	平稳

注：检验形式中的 c 和 t 分别表示带有常数项和趋势项，k 表示滞后阶数；滞后期 k 的选择是以 AIC 和 SC 值最小为准则；*** 、** 、* 分别表示在 1%、5%、10% 水平上显著。

我们同样采用 *LR*、*FPE*、*AIC*、*SC* 和 *HQ* 等 5 个评价标准来选择最佳滞后阶数，检验结果如表 7 - 13 所示。依据表 7 - 13 的结果，我们选择的滞后阶数为 6。

表 7 - 13　　　　　　　最佳滞后阶数（欧元区）

Lag	LogL	*LR*	*FPE*	*AIC*	*SC*	*HQ*
0	1121. 904	NA	6. 71E - 12	- 17. 2139	- 17. 1477	- 17. 1870
1	1527. 602	786. 4310	1. 50E - 14	- 23. 3170	- 23. 0523	- 23. 2094
2	1550. 736	43. 7763	1. 21E - 14	- 23. 5344	- 23. 0712 *	- 23. 3462
3	1564. 014	24. 5134	1. 13E - 14	- 23. 6002	- 22. 9385	- 23. 3313
4	1586. 192	39. 9203	9. 25E - 15	- 23. 8030	- 22. 9427	- 23. 4534 *
5	1596. 227	17. 6006	9. 12E - 15	- 23. 8189	- 22. 7601	- 23. 3887
6	1609. 407	22. 5068 *	8. 57e - 15 *	- 23. 8831 *	- 22. 6259	- 23. 3723
7	1617. 147	12. 8608	8. 77E - 15	- 23. 8638	- 22. 4080	- 23. 2723
8	1624. 73	12. 2492	9. 00E - 15	- 23. 8420	- 22. 1877	- 23. 1698

我们进一步基于我国银行总信贷同比增速（Loangrowth）、欧元区 M1 同比增速（EUM1growth）和欧元区 1 年期国债利率的月度变化（EUbond1Y）等三个变量构建 VAR 模型。所构建模型的 AR 根倒数均落在单位圆之内（见图 7 - 8），满足稳定性要求。

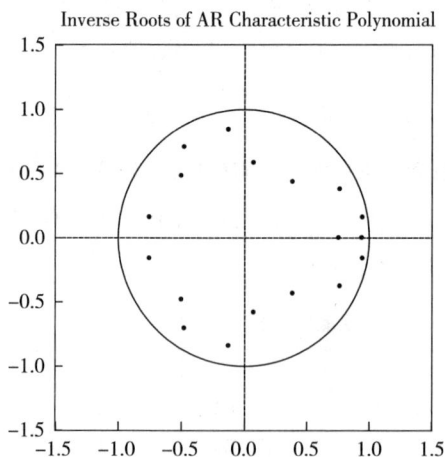

Inverse Roots of AR Characteristic Polynomial

图 7 - 8　AR 根倒数的分布图（欧元区）

基于所构建的 VAR 模型的脉冲响应分析结果如图 7 - 9 所示。

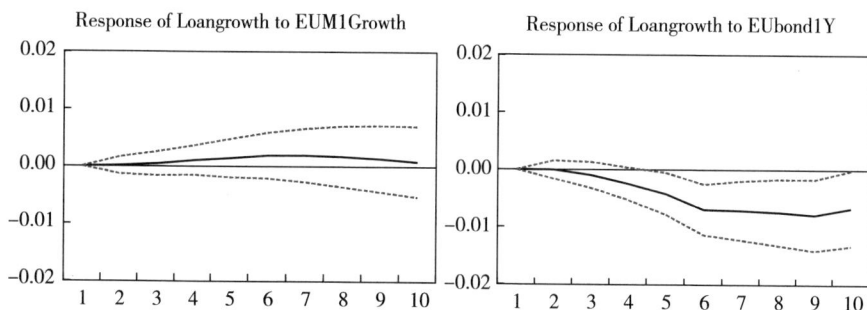

图 7 - 9 脉冲响应函数（欧元区）

从图 7 - 9 可以看到，欧元区 M1 增速对我国总信贷的增速也存在着正向影响。值得注意的是，这种影响呈现出先上升后下降的趋势，大约在 6个月达到最大值。类似地，欧元区 1 年期国债收益率的变化对我国总体信贷增速也存在着负向冲击，这种冲击大约会在 8 个月达到最大值。

基于欧元区数据针对 Loangrowth 变量的方差分解结果如表 7 - 14 所示。

表 7 - 14　　　　　　　Loangrowth 方差分解（欧元区）

Period	S. E.	Loangrowth	EUM1growth	EUbond1Y
1	0.0084	100	0	0
2	0.0121	99.9834	0.0142	0.0024
3	0.0153	99.5041	0.0941	0.4018
4	0.0201	97.9562	0.3181	1.7257
5	0.0243	95.2844	0.5529	4.1628
6	0.0285	90.1230	0.8413	9.0357
7	0.0327	87.3689	0.9886	11.6425
8	0.0361	85.1665	1.0338	13.7998
9	0.0391	83.0942	1.0036	15.9022
10	0.0415	82.3180	0.9295	16.7525
11	0.0432	82.0145	0.8588	17.1267
12	0.0446	81.8215	0.8427	17.3357
13	0.0456	81.8334	0.9467	17.2200
14	0.0463	81.7448	1.2210	17.0342
15	0.0468	81.4381	1.7581	16.8038

续表

Period	S. E.	Loangrowth	EUM1growth	EUbond1Y
16	0.0473	80.8994	2.5778	16.5229
17	0.0477	80.1017	3.6400	16.2583
18	0.0482	79.0670	4.9532	15.9798
19	0.0486	77.8435	6.4617	15.6949
20	0.0490	76.4977	8.0854	15.4169

表 7 - 14 的结果表明，从绝对值上来看，我国总信贷增速（Loan-growth）的预测残差中，欧元区 M1 增速（EUM1growth）和欧元区 1 年期国债利率的月度变化（EUbond1Y）这两个变量具有一定贡献，且贡献程度随着时间的延长不断增加。但与美国的分析结果相比，欧元区的货币政策对我国总信贷增速预测残差的贡献要相对较小。

此外，还值得注意的是，欧元区 1 年期国债利率的月度变化（EUbond1Y）对我国总信贷增速（Loangrowth）预测残差的贡献总体上要比欧元区 M1 增速（EUM1growth）大得多。

三、小结

我们通过构建 VAR 模型，对日本和欧元区货币政策与我国总信贷增速之间的关系进行了分析。总体上看，无论是日本还是欧元区，其货币政策对我国总信贷都产生了一定的溢出效应：宽松的货币政策会对我国总信贷增长产生促进作用。相比较而言，日本和欧元区货币政策对我国信贷增长的影响要小于美国。可能的原因在于：一方面，美国作为世界上最大的经济体和世界经济的领导者，其货币政策走势对世界上其他国家具有很大的导向作用；此外，我国银行以日元和欧元为计价单位的资产配置要少于以美元计价的资产，因此，日元和欧元价值的波动对我国商业银行资产负债表的直接影响与美元相比也要小一些。

第八章 量化宽松政策退出
对中国的影响

第一节 量化宽松政策退出对中国房地产
市场的影响

一、QE 影响中国房地产市场的传导机制

（一）传统的利率、汇率渠道

传统的利率、汇率渠道是指发达国家实施量化宽松政策以后面临着利率下行、货币贬值压力，各国间利差和汇率波动导致跨境资金流向国内。在资金涌向国内的同时，需要进行套保操作，根据利率平价原理，高利率国家面临远期汇率贴水。国内市场在注入大量流动性后面临利率下行压力，利率下行从两个方面影响房地产市场：第一，房地产市场作为大额投资品需要借贷资金的支持，资金成本的下降使得购买力增强，从而促使房地产市场上涨；第二，通过财富效应影响房地产市场，大量流动性和利率下行促使股票市场繁荣，股市繁荣转换成房地产购买力，促使房地产市场价格上涨。2015 年 6 月至 7 月深圳房价的快速上涨即为典型的财富效应的结果。

（二）基于"巴拉萨—萨缪尔森"效应的传导机制

与上述传统的利率、汇率传导渠道不同，巴拉萨—萨缪尔森效应主要是基于贸易品部门和不可贸易品部门的劳动生产率的差异造成的。首先我们假定：（1）处于开放经济中的小国存在两个部门，制造业部门为可贸易部门（记为 T），房地产部门为不可贸易部门（记为 E）。（2）制造业部门的购买力平价成立，其价格由国际市场决定，而房地产价格由国内市场决

定。（3）制造业部门和房地产部门的结构是完全竞争的，资本可以在国内、国际之间流动，但劳动力只能在国内部门间流动。劳动力的流动使得制造业部门和房地产部门的工资相等，即 $W_T = W = W_E$。（4）劳动力市场充分就业，劳动力总供给 $L = L_T + L_E$，其中 L_T 和 L_E 分别代表制造业部门和房地产部门的劳动力投入。

设制造业部门和房地产部门的生产函数均为规模报酬不变的柯布—道格拉斯形式，即

$$Y_T(K_T, L_T) = A_T L_T^{\alpha} K_T^{1-\alpha}$$

$$Y_E(K_E, L_E) = A_E L_E^{\beta} K_E^{1-\beta}$$

式中，A_T 和 A_E 分别代表制造业部门和房地产部门的技术水平，K_T 和 K_E 分别代表制造业部门和房地产部门的资本投入，α 和 β 分别表示制造业部门和房地产部门的劳动力的弹性系数。

制造业部门的利润最大化目标为 $\mathrm{Max}\ \pi_T = P_T \times A_T L_T^{\alpha} K_T^{1-\alpha} - W_T \times L_T - r \times K_T$

其一阶条件为

$$\frac{\partial \pi_T}{\partial L_T} = \alpha P_T \times A_T L_T^{\alpha-1} K_T^{1-\alpha} - W_T = 0$$

$$\frac{\partial \pi_T}{\partial K_T} = (1-\alpha) P_T \times A_T L_T^{\alpha} K_T^{-\alpha} - r = 0$$

房地产部门的利润最大化目标为 $\mathrm{Max}\ \pi_E = P_E \times A_E L_E^{\beta} K_E^{1-\beta} - W_E \times L_E - r \times K_E$

其一阶条件为

$$\frac{\partial \pi_E}{\partial L_E} = P_E \times A_E L_E^{\beta-1} K_E^{1-\beta} - W_E = 0$$

$$\frac{\partial \pi_E}{\partial K_E} = (1-\beta) P_E \times A_E L_E^{\beta} K_E^{-\beta} - r = 0$$

式中，P_T 和 P_E 分别代表制造业部门和房地产部门的产品价格，r 为利率（外生给定）。由于劳动力自由流动导致 $W_T = W = W_E$，可得

$$\frac{P_E}{P_T} = \frac{\alpha}{\beta} \times \frac{A_T L_T^{\alpha-1} K_T^{1-\alpha}}{A_E L_E^{\beta-1} K_E^{1-\beta}} = \frac{\alpha}{\beta} \times \frac{Y_T(K_T, L_T)/L_T}{Y_E(K_E, L_E)/L_E}$$

记 $\lambda_T = Y_T(K_T, L_T)/L_T$，$\lambda_E = Y_E(K_E, L_E)/L_E$，分别表示制造业部门和房地产部门的单位劳动生产产出，即两个部门的劳动生产率。此外，我

们令 $p = \dfrac{P_E}{P_T}$ 表示房地产相对于工业品的相对价格。这样，上式可简化为

$p = \dfrac{\alpha}{\beta} \times \dfrac{\lambda_T}{\lambda_E}$；进一步地，两边取对数，并对时间 t 求导得

$$\frac{\overline{p}}{p} = \frac{\overline{\lambda_T}}{\lambda_T} - \frac{\overline{\lambda_E}}{\lambda_E}$$

上式中，$\overline{\lambda_T}/\lambda_T$ 和 $\overline{\lambda_E}/\lambda_E$ 分别表示制造业部门和房地产部门劳动生产率的增长率，$\overline{p}/p$ 表示房地产相对价格的变动率。随着经济开放水平的提高，制造业部门受益于更大的市场规模、干中学效应等，其劳动生产率提高得更快，即 $\overline{\lambda_T}/\lambda_T > \overline{\lambda_E}/\lambda_E$，有上式可知 $\overline{p}/p > 0$，这意味着房地产的相对价格将上涨。伴随着不可贸易部门的商品价格上涨，汇率呈升值趋势。

文献方面，Bardhan 等（2004）选取了世界不同国家主要城市的数据分析了经济开放度对城市租金的影响，证明了城市开放度的增加会提升非贸易品的相对价格，在房地产领域验证了巴拉萨—萨缪尔森效应的存在性。毛其淋和盛斌（2010）利用我国大中城市的面板数据分析了经济开放度对房地产价格的影响，其实证结论为经济开放度对房地产价格上涨的贡献度为 4.54%。任仙玲和孙淑娜（2016）通过分位数回归方法，也证实了人民币汇率升值与房价上涨存在正相关关系。

从传导途径看，量化宽松政策导致房地产价格上升的途径有二：其一，量化宽松政策导致全球贸易品价格上升，从而导致贸易品部门利润上升；由于劳动力可以跨部门流动，社会工资具有平均化的趋势；经过劳动力流动的传导，房地产部门的工资也会上升，从而导致房地产价格水平上升。其二，资源要素受利润最大化原则支配，劳动力和资本会在两个部门之间流动；当贸易品部门机会增加时，资源会流向贸易品部门；房地产部门要竞争稀缺的资源就会提高价格，从而导致房地产市场的价格上升。

二、QE 与中国的房地产泡沫

（一）房地产泡沫的典型事实

所谓泡沫，根据《新帕尔格雷夫货币金融大辞典》的定义，它是"一种或一系列资产在一个连续过程中陡然涨价，开始的价格上升会使人们产生还要涨价的预期，于是又吸引了新的买主——这些人一般只是想通过买

卖牟取利润，而对这些资产本身的使用和产生盈利的能力是不感兴趣的"。目前关于中国房地产市场是否存在泡沫争议较小，焦点主要集中于泡沫是否会进一步扩大或是何时破灭。以下列举了中国房地产市场泡沫的若干典型事实。

第一，房价涨幅远超发达经济体。表8-1统计了2010年11月美国第二轮量化宽松政策后主要国家和地区房价涨幅情况，由于当前人类经济活动向城市集聚趋势明显，我们针对各国核心城市进行统计，以便更清晰地反映房价上涨情况。中国四个一线城市以及天津在六年中房价涨幅达到134%，年均复合增长率为15.21%，在所有样本国家中涨幅第一。涨幅较大的还包括英国大伦敦都市圈以及中国香港。总体来讲，发达经济体核心城市圈房价的涨幅接近甚至低于同期GDP涨幅，反映出在经济低谷期住宅购买力也相应疲软。

表8-1　　　　美国第二轮 QE 后主要国家和地区房价涨幅　　　　单位:%

国家	计算范围	计算时间段	总涨幅	年均复合增长率	指数名称
中国	一线城市+天津	2010.11—2016.11	134	15.21	中原二手住宅领先指数
美国	10个大中城市	2010.10—2016.10	29	4.39	Case-shiller 指数
日本	东京都都市圈	2010—2016	7	1.06	日本国土交通省
中国香港	香港全境	2010.10—2016.10	65	8.65	中原城市指数
韩国	首尔全市	2010.10—2016.10	17	2.72	韩国中央银行
澳大利亚	8大城市	2010.09—2016.09	31	4.61	澳大利亚统计局
英国	大伦敦	2010.06—2016.06	66	8.81	英国土地注册处

资料来源：Wind。

第二，房价涨幅较快可能是因为基数比较低，不一定构成房价泡沫的充分理由；但从房价的绝对值水平来看，在跨国比较中，中国的房价水平并不低。图8-1是2016年全球城市房价TOP20的排名，中国有5座城市入围，包括香港、深圳、北京、上海、台北，这5座城市分别排在第2、第10、第11、第15、第18位。中国大陆是唯一入围的发展中地区，入围的"北上深"市中心房价分别为8.6万元/平方米、8.5万元/平方米、7.8万元/平方米。一座城市的房价构成了这座城市的生产服务业（法律、会计、金融、设计等中间投入环节）主要成本，它的高低反映了这座城市的服务业对全国乃至全球的辐射能力。总体来讲，中国正处于工业经济向后工业经济转型时期，生产性服务业的效率还相对较低，房价却进入全球前20名，对经济转型升级构成较大障碍。

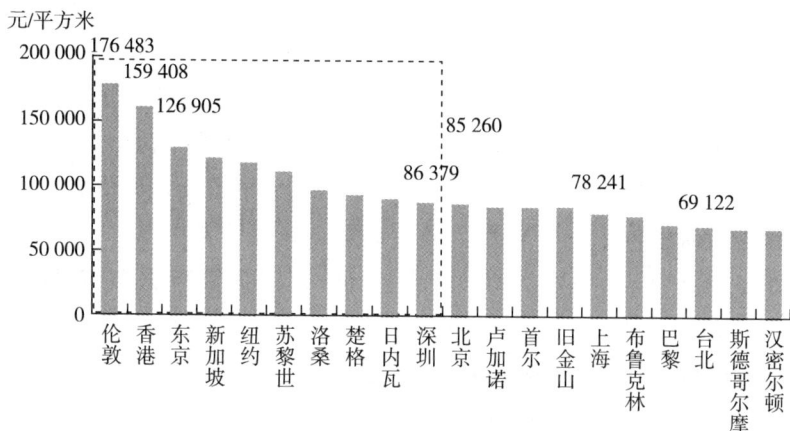

资料来源：NUMBEO，华泰证券研究所。

图 8－1　2016 年全球城市房价 TOP20

第三，房价收入比是一个相对指标，反映了购房者收入对房价的支撑能力。这一比值越大，反映出这座城市的房价风险越大。图 8－2 是 Num-

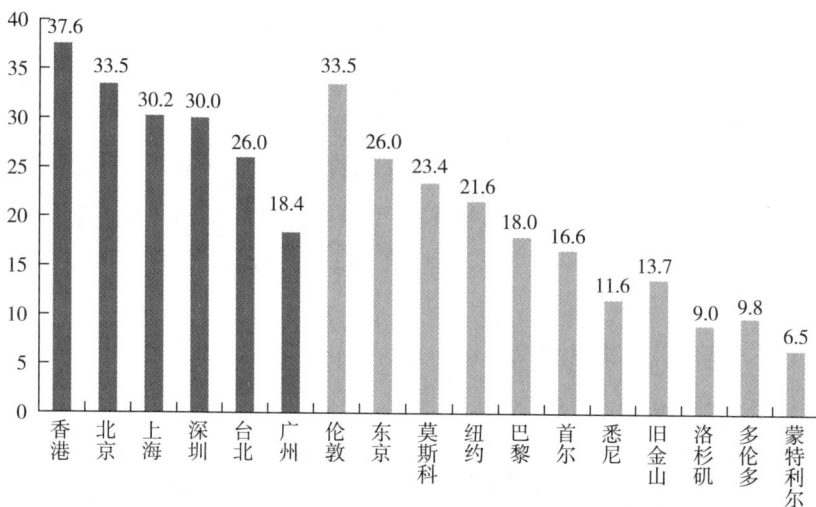

资料来源：NUMBEO。

图 8－2　2016 年中国与全球主要城市房价收入比

beo 公司统计的全球主要城市的房价收入比情况，其中分子房价以 90 平方米公寓的套均价格为代表，分母使用净家庭可支配收入。尽管房价和收入的统计目前存在较多争议，但以这一标准来看，北京的房价收入比为 33.5，与伦敦持平；"北上深"三个一线城市房价收入比分别为 33.5、33.2 和 33.0，均超过东京。

以下我们以深圳 2015 年的房价变动为例，说明泡沫这一典型事实。2015 年 2 月至 2016 年 2 月深圳房价上涨了 72%；2008 年初至 2014 年底深圳房价的年均复合增长率仅为 12%，且是相对平稳增长（见图 8-3）；深圳房价在短时期内出现了陡然上升的趋势，符合泡沫的第一个特征。此外，2015 年 5 月至 6 月深圳房价上涨了 16%，2015 年 11 月至 12 月上涨了 17%；这两个时间段的上涨与创业板指数的变动几乎完全吻合，在区域上这两个时间段主要的上涨区域集中在盐田和南山两个富人区；反映出房价上涨背后股市出逃资金的推动作用。

从泡沫的第二个特征——人们对这些资产本身的使用和产生盈利的能力是不感兴趣的来看，深圳也明显符合。关外的宝安和龙岗两区在一年内的涨幅分别为 79% 和 97%，远远超过全市平均水平；关内四区除南山区的涨幅超过全市平均外，其他都低于全市平均。从实际居住需求的角度出发，中心城区的交通便利性及各种配套设施都明显好于外围郊区，这也是中心城区房价高于郊区的原因。购房者之所以热衷于郊区住房，是因为购入门槛低，方便投资。

2016 年 3 月，深圳市政府出台了《深圳市人民政府办公厅关于完善住房保障体系促进房地产市场平稳健康发展的意见》，主要从购房资质、金融去杠杆以及规范中介市场等方面采取了措施，深圳的房价泡沫在行政干预下完成了主动释放，2016 年 2 月至 11 月，深圳房价整体下跌 14%（见图 8-3）。

（二）两种传导渠道展现的机会窗口

在上述利率、汇率传统传导渠道中，货币的跨境资产回报率与本国的资产回报率应该相等，也即遵循利率平价理论，否则就会出现跨境套利套汇活动。我们假设 A 国（本国）一年期存款利率为 i；B 国（外国）一年期存款利率为 i^*；即期汇率为 e（直接标价法）；远期限汇率为 f。

那么，存款 1 单位本国货币，1 年后可得 $(1+i)$ 的 A 国货币；存款 1

元/平方米

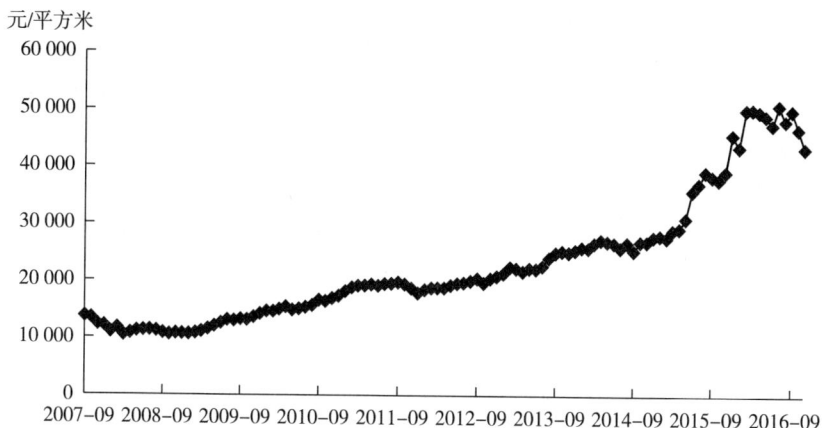

资料来源：中国社科院金融所房地产金融研究中心。

图 8 - 3 深圳房价泡沫及破裂

单位外国货币，1 年后可得 $(1/e + 1/e \times i^*) = (1 + i^*)/e$ 的 B 国货币，也即 $[(1 + i^*)/e] \times f$ 的 A 国货币。

两国存款收益应该相同，即 $(1 + i) = [(1 + i^*) \times f]/e$

解得：$i - i^* = (f - e)/e + (f - e)/e \times i^* \approx (f - e)/e$。这一公式的含义是：两国之间的利率差需要通过远期贴水（贬值）进行抵补。

我们将上式改写为 $R = (i - i^*) + (e - f)/e$。用中国的国债收益率代表 i，美国的国债收益率代表 i^*，美元即期收益率代表 e，无本金交割远期汇率 NDF 代表 f；将实际数据代入上述公式，如果满足利率平价条件，则不存在超额收益，即 $R = 0$；如果 $R > 0$，说明在中国境内存在套利套汇空间。

图 8 - 4 中的左图给出了中美两国国债收益率的利差，从中可以看出这一利差一直大于零，在 2010—2014 年这一利差水平保持在 1.5% ~ 3% 之间，这说明从利差角度（方程右边第一项）为跨境资金提供了套利空间。右图给出了远期汇率的升贴水情况，在 2009—2011 年这一时间段，远期汇率处于升水状态，即方程右边第二项也为正，那么从套汇角度也为跨境资金提供了套利空间。自 2011 年后远期汇率转为贴水状态，但似乎程度不大。

根据上述公式我们计算了自美国实施第一轮量化宽松政策以来中国相对于美国国债的超额收益（见图 8 - 4）。2009—2011 年，中美之间较大的利差为套利提供了较大空间，另一方面国内主推的人民币国际化战略使得汇率面临升值压力，套利套汇两方面的条件都提供了资金流入的正向激励。2011—2015 年"8·11"汇改前，远期汇率已转变为贴水状态，但利率方面在经历 2014 年"6·10"钱荒事件后无风险利率难以下行，在 2013 年中至 2014 年中超额收益又形成了一次上涨态势。2015 年"8·11"汇改后，恐慌性的资金外流导致汇率贴水大幅上升，另一方面 QE 逐渐退出、国内利率下行导致两者利差收窄，最终导致超额收益为负。

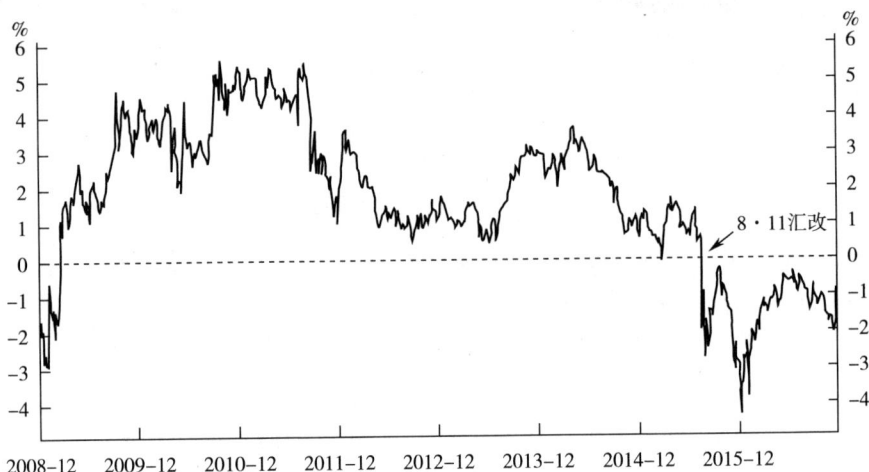

资料来源：笔者根据 Wind 数据计算。

图 8-4　QE 以来抛补条件下中国相对于美国国债的超额收益

总体来讲，美国的量化宽松政策导致中美利差长期保持在高位，而人民币国际化战略使得人民币在相当长一段时间内面临升值压力，这几乎导致了跨境无风险套利套汇活动。国债收益率对应的是无风险收益，在无风险水平上超额收益就能达到 3% ~4% ，这为跨境房地产投资打开了机会窗口。从状态条件看房地产投资面临的风险相对较小。一方面，利差空间大为无风险套利套汇活动提供较长的时间保障；另一方面，中国正处于城镇化过程中，美国已经完成城镇化，即以房地产为投资标的，两国的套利空间也是明显的，从表 8-2 的数据看，中美两国核心城市的房价年化涨幅差距达到 11% （未考虑租金收益率的影响）。此外，房价处于上涨期，交易的流动性不是问题。

从基于"巴拉萨—萨缪尔森效应"的传导机制来看，中国融入全球化使得可贸易品的劳动生产力大大提升，其价格竞争优势明显，以衣着和家用器具为例，两者的年均复合增长率分别为 0.03% 和 -0.01%，即多年几乎不涨价，CPI 的非食品类涨幅也极低（见表 8-2）。由于贸易品部门的劳动生产率提高导致工资上升，而非贸易品部门的工资要求与可贸易品部门拉平，进而导致非贸易品价格的相对上升。从表 8-2 中反映的居住类和房租的 CPI 指数来看，"巴拉萨—萨缪尔森效应"在中国是存在的，而这种效应的存在为房价上升提供了明显的机会窗口。

表 8-2　　　　 2001 年以来 CPI、可贸易品和非可贸易品涨幅　　　　单位:%

项目	2001—2016 年累计涨幅	2011—2016 年累计涨幅	年均复合增长率
CPI	48.59	—	2.51
CPI：非食品	16.41	—	0.96
CPI：衣着	0.44	—	0.03
CPI：家用器具	—	-0.11	-0.01
CPI：居住	52.76	—	2.68
CPI：租赁房房租	—	20.97	3.19
百城住宅价格指数	—	40.33	5.81

资料来源：笔者根据 Wind 数据计算。

（三）实证分析——美国 QE 与中国房地产泡沫

上文回顾了中国房地产泡沫的典型事实以及两种渠道展现的投机窗口，这里使用向量自回归模型（VAR）考察美国 QE 政策对中国房地产市场的影响。首先，考虑模型代理变量的选取：关于 QE 政策的代理变量，我们认为价格型变量（联邦基金利率）在建模中不具代表性，因为在量化宽松时期联邦基金利率已经接近下限，下降空间非常有限，因而其变动方向不能很好地反映 QE 意图（见图 8-5 中上图）；而美联储的 QE 以数量型政策为主，包括直接购买联邦机构（Government-sponsored Enterprises）债券、购买抵押贷款支持证券（Mortgage-Backed Security，MBS）、购买定期资产抵押证券贷款工具（Term Asset-Backed Securities Loan Facility，TALF）以及针对国债的扭转操作（Operation Twist）等，对此我们以美联储资产负债表中这类特定资产之和作为 QE 的代理变量。从图 8-5 中下图可以看出，自危机之后这类资产呈明显增长态势，可以较好地反映 QE

意图。

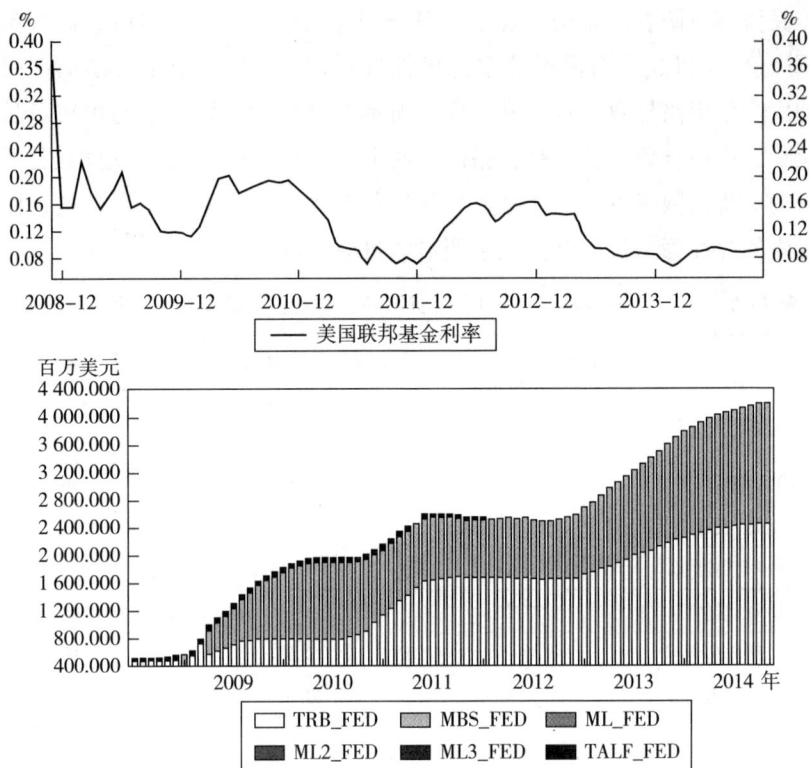

资料来源：Wind 资讯。

图 8 – 5 QE 代理变量的选取

我们以百城房价指数中的全部样本城市均价作为房地产泡沫的代理变量，由于该指数起始于 2010 年 6 月，在此之前的数据我们用中国社科院房地产金融中心的监测数据补足。图 8 – 6 较为真实地反映了中国房价的走势，尤其是刻画了 2008 年下半年以及 2011 年下半年至 2012 年上半年的下跌行情。其他变量方面，我们考虑了汇率以及外汇占款的变动，未考虑利率变量。其理由是：我国实行的是有管理的浮动汇率制度，针对外部均衡，一方面通过汇率调节资本流动，另一方面通过中央银行的冲销操作调节流动性；利率变量从长期实践来看主要则是针对内部均衡。

整个模型的样本区间为 2008 年 7 月至 2014 年 11 月，即金融危机爆发后至美联储宣布退出第四轮量化宽松。时间频率为月度。

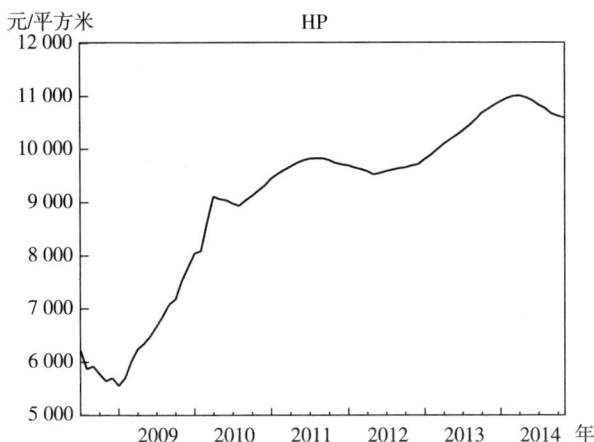

元/平方米　　　　　　　HP

资料来源：百城房价指数及中国社科院房地产金融中心监测数据。

图 8 - 6　房地产价格走势

各变量须满足平稳性条件才能建模。我们首先对除汇率以外的变量取对数，然后进行单位根检验，表 8 - 3 的结果表明百城房价、美联储资产和中国外汇占款三个变量都满足平稳性条件。尽管汇率不满足平稳性条件，但经过一阶差分后满足平稳性条件。

表 8 - 3　美国 QE 对中国房地产价格冲击模型的变量单位根检验

变量	检验形式（C,T,K）	ADF 统计量	临界值
Ln _ hp	（C, 0, 1）	− 2. 873246	− 2. 587691 *
Ln _ asset _ fed	（C, 0, 1）	− 3. 288119	− 2. 900670 **
D（exrate）	（0, 0, 0）	− 4. 862441	− 2. 596160 ***
Ln _ po _ forex _ buy	（C, 0, 1）	− 3. 070162	− 2. 900670 **

注：其中检验形式（C,T,K）中的字母分别表示检验方程包括常数项、时间趋势和滞后项的结果；***、** 和 * 分别表示在 1% 、5% 和 10% 显著水平下的临界值。

下面建立针对上述四个变量的向量自回归模型。首先要确定向量自回归方程的滞后阶数，AIC 提示的滞后阶数为 2，SC 提示的滞后阶数也为 2，因此方程的滞后阶数为 2 阶。其次需验证模型的稳定性，Eviews 计算结果显示，方程的特征多项式的逆根都在单位圆内（见图 8 - 7），所以以 VAR 模型都是稳定的。

Inverse Roots of AR Characteristic Polynomial

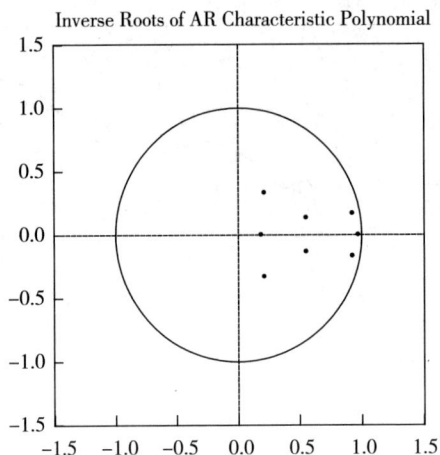

图 8 - 7　美国 QE 对中国房地产价格冲击模型稳健性检验

在建模完成后，我们使用脉冲响应函数观察各变量对美国量化宽松冲击的影响。图 8 - 8 左上角图反映了房价对各变量冲击的影响，美联储的资产购买政策对房价产生持续正向影响，且影响程度最大；外汇占款对房价的影响在期初是负向的，直到第 9 期才转为正，这可能与外汇占款和 QE 外溢效应正相关有关；汇率差分对房价的冲击是负向的，由于汇率采取的是直接标价法，这意味着汇率的加速升值导致房价快速上升，直到第 8 期才趋于平稳。美国 QE 对汇率的影响是负向的，即美联储的资产购买政策导致市场流动性充裕并且流向新兴市场国家，导致其汇率加速升值，就中国而言这种冲击的影响是短暂的，到第 4 期后影响近乎于零（见图 8 - 8 右下角图）。美国 QE 对中国外汇占款的影响起初为负，在第 4 期后转为正；这可能是由于美元的外溢流动性最初由汇率承担，然后再由冲销操作完成；从外汇占款对汇率冲击的反应来看，也验证了汇率加速升值将导致相应冲销操作（见图 8 - 8 左下角图）。

总体而言，美国 QE 导致流动性外溢，对中国汇率形成了升值压力；在有管理的浮动汇率制度下，部分升值压力由冲销操作承担；但无论是价格渠道还是数量渠道，充裕的流动性都导致了房价快速上升，形成了巨大的泡沫。方差分解反映了各指标变动对变量影响的相对重要性，从房价的方差分解结果来看，除自身外美联储的资产购买政策对房价增长贡献最

Response of LN_HP to Cholesky
One S.D. Innovations

Response of LN_ASSET_FED to Cholesky
One S.D. Innovations

Response of LN_PO_FOREX_BUY to Cholesky
One S.D. Innovations

Response of D_EXRATE to Cholesky
One S.D. Innovations

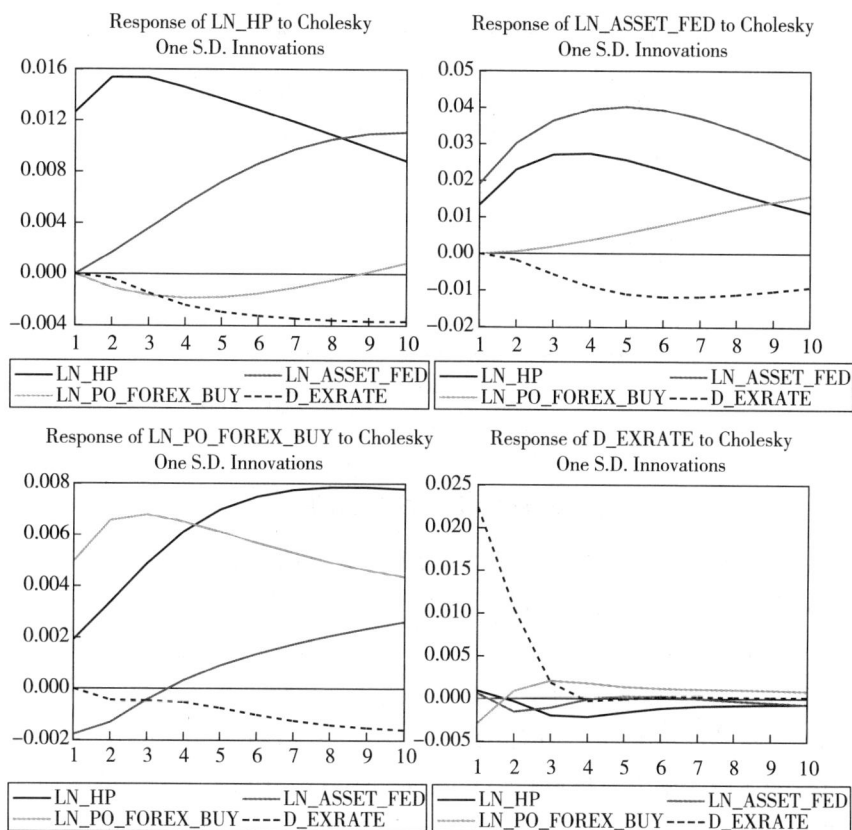

图 8 - 8 各种变量对美国 QE 冲击的脉冲响应

大，在第 10 期时达到 26.37% ，而外汇占款和汇率这两个变量的贡献微乎
其微（见图 8 - 9）。由于量化宽松导致的流动性充裕和房价快速上涨，所
以在量化宽松政策退出过程中，这种以流动性支撑的房价上涨将存在显著
的脆弱性，尤其量化宽松政策退出和美联储缩表可能使得美国国债收益率
曲线上移，同时风险资产的风险溢价提高，从而使得包括中国房地产市场
在内的资产市场面临量化宽松退出导致的估值调整。

（四）中国房地产泡沫的特有成因

中国房地产泡沫的成因，除了量化宽松政策产生的溢出效应外，更为
重要的是中国自身特有的原因。在房地产泡沫的应对中，需要以国内内生
性因素作为核心，同时需要警惕量化宽松政策变化导致的外溢冲击，尤其

Variance Decomposition of LN_HP

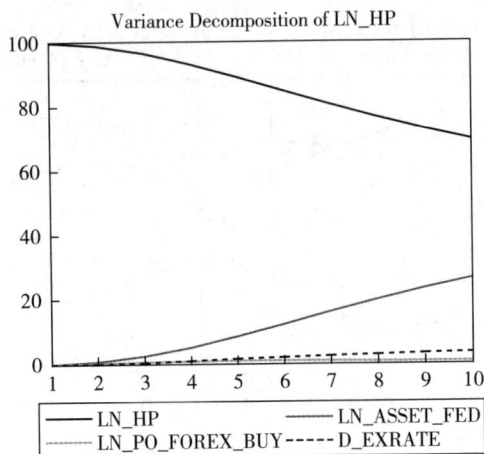

图 8 – 9 房价的方差分解

是外部政策调整可能成为触发内部因素发挥作用的引信。

首先，中国处于快速城市化的进程中，人口由农村向城市涌入为房价上涨提供了原生动力。根据"纳瑟姆"曲线，城市化进程分为三个阶段：第一阶段，当城市人口超过 10% 以后，进入城市化的初期阶段，城市人口的增长以自然增长率为主；第二阶段，当城市人口超过 30% 以后，进入城市化加速阶段，城市人口迅猛增长，这其中人口迁移占多数；第三阶段，当城市人口超过 70% 以后，进入城市化后期阶段，城市化进程放缓，以郊区化和形成城市带为主。根据国家统计局的统计，2008—2016 年中国城镇化率由 46.99% 上升至 57.35%，平均每年上升 1.2%；根据百城房价指数的统计，同期房价上升 3.22 倍，年复合增长 14.2%，几乎是同期 GDP 增长率的 2 倍。

在城市化快速进展的第二阶段，一个国家的人口首先向最中心城市集聚，在完成郊区化之后进而形成城市群的过程。从国际经验来看，日本在城镇化率达到 77% 时，最大城市人口在城市人口的占比达到峰值 34%，此后伴随着最大城市人口占比下降以及城市带人口的激增；巴西在城镇化率达到 65% 时，最大城市人口在城市人口的占比达到峰值 15%，此后开始下降并伴随城市带的增长；美国自 1960 年以来城镇化率由 70% 一直呈上升趋势，最大城市人口在城市人口的占比由 11% 一直下降，但城市带人口占比一直呈上升趋势。表 8 – 4 给出了 2012 年世界主要国家最大城市人口和城市带人口分布情况，从这一截面数据可以发现一个很有意思的现象：无论从城镇化比例还是最大城市人口占比来看，都可以得出中国还未走完城市化第二阶段的结论；在这样的背景下，中国却出现了最大城市人口还不够集聚，城市带人口密度却比较高的怪现象。这一方面与我国人口密度较高、国际上对大城市人口 100 万人标准定义过低有关；另一方面也与我国特大城市的人口控制政策有关。北京和上海都有相应的人口规模计划，同时北京还实行了以房控人、以业控人等措施。这些措施不可避免地对房地产市场产生了影响。

表 8-4　2016 年世界主要国家最大城市人口和城市带人口分布情况

国家	城镇化比例	最大城市中的人口（万人）	最大城市中的人口占城市人口的百分比	人口超过 100 万的城市群中的人口	人口超过 100 万的城市群中的人口（占总人口的百分比）
加拿大	82.0	608.29	20.5	1 662.88	45.9
美国	81.8	1 860.40	7.0	14 672.77	45.4
澳大利亚	89.6	453.96	20.9	1419.63	58.6
阿根廷	91.9	1 533.36	38.1	1 926.74	43.9
智利	89.7	654.39	40.7	654.39	36.5
法国	79.8	1 092.52	20.5	1 519.27	22.7
日本	93.9	3 813.96	32.0	8 371.17	65.9
德国	75.5	357.85	5.7	791.28	9.6
英国	82.8	1 043.40	19.2	1 880.54	28.7
韩国	82.6	977.87	23.1	2 429.12	47.4
俄罗斯	74.1	1 225.96	11.5	3 018.31	20.9
中国	56.8	2 448.38	3.1	34 680.71	25.2
巴西	85.9	2 129.68	11.9	8 316.55	40.1
印度	33.1	2 645.38	6.0	19 715.21	14.9
南非	65.3	961.60	26.3	2 070.24	37.0

2010 年 4 月，北京出台"国十条"实施细则，率先规定"每户家庭只能新购一套商品房"，随后共有 47 个城市实施限购政策。2014 年由于

整个房地产市场面临去库存压力，除三亚外所有的二三线城市都取消了限购政策。一线城市的限购政策犹如铜墙铁壁，二线城市限购放开后很快迎来了房价的快速上涨。对此，我们应用百城房价指数提供的一线、二线城市数据，考察两者之间的因果关系。表8-5给出了一线城市和二线城市的格兰杰因果检验结果：在滞后1~3期的情况，一线城市和二线城市房价互为因果关系；在滞后3期以上，一线城市房价导致二线城市房价上升，但反过来不成立。这意味着，长期看一线城市的限购政策确实导致了外溢效应。

表8-5　　　　　一线城市房价和二线城市房价的格兰杰因果检验

Null Hypothesis	Lags1	Lags2	Lags3	Lags4	Lags5	Lags6
LN _ HP2 does not Granger Cause LN _ HP1	0.052	0.032	0.039	0.440	0.443	0.371
LN _ HP1 does not Granger Cause LN _ HP2	0.013	0.001	0.004	0.000	0.000	0.002

中国房地产泡沫的成因除了快速城市化的背景、不恰当的行政管控措施外，金融自由化进一步催生了泡沫。2013年堪称中国互联网金融的元年，在发展之初中国的互联网金融就表现出迅猛势头：以P2P网贷为例，美国主要的两家P2P网贷平台Lending Club和Prosper在2013年的合计成交额大约为24亿美元，而中国P2P网贷平台在2013年的总交易额达到了550亿元人民币（约合88.7亿美元），前者交易额不到后者的1/3。这其中除了技术因素外，一些制度性、体制性因素也促成了互联网金融在中国疯狂增长。一方面，随着经济快速增长，居民财富有了相当的积累，然而却缺乏合理的投资渠道；另一方面，由于传统银行体系面向大企业，小微企业和个体经营户长期面临金融压抑的状态。互联网技术使得资金在时空上的约束被突破，此外包括《放贷人条例》在内的相关法律缺位，加之这些投融资活动披上了"互联网+"的华丽外衣，使得民间融资有了宽松的成长环境。截至2016年底，P2P网贷余额达到8 162亿元，是2013年的7.88倍（见图8-10）。从成交量来看，2016年P2P成交量达到2.06万亿元，而同期居民户新增贷款6.33万亿元，前者接近后者的1/3。

互联网金融的发展除了包含普惠因素外，其中也有很多资金用于房贷领域。对促成房价泡沫影响较大的产品是首付贷，首付贷即为购房人提供首付资金的P2P产品。我们应该清醒地认识到，需要首付贷的购房人就是

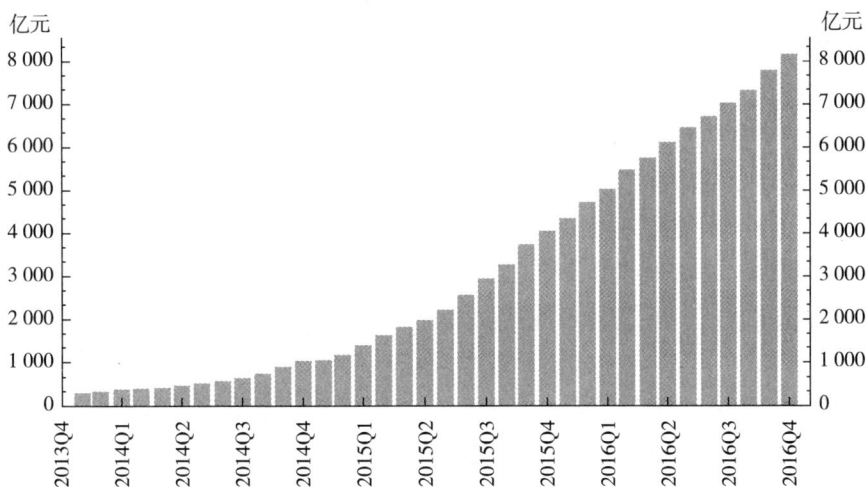

图 8 - 10　互联网金融发展迅猛

典型的次级贷款人，他们连购买住房的首付门槛都达不到，何谈抵押贷款的偿付能力。据媒体报道，2015 年深圳首付贷存量 20 亿元，如果按 5 倍杠杆计算，将拉动资金 100 亿元，这相当于同期深圳人民币月均贷款的 1/ 4。这类首付贷产品加大了房地产金融的杠杆，对促成 2015 年深圳房价泡沫起到一定作用。另一类房贷类 P2P 产品主要针对二手房交易过程中的过桥贷款，以链家理财的家多宝产品为典型。家多宝的业务模式是投资人将资金交给链家，链家将资金转交给二手房交易中有融资需求的客户。具体来讲资金用途包括两个方向：第一，卖方的赎楼资金。当业主决定卖房子，但是以前贷款还没还清，需要筹一笔钱去还。第二，尾款垫资。当买方贷款批下来了，但是还没放款，这时业主急着要钱，也的确到合同该付款的时间了，需要先垫一笔钱给业主，这时家多宝项目相当于买方的过桥资金。尽管这类产品并没有加大杠杆，但使得房地产交易的流动性加强，活跃了整个市场气氛。根据网贷之家的统计，2015 年底链家理财人均借款额达到 84.58 万元。

三、QE 退出与房地产市场风险防范

随着美国量化宽松政策的退出，新兴市场的投资、投机性资金必将

回流；加之中国快速城市化以及金融自由化的背景，中国当下的房地产市场面临巨大风险，必须采取标本兼治的方法。以下内容包括两部分，首先探讨 QE 退出产生的影响以及短期应对措施，其次探讨房地产长效机制建设。

（一）QE 退出的影响及短期应对

从外部均衡的视角看，QE 退出对中国最主要的影响是，中国面临较大的资金外流压力。一方面，实体经济的资本回报率处于下降通道；另一方面，汇率由升值转为贬值，加之中美利差收窄，这些因素都导致资金外流。从外汇局公布的国际收支数据来看，直接投资项自 2015 年以来呈趋势性下降，2016 年转为净流出；证券投资项可能受到短期因素的影响，但2015 年也存在大规模净流出（见图 8 - 11）；整个金融项下的资金变动几乎与美国 QE 退出相一致。作为资金外流的一个综合表现，外汇储备由2014 年 6 月接近 4 万亿美元的峰值下降至 2016 年 12 月的 3 万亿美元。面对如此快速的外汇流失，我们不能采取牺牲外储保外汇的方式，也不应采取加息吸引资金回流的方式；因为问题的根源在于实体层面已经面临严重的"脱实向虚"，因而我们建议在不可能三角中选择一定程度的资本管制措施。这绝不是为了保房价，而是为了防风险，因为快速大规模的资本外流可能导致房价、汇率双杀。

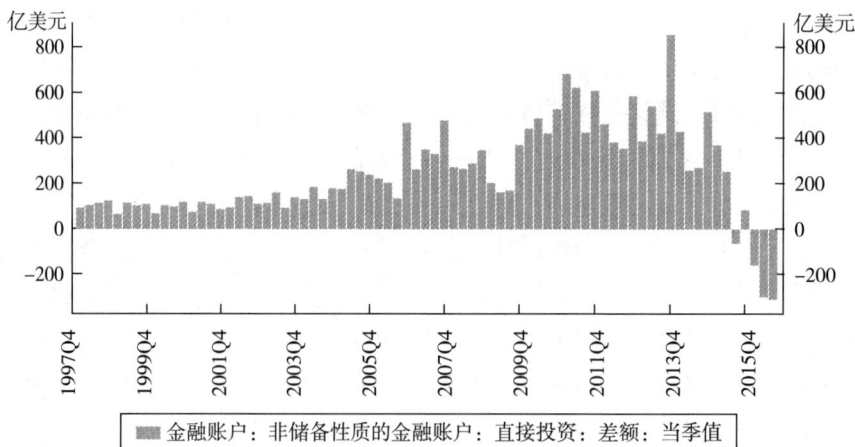

图 8 –11　国际收支金融账户的资金变动情况

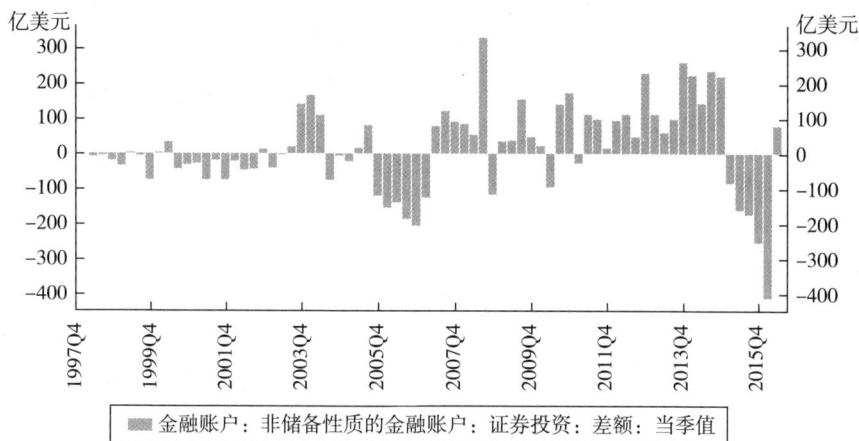

图 8－11　国际收支金融账户的资金变动情况（续）

事实上，在针对资本流动的政策方面，管理层采取了一系列积极的应对措施。2016 年 1 月 1 日，个人外汇监测系统上线以及《个人外汇业务"关注名单"告知书》制度实施，2016 年底人民银行发布的《金融机构大额交易和可疑交易报告管理办法》（中国人民银行令〔2016〕第 3 号）以及 2017 年 8 月四部委发布的《关于进一步引导和规范境外投资方向的指导意见》（以下简称《指导意见》）都是对这些措施的进一步强化，以《指导意见》为例，限制性的五类行业房地产、酒店、影城、娱乐业、体育俱乐部都是容易虚报收购价格，转移资产的。我们认为采取这样的措施是非常明智的。资本外逃现象得到了有效遏制，汇率贬值预期也相应得到改善。自 2017 年年初以来，外汇储备保持平稳并有所回升，截至 2017 年 9 月外汇储备为 3.1 万亿美元。

在稳住了外逃资金之后，也要防止过剩流动性再次流向房地产部门，对此决策层采取了一系列主动释放房地产泡沫的政策，包括提高首付比例、清理各种形式的体系外首付贷，其目的在于使得房地产市场与杠杆资金脱钩。2017 年第一季度开始个人购房余额出现了绝对数的下降，2017 年第二、第三季度尽管绝对值又有所上升，但同比增速大幅下降，第二、第三季度增速分别为 30.8% 和 26.2%，与 2015 年以来快速上涨的购房余额形成鲜明对比（见图 8－12 上图）；下图是更为细致的月度增量情况，2017 年前三季度居民中长期贷款月度平均增量为 4 677 亿元，明显低于

2016 年。当房地产市场失去信贷资金支持的情况，房地产市场高烧不退的现象有了明显改观：根据国家统计局公布的数据，70 个大中城市无论是新建商品住宅还是二手房，2017 年前三季度月度环比涨幅都没有超过 1%；2017 年前三季度新房和二手房累计涨幅都仅为 4.4%。一线和二线城市调控效果明显，尤其是新房市场，一线和二线城市同期累计涨幅分别为0.7% 和 2.7%。

资料来源：中国人民银行，Wind。

图 8 - 12　个人购房贷款余额及居民新增中长期贷款情况

（二）构建房地产市场健康发展的长效机制

第五次全国金融工作会议和党的十九大报告指出，要提高防范化解金融风险能力，守住不发生系统性风险的底线。从当前形势来看，房地产市场是触发系统性风险的源头之一，当前的高房价既有快速城市化、住宅市场化的合理因素，但更多的是由土地财政以及金融创新的助推形成的。针对当前高房价，采取构筑防止资本外流的高墙并使之与杠杆资金脱钩的措施只是治标之策，是为房地产市场的长效机制建设争取时间。

我们认为，住房市场长效机制重点应解决不平衡、不充分的矛盾，因为我国目前人均居住面积已经达到 37 平方米，供给总量方面并不是大问题，主要矛盾是少部分人占有多套住宅（即大部分人的居住面积被平均），住宅的金融属性过重。解决结构性失衡的问题可从以下三个方面着手：第一，针对购买住房后既不住又不租，坐等房价上涨的投机者，通过开征遗产税这类资产税，增加其持有成本。第二，弱化土地资本化功能。一方面，通过开征房产税使地方财政逐渐过渡到可持续的发展模式，土地财政依赖路径改变后，住宅价格中的土地价格随之降低，从而使得"夹心层"能够买得起自有住房；另一方面，集体建设用地进入租赁市场，直接省去了住宅成本中的土地部分，从而使得底层的流动人口能够租得起房。第三，大力推进租赁市场建设，实施租售同权措施。鼓励个人和公寓运营商进入长期租赁领域，对其进行一定的税收减免，政策不仅要在需求面向租赁市场引导，也要在房源供给上给予适当支持。这里需要注意的是，租售同权的施政重点不是要解决中高收入阶层竞争优质学区的问题，而是要使得广大农民工和低收入群体也能享受基本公共服务的权利。

第二节　量化宽松政策及其对中国货币政策的影响

一、我国货币政策框架

货币政策框架是一国货币政策为实现既定目标在实际操作运行的具体形式或战略等所形成的框架体系，包括货币政策工具、货币政策操作工具、货币政策中介目标和货币政策目标等。随着改革发展和经济环境的变化，我国货币政策已经形成了一套特有的框架体系（见图 8 – 13）。

我国货币政策工具包括利率、存款准备金率、公开市场操作、窗口指

政策工具 →　　　操作目标 →　　中介目标 →　　　最终目标

利率
存款准备金率
公开市场操作　　　基础货币　　　货币供应量　　　币值稳定
流动性创新管理　　利率　　　　　新增人民币贷款　经济增长
工具（SLO与SLF）　　　　　　　　　　　　　　充分就业
窗口指导　　　　　　　　　　　　　　　　　　国际收支平衡

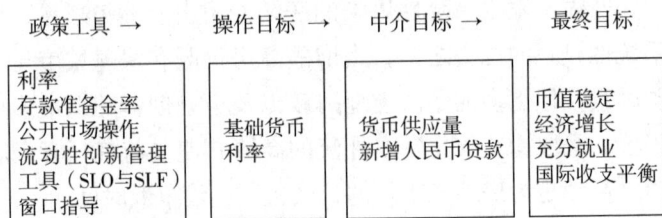

图 8－13　我国货币政策框架体系

导等。政策工具不断创新，中央银行推出了 SLO、SLF 等工具，增加了 14
天期和 28 天期逆回购品种，为市场提供更多选择。

货币政策操作目标包括基础货币、利率。我国的货币政策操作目标兼
顾了数量型（基础货币）和价格型（利率）指标，以前者数量型为主。这
是因为我国价格型指标与货币供应量等中介目标之间相关性较弱，随着我
国市场经济的完善，利率市场化完成，价格型指标与货币供应量等中介目
标之间的相关性在增强。

货币政策中介目标有货币供应量和新增人民币贷款，我国融资方式主
要是以商业银行为主体的间接融资方式为主导。随着我国债券市场和股票
市场的完善，直接融资的比例提高，商业银行贷款占社会融资总量比重在
下降，无法作为社会融资总量的替代指标，中介目标应从新增人民币贷款
直接向社会融资总量转变。

货币政策最终目标包括币值稳定、经济增长、充分就业、国际收支平
衡，从发达经济体来看，货币政策单一目标和多目标并存，如欧元区和日
本盯住币值稳定，美国盯住币值稳定和充分就业。我国最终目标是保持币
值稳定，包含既防止通货膨胀，也防止通货紧缩，并考虑经济增长，对国
际收支平衡的考虑较少，这主要是因为我国资本项目还未完全开放，人民
币实行有管理的浮动汇率制，实质上是固定汇率制，货币政策侧重于内部
均衡问题。

二、量化宽松政策及我国货币政策调整

危机后，各国实施传统的宽松货币政策，刺激经济复苏，但边际效应
越来越小，对此，各国创新货币政策工具和手段，实施了以量化宽松为支
撑的非常规货币政策体系。发达经济体实施零利率政策，推出量化宽松政

策，日本和欧元区进入负利率时代。我国也在传统货币政策的基础上，创新货币政策工具，维持流动性充裕，保持利率稳定，政策调控从总量调控向微观、结构性调控转变。

（一）公开市场操作日常化，保持流动性充裕

2016 年 2 月，中央银行公告，根据货币政策调控需要，原则上每个工作日均开展公开市场操作，如因市场需求不足等原因未开展操作，也将发布《公开市场业务交易公告》予以说明。标志着中央银行公开市场每日操作常态化，操作频率由以往的每周二、周四开展操作提高到每个工作日均开展。另外，八部委也在 2016 年 2 月 14 日联合印发的《关于金融支持工业稳增长调结构增效益的若干意见》中，明确指出着力加强金融对工业供给侧结构性改革的支持。综合运用 SLO、SLF 等多种流动性管理工具，完善宏观审慎管理，加强预调、微调，保持流动性水平适度和货币市场稳定运行。这意味着公开市场操作实现长期"日常化"，中央银行短期货币工具更加灵活。

（二）中央银行引入利率走廊机制，减小利率波动幅度

危机后，量化宽松政策的推出，引发全球流动性充裕，但随着发达国家经济逐步复苏，量化宽松预期退出，投资者或决策者形成恐慌的预期心理，加之杠杆、期限错配的环境，造就国内银行间市场短期拆借利率大幅波动，金融体系系统性风险上升，对实体经济融资造成影响。为抑制短期利率大幅波动，我国中央银行引入了利率走廊机制，即利用超额准备金存款利率为利率走廊下限，SLF 利率为利率走廊上限，构成短期利率走廊，中央银行利率间接调控已基本建立起"短期利率走廊 + 中期政策利率"的模式，具体通过公开市场操作等手段，引导短期拆借和回购利率稳定在利率走廊内，通过向商业银行的融资利率来施加影响，若利率超过上限，金融机构可以向中央银行融资；降至下限，中央银行会减少流动性，应对短期流动性冲击，减少利率波动。

从图 8 - 14 可以看出，自 2016 年利率走廊实施后，资金恐慌效应减少，同业拆借加权 7 天回购利率走势明显平稳，波动性减少。

（三）推出宏观审慎评估体系（MPA），实施结构化货币政策

危机后，我国实施宽松的货币政策，在外汇占款大幅上升的背景下，被动投放大量基础货币，推动房地产、股市等资产泡沫。为引导流动性回

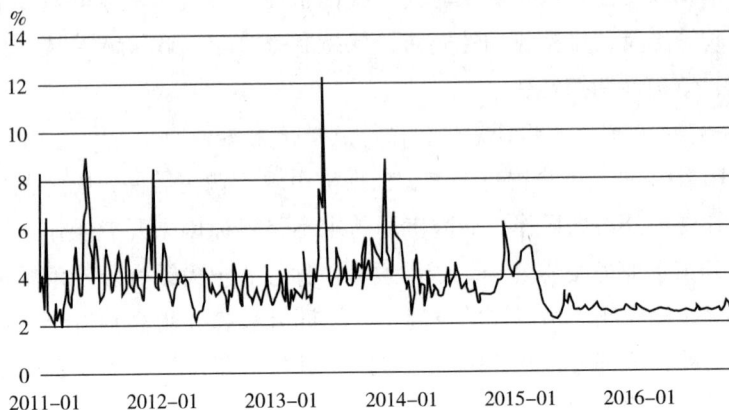

资料来源：Wind。

图 8 – 14　2011—2016 年银行间同业拆借加权 7 天回购利率走势

归实体经济，中央银行改变过去实施总量管控"一刀切"的货币政策，针对不同的银行主体，实施差别准备金率，回归本源，达到金融服务实体经济的目的。

2015 年 12 月 29 日，中央银行将现有的差别准备金动态调整和合意贷款管理机制升级为宏观审慎评估体系（MPA）。第一步，将金融机构按照对象划分为全国性系统性重要金融机构、区域性系统性重要金融机构和普通类金融机构等三大类；第二步，引入包括资本和杠杆情况、资产负债情况、流动性、定价行为、资产质量、跨境融资风险、信贷政策执行等七大方面约 14 个指标，对不同类金融机构按照相应标准进行评分。按照金融机构类别，由不同的主管单位按月检查、按季度进行评分（结果为 A、B、C 三档），按照最终评分结构实施差别化的准备金率政策，对 A 档机构实施奖励性利率，法定准备金利率视情况上浮 10% ~ 30%；对 C 档机构实施约束性利率，法定准备金利率视情况下浮 10% ~ 30%；对 B 档机构继续保持法定准备金利率。

MPA 有利于防止商业银行在贷款业务、同业业务、资管业务之间套取监管资本，更好地掌握和管理商业银行真实风险，同时，跨境融资风险指标有利于促进人民币国际化。

三、量化宽松对货币政策的制约分析

危机后，发达经济体货币政策陷入"流动性陷阱"，分批推出量化宽松政策，在促进经济增长的同时，留下了后遗症，造就了严重资产泡沫和贫富差距。目前，美国经济已开始好转，量化宽松退出，加息周期已经来临，美元开始回流，国内流动性被动收缩，这对我国货币政策实施形成了约束和抑制。

（一）量化宽松政策退出，全球流动性收缩

一方面，在经济全球化的今天，量化宽松政策推出在促进本国经济和他国经济的同时，也带动了能源、大宗商品、房地产等各种资产价格上扬，若量化宽松政策一旦退出，新兴经济体国家流动性被动收缩，各种资产价格会作出调整。美国经济目前已经开始复苏，美国量化宽松的货币政策从 2014 年开始酝酿退出，美联储已进入加息进程，未来的加息频率和加息幅度会随着经济的真实复苏而落实，石油、铁矿石等大宗商品等各种资产价格已开始下滑，当然，这不排除全球大多经济体依旧低迷的大环境。

另一方面，目前，发展中国家与发达国家形成"你中有我，我中有你"的相互依存局面，随着美国经济复苏，美元已进入升值通道，新兴经济体货币贬值压力加大，资金已经开始大量逃离，本来全球过剩的流动性并未完全进入实体经济，推动房地产等各种资产价格泡沫化严重，资金的快速撤离，会引起房地产价格硬着陆，引发金融震荡，让本来低迷的经济雪上加霜，使发展中国家经济进一步下滑，这反过来也不利于发达经济体国家出口和海外投资。

（二）新兴经济体货币政策面临两难

一方面，量化宽松政策一旦退出，新兴经济体国家货币贬值压力将加大，汇率指数进入下行通道，资金快速逃离。对于实行固定汇率制的国家，大量的资金逃离会使外汇储备耗尽，而对于浮动汇率制的国家，在外汇市场大量抛出本币，持有美元，新兴经济体国家币值会大幅下滑，这会进一步加剧资金逃离。此时，为防止资金逃离，货币政策不得不紧缩，提高利率，但这对还未完全复苏的新兴经济体国内经济造成冲击，通货紧缩阴影重现。

另一方面，量化宽松退出会提早刺破资产价格泡沫，尤其是对房地产业行业，加剧房价下跌预期，交易量下滑，若新兴经济体国家保汇率、防止资金外流提高利率，则居民的供房支出上升，经济下滑致使收入下降，迫使房价硬着陆，风险会向银行业等整个金融体系蔓延。所以量化宽松的退出会使新兴经济体国家货币政策失去独立性，在提高利率防止资金外逃和降低利率维稳国内经济之间徘徊权衡，货币政策面临两难的尴尬境地。

四、未来货币政策走向

面对未来量化宽松货币政策退出，逐步健全货币政策和宏观审慎政策双支柱调控框架体系。货币政策从总量调整向结构调整转变；逐步完善宏观审慎政策体系，对症下药，维护金融稳定和防范系统性金融风险；创新货币政策工具，加强预调微调，维持流动性平衡，顺畅货币政策传导机制。

（一）构建货币政策与宏观审慎"双支柱"框架，实施稳健货币政策

货币政策从总量调整注重向结构调整转变，围绕实体经济，优化流动性的投向和结构，强化货币政策对信贷政策导向作用，把更多金融资源配置到经济社会发展的重点领域和薄弱环节；完善对普惠金融的货币信贷支持政策，发挥好信贷政策对普惠金融业务的正向激励和引导作用，加强对小微企业、"三农"等领域的金融服务；加大金融精准扶贫力度，引导金融机构加大对贫困地区的信贷投放；积极探索金融支持创业创新市场化运作的长效机制，加大对科技、文化、消费、战略性新兴产业等国民经济重点领域的金融支持力度。

（二）完善宏观审慎政策框架，防范化解系统性金融风险

宏观审慎政策直接和集中作用于金融体系本身，能够对症下药，侧重于维护金融稳定和防范系统性金融风险。中央银行应着力建立和完善宏观审慎政策框架，将更多金融活动和资产扩张行为纳入宏观审慎管理，完善宏观审慎评估体系，使货币政策和宏观审慎政策相互配合，加强影子银行、房地产金融等的宏观审慎管理，防范化解系统性金融风险，维护金融稳定。

（三）维持流动性平衡，逐步实施金融去杠杆

量化宽松后，全球都面临总体债务不断积累、债务/GDP 比重不断提高的局面，我国企业杠杆率居高不下。一方面，适应全球金融政策变化和

金融创新发展，密切监测流动形势和市场预期变化，更准确地监测和把握全社会的实际融资状况，灵活运用多种货币政策工具组合，合理安排工具搭配和操作节奏，维护流动性基本稳定；另一方面，保持政策稳健中性，利率适度上升并保持稳定，鼓励加大权益融资，减少债务融资，逐步去杠杆，防止政策过紧导致流动性风险，或过松使金融机构进一步加杠杆，利用价格手段，把握好流动性适度和结构平衡，不可以"一刀切"的方式直接降低企业的融资额度，造成资金链断裂而发生系统性风险。

（四）货币政策操作目标从数量型调控向价格型调控转变

一直以来，我国的货币政策操作目标兼顾了数量型和价格型指标，以前者为重，但数量型调控越来越钝化。中央银行在2013年就已提出，未来货币政策调控方式将是价格指标和数量指标相结合，并逐步转变为以价格指标为主，即通过调节中央银行资产负债表的市场化方式，调节政策利率或预期。从未来的发展趋势来看，我国货币政策的操作目标应由价格和数量兼顾朝向利率等价格型目标过渡。首先，发挥市场机制在资源配置中的基础性作用，继续深入推进利率和汇率市场化进程，提升中央银行对利率水平的引导能力；其次，优化基准利率体系，完善利率传导机制，增强货币政策透明度，提高货币政策操作效果。

（五）完善利率传导机制，发挥市场机制功能

前中央银行行长周小川在五道口金融论坛上表示："货币政策作为宏观经济调控最主要的政策，我们希望货币政策给出的信号，能够顺利传导至实体经济，从而影响实体经济的判断和行为，具体来说，就是要反映到政府、企业和家庭。"所以，疏通中央银行政策利率向金融市场、实体经济的传导变得尤为重要，完善利率的传导机制成为货币政策操作目标向价格型转变的关键。

其一，打通货币市场、债券市场以及信贷市场之间的割裂。我国的货币市场、债券市场以及信贷市场属于不同的监管主体监管，债券市场又分为银行间市场和交易所市场，市场之间还存在利差，货币市场、债券市场和信贷市场的割裂，阻碍利率的传导。需进一步改进监管部门之间的协调性，监管部门在控制流动性、债券市场和信贷市场之间进行市场化协调，进一步打通市场之间的割裂，构建统一的管理机制。

其二，完善短期利率影响长期利率的传导机制。由于债券市场本身的

问题，当前国债收益率曲线存在长短期利率分割、各期限品种不全、长期利率对短期利率变化不敏感等问题，交易市场也存在成交不活跃、报价不连续、基准性不强等现象。这需要打破金融市场的行政化监管和刚性兑付，增加债券供应，丰富债券品种，形成短期、中期、长期和国债、地方债、中央银行票据、公司债等多品种、多层次的债券体系，形成有效的收益率曲线，以顺畅我国短期利率向长期利率传导机制，不断深化和完善公开市场操作赖以发挥作用的债券市场。

其三，完善信贷投放管理机制。改变信贷资源分配不均状况，我国信贷市场长期存在结构性问题，利率敏感度低的大型国有企业占用大部分信贷资源，而中小微企业、民营企业、新兴产业高息也很难获得信贷资源，信贷投放不均衡，要积极利用差别准备金率政策和窗口指导引导信贷资金流向，优化信贷结构。

(六) 创新货币政策调整工具，重在流动性管理

本次经济危机以来，我国中央银行采取了一系列货币政策对经济进行刺激，货币政策取向从危机爆发初期的"适度宽松"逐步向后危机时代的"稳健"转变。中央银行在传统政策工具的基础上，丰富并优化了货币政策工具箱，包括短期流动性调节（SLO）、常备借贷便利（SLF）、抵押补充贷款（PSL）和中期借贷便利（MLF）等，提高了流动性管理的能力，促进了金融稳定和经济发展。随着量化宽松政策的退出，货币政策目标增多，除经济增长和充分就业外，还需重点考虑币值稳定，形成稳定的汇率预期，但我国宏观政策工具数量有限，有限的工具和多个目标之间存在矛盾，货币政策、财政政策、金融监管等各种政策之间如何协调是面临的难题，在新经济环境下货币政策面临着更高的挑战，创新和丰富货币政策工具显得尤为重要。

(七) 稳定汇率预期，推进人民币国际化进程

量化宽松政策退出，引起资本的大量外流，加速汇率贬值预期，人民币汇率波幅增大，会使投资者形成恐慌的预期，未来货币政策目标应逐步从多目标转向单一目标币值稳定，这要求进一步完善人民币汇率市场化形成机制，加大市场决定汇率的力度，增强人民币汇率双向浮动弹性，保持人民币汇率在合理、均衡水平上的基本稳定，初步形成"收盘汇率＋一篮子货币汇率变化＋逆周期因子"的人民币对美元汇率中间价形成机制，稳

定人民币汇率预期。2016 年 10 月 6 日，周小川行长在 2016 年第四次二十国集团（G20）财长和中央银行行长会议表示："中国努力在提高汇率灵活性和保持汇率稳定之间寻求平衡，将坚定不移地继续推进汇率市场化改革。"2016 年 10 月 1 日，IMF 发表声明宣布人民币加入 SDR 货币篮子正式生效，SDR 货币篮子正式扩大至美元、欧元、人民币、日元、英镑 5 种货币，权重分别为 41.73%、30.93%、10.92%、8.33% 和 8.09%，标志着人民币走向国际化迈进了一大步。未来，在逐步放开资本项目账户，稳步推进人民币国际化进程中，平衡汇率的稳定性和汇率的灵活性变得尤为重要。

第三节　量化宽松政策退出对我国经济发展的影响及应对机制

"十三五"期间及未来十五年是我国经济发展进入新时代的关键时期，在内外需不振、经济出现下行压力的背景下，要保持我国经济的较快增长并实现向高质量增长转型，防范外部风险的冲击是重要的工作。主要发达国家推出和退出量化宽松货币政策对我国产业部门的经济转型产生了多方面的、或大或小、或短期或持久的影响。

一、量化宽松政策分化对我国经济发展的影响

（一）加剧实体经济下行风险

近几年我国以制造业为代表的实体经济处于相对困难的时期，国内经济出现了"脱实向虚"的苗头，党的十九大报告提出"加快建设制造强国，加快发展先进制造业"，2017 年 7 月召开第五次全国金融工作会议指出，金融应当"回归本源""紧紧围绕服务实体经济"。

第一，美国、日本、欧洲量化宽松货币政策推高中国资产价格，加重中国经济向"脱实向虚"的方向变化。金融危机之后，中国虚拟经济的利润率相对于实体经济有所提高。虚拟经济有其独立的价值增值形态，在社会资源总量既定的条件下，上涨过快的虚拟经济成为吸纳社会资金的"黑洞"，而虚拟经济的高回报诱导大量人才流入到股市、房地产等产业，影响了实体经济的运行。美国、日本、欧洲量化宽松货币政策引起国际游资

为了追求高收益而涌入新兴市场国家，引发我国货币当局进行大规模对冲操作，加大人民币投放量，与此同时，人民币升值压力也促使国外资金借助多渠道进入我国炒作资产。这使得我国股市、房地产等资产价格短时期内大幅变化，如果任凭这种形势蔓延下去，将提高实体经济从业者的机会成本，扭曲消费行为和创业精神，不利于弘扬劳动光荣的社会风尚和精益求精的敬业风气，不利于营造脚踏实地、勤劳创业、实业致富的发展环境和社会氛围，助长社会不稳定因素。

第五次全国金融工作会议提出，"做好对国家重大发展战略、重大改革举措、重大工程建设的金融服务"，"把更多金融资源配置到经济社会发展的重点领域和薄弱环节"。基础设施和基础产业具有公共物品或准公共物品性质，自身创造利润能力一般不强，商业吸引力较低，但对整个经济社会的长远发展有外溢效应。"脱实向虚"的倾向对基础设施和基础产业的影响很大，如近几年，美国和日本的基建支出占 GDP 的比重不足 4%，欧元区则不足 3%。因此，我国需要多渠道、多方式筹措资金，促进基础设施和基础产业的发展。

第二，美国、日本、欧洲量化宽松货币政策推动国际资金流入中国，加之中国货币投放增加，助推资金在金融业内部空转，提高了实体企业的杠杆率。高杠杆增加企业的融资成本，拉低企业的营业利润，对企业扩大再生产有不利影响。杠杆率持续增加也提高了我国陷入"债务—通缩"状态的概率。企业或其他贷款主体的资产价格受到经济周期变动的影响，存在"金融加速器"机制，当经济进入新常态，经济增速向中高速回落，企业过高的杠杆率是引起系统性风险的根源之一。企业杠杆率提升的一个重要原因是，地方政府为发展基础设施、基础产业、支柱产业（简称"两基一支"）而支持发行的债券或进行的其他多种形式的融资。在防范和化解系统性风险的过程中，关注"两基一支"领域企业的高杠杆率问题是重要内容。

第三，国际金融危机和美国、日本、欧洲经济政策变动的一个后果是，全社会收入和财富再分配加快，这提高了中国实现均衡发展和决胜全面建成小康社会的难度。根据《两次全球大危机的比较研究》，分配差距既表现在生产资料名义所有权与实质支配权分离，权力集中到虚拟经济领域极少数知识精英手中，也表现在不同社会群体之间、不同发达程度的地区之间。中国存在城乡差距、地区差距扩大等问题。对此，要进行易地扶贫搬迁、产业扶贫、教育扶贫、棚户区改造、县域发展、振兴乡村、发展小微企业等工作，这就非常需要"两基一支"及其配套的金融等政策。

（二）经济向高质量发展阶段转型压力剧增

党的十九大报告提出，我国经济"正处在转变发展方式、优化经济结构、转换增长动力的攻关期"。新时代我国经济发展的一个基本特征就是由高速增长阶段转向高质量发展阶段。

第一，量化宽松货币政策使中国经济加快转向依赖国内消费需求，经济发展模式转型压力剧增。近些年，全球经济关系出现调整，国内经济状况也发生了一些变化，如人口、投资、资源、外资等红利正在逐步消退，令依赖传统红利的经济发展模式变得潜力不大，难以持久。过去经济政策主要围绕刺激投资和净出口展开，而"投资、出口占比太大，消费占比太小"一直是我国经济最重要的结构性问题之一，我国经济持续增长的出路在于扩大国内消费需求。美国、日本、欧洲推行量化宽松货币政策使得人民币升值，削弱了我国出口商品的价格竞争力，生产商品的国际竞争力降低，贸易顺差减少（见图8-15）。与此同时，量化宽松对我国接受外商直接投资（FDI）的规模和速度有负向影响，引发制造业向东南亚等低成本地区转移。这迫使我国挖掘内需潜能，加快推进"出口导向型"转变为"以内需为主"的可持续发展战略。

扩大国内消费依赖基础设施的配套，如"家电下乡"在没有通电、通气的落后农村地区就不会有好的效果。因此，在扩大内需的过程中，水利、铁路、公路、水运、航空、管道、电网、信息、物流等基础设施的建设仍要先行。

第二，主要发达国家量化宽松货币政策的退出影响中国提升产品质量。随着主要发达国家逐步退出量化宽松政策，人民币面临贬值压力，2014年年末到2016年年末，人民币对美元汇率曾连续三年出现了年度贬值。货币贬值提升了我国出口产品的价格优势，但也妨碍我国出口产品整体质量的提升，不利于外贸结构的优化，并且会降低我国企业对满足国内高质量需求的关注。这在中国经济体量已经稳居世界第二、全球贸易保护主义扩散的背景下，对我国经济的继续健康发展带来长远的负面影响。

第三，随着金融形势稳定、市场信心回暖、消费和就业出现复苏，主

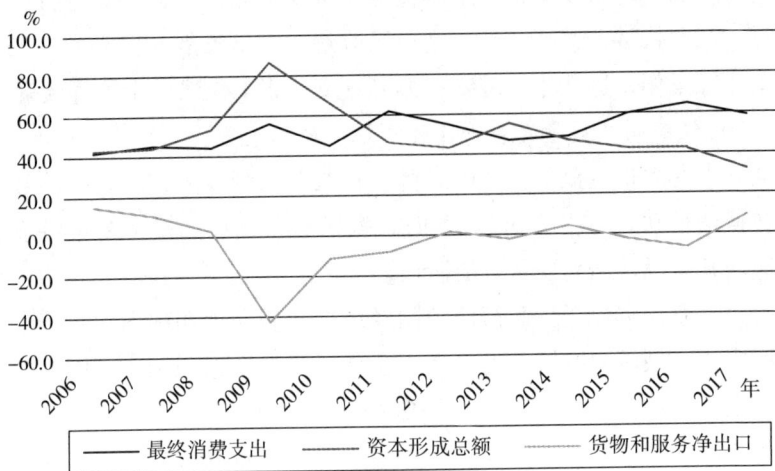

资料来源：国家统计局。

图 8 – 15　三大需求对中国 GDP 增长的贡献率

要发达国家逐步退出量化宽松政策，引起全球资本流向美国等发达国家，而对我国在内的发展中国家的 FDI 有负面影响。2014 年中国的外商直接投资（FDI）为 1 290 亿美元，是全球最大 FDI 流入国，但到了 2016 年，中国的 FDI 流入量（1 390 亿美元）退居美国（3 850 亿美元）和英国（1 790 亿美元）之后，位列世界第 3 位。党的十九大报告提出，"创新是引领发展的第一动力，是建设现代化经济体系的战略支撑"，FDI 对东道国技术进步有重要的促进作用，因此，对外资吸引力下降将减少我国企业技术创新的来源，降低我国创新驱动发展的驱动力。"两基一支"领域企业一般具有较强的实力和立足长远经营战略，是技术研发和创新的重要领域，在 FDI 增幅放缓或减少的背景下，将承担着更大的技术创新责任。

（三）"走出去"面临重大约束

开放是国家繁荣的必由之路。2018 年 1 月，中央政治局关于建设现代化经济体系的集体学习中提出，"发展开放型经济，提高现代化经济体系的国际竞争力，更好利用全球资源和市场"。

第一，美国、日本、欧洲量化宽松货币政策实施和退出在长期中可能通过影响人民币国际化而影响中外经济合作。一方面，尽管美国、日本、欧洲量化宽松货币政策使国际货币体系格局在短期内发生质变的可能性不大，但却会削弱美元、欧元和日元在国际上的公信力。在此背景下，我国可以通过扩大货币互换的范围和规模，逐步拓展人民币境外直接投资试点范围，提升人民币在计价、结算、投资、储备等领域的地位，使境外结存人民币有良好的投资渠道、规范的回流机制和较佳的流动性，稳步推进人民币国际化。而主要发达国家退出量化宽松货币政策后，人民币计价资产的吸引力下降，对人民币国际化形成了不利的影响。另一方面，当前我国经常项目已经基本实现可兑换，而资本项目下的某些领域还实行一定的管制。从总量来看，我国经常项目交易总金额明显大于资本项目跨境资金流动总金额，故我国资本管制还是比较有效的。如果资本项目不进一步开放，必然影响人民币成为国际货币。人民币国际化程度的高低在很大程度上决定了跨国经营的中资企业的汇兑成本和汇率风险，进而影响了我国企业"走出去"和中外经济合作。"一带一路"倡议是推进中外经济合作的重要抓手，而基础设施的互联互通、基础产业相互协同、产能合作则是"互联互通"的优先建设领域，所以要注意借助商业性和政策性金融工具应对全球量化宽松货币政策的影响。

第二，量化宽松货币政策增加了中国海外投资风险。一些中资企业经过30多年的发展，已经具备了较强的国际竞争力，其中部分企业出现了产能过剩局面，因此，我国企业"走出去"进行跨国经营是经济发展的必然趋势，也是我国经济转型升级、提高全球竞争力的客观要求。在全球范围内竞争，意味着我国企业将面临政治、经济、法律、文化、宗教等方面的风险，其中汇率风险是最直接的。在美国、日本、欧洲实施量化宽松货币政策时，人民币呈现单边上扬走势，我国海外投资遭受了东道国货币贬值的损失；美国开始退出量化宽松政策后，我国采取应对措施，2017年人民币汇率又升值了5.8%。发达国家实施和退出量化宽松货币政策时，世界各国的货币政策、汇率和资本管制方面的持续博弈将使得我国海外投资的企业面临难以预料的汇率波动风险，提高了我国企业海外投资风险，影响海外投资的积极性。"两基一支"是我国具有竞争力的领域，也是我国企业"走出去"和中外经济合作的重点方向，且投资往往是长期的和大额的，所以更加注意防范汇率风险、政治风险等。

第三，美国、日本、欧洲量化宽松货币政策的退出客观上增加了企业海外投资的融资风险。受到人民币贬值预期、FDI流入减少等因素的影响，我国的外汇储备从2014年6月末的3.99万亿美元不断降低到2017年1月末的 3.00 万亿美元，这引起中国主权财富的减少和对中国国家信心的降低。作为应对措施，我国加强了跨境资本流出管理，并且强调"要把为实体经济服务作为出发点和落脚点，全面提升服务效率和水平"，这令房地产、酒店、影视等被《进一步引导和规范境外投资方向的指导意见》等纳入限制性领域的海外投资遭遇重大挫折，也增加了很多其他领域的海外投资从金融机构融资的风险。"两基一支"属于国家支持的海外投资领域，且投资主体经营决策一般较为稳健，所以受到的融资风险相对小。

（四）产业和企业优化升级或被延迟

党的十九大报告提出，经济体制改革必须要"实现产权有效激励、要素自由流动、价格反应灵活、竞争公平有序、企业优胜劣汰"。加快淘汰落后产能和实现新旧动能转换是我国转变经济发展方式、调整经济结构、提高经济增长效益的重大举措，是加快节能减排、积极应对全球气候变化的迫切需要，是走中国特色新型工业化道路、实现工业由大变强的必然要求。

第一，美国、日本、欧洲量化宽松货币政策为中国淘汰过剩产业的落后产能和处理"僵尸企业"起到了一定的延迟作用，阻碍了优胜劣汰和市场主体调整。我国经济进入新常态，由于经营管理水平不高、技术进步滞后等，一部分企业已经失去效率增进潜力或者不能适应创新要求。由于国际大宗商品价格以美元计价，美国等国的量化宽松货币政策引发国际大宗商品价格上涨，使得我国市场上包括钢铁、水泥、有色化工、玻璃在内的上游行业的产品价格上升，同时，量化宽松货币政策带来的输入型通货膨胀短期降低了一些高投入、低效率企业的债务负担，这使得大量靠输血为生的僵尸企业得以维持甚至扩大再生产。无法及时将这部分企业清理以释放资源，为我国淘汰过剩产能、改善国内产业环境带来负面影响。煤炭、钢铁、有色等基础产业、支柱产业是我国产能过剩和僵尸企业的重灾区，在国际金融危机的影响减弱后，仍是企业优胜劣汰、产业转型升级的重点领域。

第二，美国、日本、欧洲量化宽松货币政策对中国产业转型升级主要有两方面的影响。一方面，加大了我国经济对低端制造业和低端服务业的依赖。由于人民币的升值，我国大批生产技术含量低、附加值低、劳动密集型产品的外向型企业，失去价格优势，缩减了商品的出口量。科技含量较低、以低价取胜的出口行业受到了冲击，企业陷入经营困境，导致了大批工人失业。"就业是民生之本"，就业压力使得我国难以减轻对低端制造业和服务业的依赖，影响了产业的转型升级。另一方面，通过外部压力的倒逼机制，促使国内有条件的企业加快产业转型升级。2008年国际金融危机发生之后，在国内外共同因素的作用下，很多企业，特别是民营企业，增强了转型升级的紧迫感，而且很多企业已采取措施来加快企业自身的转型升级步伐，这就是一种市场倒逼出来的内生性动力机制。在此过程中，应当重视开发性金融在扶持战略性新兴产业中的作用，为实体经济的调整和升级创造条件。

第三，美国、日本、欧洲量化宽松货币政策可能助推一些国有企业变得"大而不强"，增大国有企业"提质增效"的难度。我国对于很多国际大宗商品具有或多或少的依赖性，在美国、日本、欧洲推行量化宽松货币政策时，我国不得不以高价格进口这些商品，导致我国上游生产企业的成本高涨。为了减少这些企业的生产成本，以及防止下游产品价格飙升进而影响我国产品的竞争力，政府和商业银行对这些上游企业增加了财政补贴和信贷支持。这些关系国计民生的企业往往是国有企业，这将减少这些国有企业面临的市场竞争力，助推部分企业变得"大而不强"。"两基一支"领域里国有经济的占比较大，更要进行供给侧结构性改革，注意"发展质量变革、效率变革、动力变革，提高全要素生产率"，实现"做强做优做大"的目标。

（五）宏观调控政策与全面深化改革面临更复杂的外部环境

1. 宏观调控增加复杂的外部变量

在经济全球化程度加深的背景下，大国金融和经济之间"你中有我、我中有你"，宏观政策的影响也不局限于一国内部。中国宏观政策影响外溢性在逐步增大，发达国家量化宽松政策的推出和退出，增加了中国制定宏观调控政策的难度。

第一，全球性的量化宽松政策降低中国宏观调控政策的独立性和有效性。过去的较长时期中，在出口导向型战略的指引下，我国经济得到快速发展，我国的货币政策"盯住"美元无疑是理性的选择。但是，美国量化宽松货币政策的推出将迫使我国被动跟随美国进行调整，否则，短期内热钱将大量流入中国，人民币将可能产生更大的升值压力，并带来更多的资金流入。进一步，日本和欧洲实施量化宽松货币政策，更增加了人民币汇率形成机制改革的难度，也在一定程度上降低了中国货币政策的独立性。中国人民银行行长周小川在 2016 年 6 月表示：中国经济需要解决三方面的问题——产能过剩、企业部门杠杆率过高、房地产市场库存量过大，而中央银行制定货币政策采取多目标制，既包括维护价格稳定、促进经济增长、促进就业、保持国际收支大体平衡这四大年度目标，也包括金融改革和开放、发展金融市场这两个动态目标，这种选择是由中国当下的国情决定的。由此可见，服务中国经济转型是中国货币政策的目标，而降低货币政策独立性则会影响中国经济实现"去产能、降杠杆、去库存"等转型目标。

第二，主要发达国家退出量化宽松政策一定程度上令中国经济面临通货紧缩的压力。在 FDI 流入放缓、我国净出口增幅放缓甚至下降（如 2016 年）的作用下，我国外汇占款下降，进而减少了我国基础货币的投放。加之大宗商品价格疲软等因素，我国经济面临较强的通货紧缩压力，这延缓了我国经济增长在"L 形"筑底，增加了我国经济陷入衰退的担忧。这是我国制定几乎所有的宏观经济政策不得不考虑的大背景因素。

对于"两基一支"领域，虽然通货紧缩会降低企业的债务负担，但从长远看，通货紧缩将降低企业的投资回报、提升投资风险，对"两基一支"领域企业终究是"弊大于利"。对此，"两基一支"领域的企业可以更多地采用开发性金融工具，借助其"熨平经济周期性波动"的特色功能，应对通货紧缩的影响。

2. 全面深化改革面临更复杂的形势

美国、日本、欧洲量化宽松货币政策一定程度上使得中国经济结构转型和经济体制机制改革面临更加复杂的形势，进而可能制约中国经济转型。其一，美国、日本、欧洲量化宽松货币政策对中国经济体制机制改革有两方面的影响。一方面，美国、日本、欧洲实行量化宽松货币政策可能推动中国深化改革。我国货币政策面临两难选择，如果放宽货币政策，可能先令资产泡沫膨胀而不能令实体经济受益；如果紧缩货币政策，又会对实体经济带来伤害。这将推动深化一系列的改革，包括采取放松市场准入等措施建设全国统一开放竞争有序的市场体系，实施新型工业化战略优化产业结构和产品结构，实施城镇化战略提高经济发展的可持续性和共享性，支持"一带一路"、京津冀协同发展和雄安新区建设、长江经济带建设、粤港澳大湾区建设等新的增长极和支持带。另一方面，严峻的国际环境和复杂多变的局面可能令中国延误经济改革时机。美国、日本、欧洲量化宽松货币政策推出时，我国从"保就业""稳增长"等目标着眼采取各项措施，减缓淘汰落后产能、产业结构优化升级、理顺虚拟经济与实体经济关系等改革进程。在宽松货币政策逐步退出时，我国出于"保外储""稳汇率"的政策目标，减缓实施了人民币资本项目可兑换、鼓励企业"走出去"等措施。

其二，美国、日本、欧洲量化宽松货币政策对中国实施调整税制、减少税负等财税改革带来压力。为适应我国经济增长新阶段，我国税收结构应当由工业化阶段的间接税制逐步过渡到城市化阶段所要求的直接税制，并且适度减少间接税，以刺激企业投资生产。在美国、日本、欧洲量化宽松货币政策的背景下，我国政府采用积极的财政政策，建设性、保障性和偿债性等财政支出均增加，这使得中央和地方财政吃紧，间接税难以按照预期节奏减免。这对降低实体企业负担有不利影响，也无法减少间接税对企业生产经营中价格的扭曲，推迟了向直接税为主的税制结构的过渡。财政是国家治理的基础和重要支柱，也是我国经济转型的重要抓手，因此，美国、日本、欧洲量化宽松货币政策也由此影响了我国经济转型。

基础设施建设需要大量的政府支出，由于财政状况不佳，法国、意大利、德国等欧元区国家削减了基建支出，欧盟委员会提到，欧元区疲弱的投资将对资金储量造成重大影响，而这反过来又会阻碍欧洲的经济增长潜力、生产力、就业率及工作创造机会。我国是基础设施建设大国，且我国近几年正在大力规范地方政府的融资行为，所以基础设施建设的长期巨额支出加大了我国财税改革的压力。

其三，美国、日本、欧洲量化宽松货币政策考验中国如何处理政府和市场之间的关系。党的十九大报告提出，"要转变政府职能，深化简政放权，创新监管方式"，在社会主义新时代下保持经济持续健康发展，仍然需要抓好经济体制改革这个核心问题，而经济体制改革的核心问题仍然是处理好政府和市场关系。在应对金融危机和美国、日本、欧洲量化宽松货币政策的过程中，我国积极的财政政策和稳健的货币政策提高了政府对经济的参与程度，也扩大中央银行的资产负债规模。在应对主要发达国家退出量化宽松货币政策和防范我国陷入通货紧缩状态的过程中，我国加强了跨境资本流动性监管，加大了对公共领域的投入力度，扩大了财政赤字。党的十八届三中全会《中共中央关于全面深化改革若干重大问题的决定》（以下简称《决定》）所指出的"让市场在资源配置中发挥决定性作用"、第五次全国金融工作会议强调"发挥市场在金融资源配置中的决定性作用"。因此，面对近些年政府参与经济活动程度有加深的趋势，如何划清政府和市场的边界，政府如何正确处理经济目标的长短期关系，如何利用市场机制重塑经济活力，是决定未来我国经济转型和持续发展的关键因素。

社会资本在全球基础设施建设中发挥越发重要的作用，且在市场化程度越高、经济政策越完善的地区，社会资本的参与程度就越高，其中，在发达国家一般超过50%，在发展中国家一般低于30%。中国的基础设施建设存在巨大缺口，这一方面要求重视政策性金融和开发性金融，发挥其在政府与市场之间的桥梁纽带作用，主动规划和建设公益性项目和商业可持续运作项目，另一方面需要引入更多的市场化、商业化的运作方式，政府在行政审批、社会服务、营造竞争环境、社会资本退出等方面给予配合。

（六）系统性风险防范面临内外共振的威胁

1. 资本较大规模流出

过去3~4年，我国资本项目的结构及其趋势发生了较大的变化。一方面，在长期资本流入方面发生了重大的变化，发达经济体的外商直接投资开始呈现放缓的态势，甚至出现了部分经济体长期资本回流的格局，比如美国的资本回流便十分明显。另一方面，由于金融市场开放的深化，资本项目下的证券投资开始显示其重要性。2011年下半年以后，由于中国的金融市场以及资本项目开放呈现加速的状态，证券投资差额基本保持顺差，2013年第四季度出现了259.3亿美元的当季顺差，为历史第二高水平（历史最高水平为金融危机期间2008年第三季度的329.8亿美元）。整个2014年季度顺差也保持在较高水平。

但是，2015年以来，证券投资差额开始发生逆转，2015年4个季度均为逆差，2016年第一季度出现了409亿美元的证券投资逆差。可见，我国资本与金融项目的失衡先是表现为较高额度的顺差，而目前的失衡则表现为较大幅度的逆差。证券投资逆差的根源可能有四个：一是 2014 年后人民币开始呈现双向波动态势，2015 年人民币出现贬值的态势，对人民币及其资产的投资需求有所弱化；二是国内资本市场出现了较大幅度的波动，2015 年 6～8 月股票市场大幅波动之际也是证券投资逆差扩大的阶段，2016 年 1 月熔断机制导致的市场短期剧烈波动更使证券投资逆差达到了历史性的高位；三是国内经济金融体系的风险呈现加速的态势，且经济社会问题较为复杂，国外投资者对中国市场及其稳定性的预期有所恶化，比如2016 年年底国债收益率提高了 100 个基点以及国债期货出现跌停，较大地恶化了国外投资者的市场预期；四是美国等资本市场的投资回报保持较高水平且较为平稳，美国股票市场持续上升、屡创新高，上市公司的现金流及分红水平在 2014 年就基本回升到金融危机之前的最好水平。

在美元保持相对强势和人民币保持相对弱势且国内经济基本面没有改革、深化经济体制改革没有实质性推进的情况下，资本流出或将是长期趋势，这将使得我国国际收支中的资本和金融项目出现趋势性的逆差。数据显示，中国经济面临的资本净外流在 2016 年第三季度与第四季度进一步加剧。2016 年第三季度国际收支表口径的外汇储备缩水规模要比中央银行口径的外汇储备缩水规模超过约 1 000 亿美元。在人民币贬值、内部金融市场波动及其市场预期变化的推动下，以及国外资本市场向好的拉动下，国际收支中的资本项目出现了较大规模的逆差，外在表现就是资本的较大规模流出。

2. 稳汇率与保外储的两难

过去 2～3 年，美联储货币政策框架正常化的趋势日益明显，最近美国政府实施了 1986 年以来最为重大的税收改革，企业所得税从 35％ 下调至21％，美联储加息和缩表的节奏可能加快，加上美国经济复苏较为扎实的基本面，美元实际上是具有较为扎实的基本面支撑，2017 年以来美元的弱势与基本面出现了一定程度的背离，这种状况是否能够持续值得重点关注。由于美国经济复苏较为稳定，叠加特朗普政府减税、美联储加息加快、缩表日益深化，美元存在再度走强的可能性，这对中国汇率稳定和短期资本流动将带来显著的影响。如果我国汇率制度缺乏足够弹性，资本流出压力又较为显著，中央银行采取外汇市场干预来刻意维持对美元双边税率的稳定，那么外汇储备的安全性就存在较大的压力，甚至形成汇率贬值、资本流出、中央银行干预与储备消耗的循环。

3. 资产价格下跌螺旋

以更加宏观和开放的视角看，我们存在着内部风险和外部风险相互强化的可能性。除了全球经济增长低迷、欧洲银行业风险强化、英国脱欧等风险，更为重要的是美联储政策变化的外溢效应，可能导致内外风险共振，通过汇率、利率和信息渠道，可能引发人民币资产重估及下跌螺旋。国内经济下行压力仍然较大，内部金融市场风险加速呈现，在内外风险相互反馈方面，存在潜在的内外共振风险。特别值得注意的是，美国风险资产价格处于历史性的高位，如果发生重大"黑天鹅"或"灰犀牛"事件，将可能触发国外风险资产下跌螺旋。对于国内金融体系而言，如果资本外流加剧和人民币贬值加速（在特朗普政策不确定性加大和国内逆周期因子出台之后这个概率较小）可能引发国内日益显性化的风险与外部风险共振，导致国内资产价格的大幅调整，以及整个金融体系的系统性风险。

4. 货币政策独立性

人民币明显受制于美元的走势，且仍有一定的贬值预期。2016 年 8 月开始，中国人民银行先后重启 14 天和 28 天逆回购，加大 MLF 操作力度，致力于锁住短期利率，放开长端利率，并拉长期限。2017 年 2 月初，中央银行再次对逆回购和 SLF 上调利率"微加息"，短端和长端利率全面上升，再贷款利率被实质性改变。这充分体现了美国货币政策对我国货币政策的外溢效应，10 年期国债收益率从 2016 年 8 月 15 日的 2.64% 快速上升至 2017 年前三个季度平均约 3.5% ~ 3.6%，直至 2017 年底突破 4%。市场变化以及中央银行政策实施的一个外部因素就是美元持续保持强势水平，人民币短端和长端利率上升相当于变相"加息"，改变了利率平价及其对人民币汇率的短期以至中期预期，中央银行的操作成为稳定人民币币值、抑制资本外流的工具。2016 年底至 2017 年初，人民币对美元汇率的变化可见人民币汇率仍然受制于美元的走势及中美利差水平，当然，国内基本面、金融监管强化以及市场面的情况也发挥了重要的作用，中美利差有所缩窄。在内部变相"加息"和美元走强预期略微走软的过程中，人民币对美元的贬值压力有所缓释，但是，国内的利率水平包括国债收益率这一无风险利率也被抬升。

2017 年 5 月以来，美元下跌，人民币贬值、资本流出和外汇储备下降压力均有所下降，人民币对美元在 2017 年 9 月阶段性回升至 6.5 左右，其后人民币小幅贬值，但在 2017 年底又较快升值，2017 年底人民币对美元收于 6.53 左右。但是，中长期如何应对外汇储备与汇率稳定之间的两难选择仍然是重大的政策问题。如果未来美元能够转而再次走向强势，人民币走势又较大地受制于美元，导致资本流出和外储消耗出现连锁反应，货币政策独立性也可能受到影响。

我们认为，量化宽松、低利率虽然能将各国从危机的水深火热中救出，但从实际效果看，全球经济复苏迟缓，市场需求持续低迷，大宗商品价格低位波动，主要经济体全要素生产率增速放缓，且可能出现最终长期滞涨的后果。因此，对于我国来说，我国货币政策的边际效应已经减弱，比如，前几年，我国通过降准、中期借贷便利等措施释放的流动性不小，但企业的投资意愿仍持续低迷，特别是私人部门投资的动力仍然不足。因此，单一的需求刺激难以取得预期效果，而有需求侧措施配合的供给侧结构性改革是中国经济在当前阶段的唯一出路。

二、中国的应对之策

（一）全球经济弱复苏，高质量增长模式亟待建立

2008 年以来，全球经济受制于金融危机，呈现的是弱增长的格局。2006—2007 年是全球经济长波周期的繁荣高点，2008 年金融危机意味着全球经济周期大拐点的到来，随后将进入一个长约十年的弱周期阶段，全球经济增长呈现疲态。2014—2015 年全球经济摆脱了欧洲主权债务危机的恐慌状态，进入一个相对平稳的格局，但是整体仍然是弱复苏的格局。2016年以来，全球经济继续延续弱周期的格局，仍然处在"后危机时代"的相对萧条状态之中。

2012 年以来，全球经济复苏将延续差异化的特征。对于美国而言，其利用了国际货币体系的核心地位和不对称性，以私人部门风险公共化、公共风险债务化、债务风险货币化的方式，将美国经济和金融体系的风险转移给了全球经济，其经济反而更加独立、更具弹性。美元实际有效汇率自 2014 年年中以来逐步升值，2015 年 3 月美元指数时隔 12 年再上 100 大关，

2016 年底达到了 103，为 14 年以来新高。而欧元、英镑以及部分新兴经济体货币则遭遇不同程度的贬值，部分新兴经济体的货币贬值甚至超过 50%。2017 年以来，由于欧洲复苏较为显著，而美国特朗普总统上台之后不确定性在增加，美元反映市场对不确定性的预期反而走弱，但是，日本复苏相对疲弱，发达经济体之间继续延续分化的趋势。全球经济分化还表现在发达经济体与新兴经济体之间，2012—2015 年受制于强美元及其对国际经济金融体系的影响，新兴经济体出现了"反脱钩"的现象，经济增长和结构调整都陷入了新的困境。2016 年以来，虽然新兴经济体复苏呈现转好的态势，但是，中国、巴西、阿根廷、俄罗斯、墨西哥、印度尼西亚、尼日利亚、南非等经济体仍然面临较为显著的经济下行压力和结构调整。

在出口促进、制造业振兴、页岩气革命以及科技创新等支撑下，美国经济的弹性充分体现，即使在全球总需求不足的后危机时代，美国仍然持续了金融危机后相对稳健的增长态势，成为全球复苏中"一枝独秀"的发达经济体，同时对包括中国在内的外围经济的需求在相对下降。

全球经济创新相对不足，劳动生产率难以实质性提升，长波周期缺乏有效的技术支撑。金融危机之后，以美国为主导的科技创新和模式创新使得美国经济引领全球经济发展，并呈现出较好的弹性，但是，整体而言，全球经济的创新能力不足，特别是没有出现革命性的技术创新，使得全球经济长波周期难有技术支撑，全球经济生产率难以有效提升，这是制约全球经济增长的重要技术因素。特别是对于新兴经济体而言，其发展模式就天然地具有"后发性"和"追随性"，全球经济创新缺乏重大突破，使得新兴经济体的创新缺乏方向性指引，这不利于新兴经济体的发展模式转型和经济结构优化。

中国经济与全球经济的互联互通和融合协同程度已经非常之高，2008 年以来，中国经济受制于全球经济相对低迷的问题，出口增长受限，同时金融风险也在逐步累积，全球经济低迷和金融市场动荡已经成为中国经济增长和金融稳定的内在因子。即使金融危机过去已经 10 年，全球经济复苏仍然是相对温和的，总需求仍然是不足的状态，风险因素较为凸显。全球经济风险从贸易投资部门向实体部门再向金融部门的传导机制，使得中国经济面临更加复杂的外部环境，更需要防范内外风险共振可能引发的区域性和系统性风险问题，更需要着力进行经济结构转型和深化经济体制改革。

在中国特色社会主义新时代，我国需要全面深化经济体制改革，加速转变经济发展模式，实现高质量发展。以高质量发展为核心，全面深化经济体制改革，发挥市场在资源配置中的决定性作用。建立现代财税制度，逐步摆脱以企业为支撑的财税体系，减少政府性或政策性投资的规模，提高财政资金使用效率。强化创新驱动发展功能，从以投资驱动、制造业为支撑的经济模式转变为以消费主导、服务业为支撑的经济模式。

（二）结构转型面临内在约束，经济体制改革势在必行

中国经济改革开放近40年来，在市场化取向的渐进式改革推动下，中国经济步入了"起飞"跑道，增长成就非凡，2010年经济总量跃居世界第二，人均GDP从1978年的220美元增加到当前的8 000多美元，完成了从低收入向中等收入国家的转变。金融危机以来，外部环境稳中趋好、改革红利进一步释放、新增长点蓄势待发，中国经济平稳增长。但是，我国经济发展动力切换较慢，产能过剩行业很多，"去产能"压力较大、房地产市场调整和债务率高企等因素也在制约增长，意味着我国向高收入国家的演进之路必定不会平坦，投资驱动、出口拉动的发展模式难以适应新形势的发展需要。居民收入占GDP比例过低，收入差距过大，使得不可持续的问题越来越突出。中国经济增速的回调是必然的，回调是为了恢复经济的平衡，实现再平衡，使经济可持续发展。

更值得注意的是，未来中国经济增速还会继续放缓。目前中国经济面临的形势是经济增速出现趋势性的放缓，而非短期的下行压力，增长速度未来还会继续放缓。按投入产出表分析产业链系数并预测未来，"十三五"（2016—2020年）经济增长（GDP）从8%下滑到7%，"十四五"（2021—2025年）下滑到7%以下。中长期经济下行是客观规律使然，因为人口老龄化导致劳动力减少，储蓄率逐步降低，投资增速放缓。这种中长期经济下行是客观规律使然，宏观调控的政策将面临前所未有的挑战，那就是原有的经济发展模式不适应新的全球政治经济与资源要素格局。

我国致力于经济转型与结构调整，然而就在政府主导向市场主导转型及结构调整并未完全到位的情况下，却出现了"结构收敛一致性"现象，这更需要经济体制改革加以摆脱约束。人口结构转型，生产率的产业再分布，收入分配调整，城市化率提高，资本效率递减，全要素生产率改进空间狭窄，这些因素的共同作用可能使增长减速。国内人口转型、城镇化、

收入分配政策调整、开放条件下要素流动价格均等化机制等都逼迫中国经济部分指标，如投资率、产业结构、要素弹性等向经济发达阶段收敛，但与之形成反差的则是增长质量不佳、经济效率低下、二元经济明显、两极分化严重、区域经济失衡、消费不振等一系列仍为发展中国家所具有的全局性、根本性问题依旧严重。这种现象与实质之间的矛盾，使我国经济在未来中长期增长中不仅可能陷入资本驱动模式下福利与效率悖论，也蕴含了经济下行压力过大的风险。这更加要求通过经济体制改革、理顺资源配置机制、提升资源配置效能，实现经济长期可持续发展。

在全面深化改革的《决定》发布不久，习近平总书记就要求切实把思想统一到党的十八届三中全会精神上来，要求以经济体制改革为重点，发挥经济体制改革牵引作用。党的十八届三中全会用"六个紧紧围绕"描绘了全面深化改革的路线图，突出强调以经济体制改革为重点，发挥经济体制改革牵引作用，实际上观察了经济基础决定上层建筑的政治逻辑和政策体系。这就决定了经济建设仍然是全党的中心工作，经济体制改革对其他方面改革具有重要影响和传导作用，重大经济体制改革的进度决定着其他方面很多体制改革的进度，具有牵一发而动全身的作用。

习近平总书记强调，在全面深化改革中，我们要坚持以经济体制改革为主轴，努力在重要领域和关键环节改革上取得新突破，内外统筹、协同推进、形成合力。2017年2月28日，习近平主持召开中央财经领导小组第十五次会议中强调，做好经济工作是我们党治国理政的重大任务，要坚持宏观和微观、国内和国外、战略和战术紧密结合，坚持问题导向，及时研究重大战略问题，及早部署关系全局、事关长远的问题，对经济社会发展进行指导，把谋划大事和制定具体政策紧密结合起来，加强责任分工，一锤一锤钉钉子，直到产生实际效果。

在党的十九大报告中，习近平总书记进一步提出了全面实现小康社会的发展目标和战略，提出我国经济已由高速增长阶段转向高质量发展阶段，正处在转变发展方式、优化经济结构、转换增长动力的攻关期，建设现代化经济体系是跨越关口的迫切要求和我国发展的战略目标。同时，经过长期努力，中国特色社会主义进入了新时代，这是我国发展新的历史方位。这标志着我国社会主要矛盾已经转化为人民日益增长的美好生活需要和不平衡不充分的发展之间的矛盾。要贯彻新发展理念，建设现代化经济体系。深化供给侧结构性改革；加快建设创新型国家；实施乡村振兴战略；实施区域协调发展战略；加快完善社会主义市场经济体制；推动形成全面开放新格局。创新和完善宏观调控，发挥国家发展规划的战略导向作用，健全财政、货币、产业、区域等经济政策协调机制。完善促进消费的体制机制，增强消费对经济发展的基础性作用。深化投融资体制改革，发挥投资对优化供给结构的关键性作用。加快建立现代财政制度，建立权责清晰、财力协调、区域均衡的中央和地方财政关系。

（三）强化系统性风险应对，健全系统性风险防控机制

在党的十九大报告中，习近平总书记要求，健全货币政策和宏观审慎政策双支柱调控框架，深化利率和汇率市场化改革。健全金融监管体系，守住不发生系统性金融风险的底线。包括量化宽松政策变化特别是美国退出量化宽松政策在内的外溢风险及我国内部风险都是系统性风险应对的重要方面，需要全面纳入系统性金融风险防控的长效机制之中。

首先，相关金融监管主体应该基于中国金融体系系统性风险传染机制分析，对系统性风险根源、表现及传染渠道进行定性分析，甄别出关键性的风险因素，通过网络分析方法与行为系统模拟，推断出中国金融系统性风险的规模、特征和时空分布，并据此对金融监管有效性进行量化评估，提出系统性金融风险防范的政策框架。

其次，建议参照欧洲中央银行的经验和防范风险的措施，构建符合我国国情、具有监测功能和预警功能的中国系统性风险指数和系统性风险"仪表盘"，对重要的金融行业、金融市场和金融要素形成全面、实时和动态的跟踪，致力于构建中国系统性风险指数，建立健全系统性风险的识别、监测、预警和处置机制。重点把握包括美元、欧元、英镑、日元等在内的国际货币以及股票、债券、大宗商品、衍生品市场等重要市场的波动和风险跟踪，重点强化对美国、欧元区、日本和英国等发达经济体以及巴西、俄罗斯、阿根廷、印度、印度尼西亚、尼日利亚、南非等新兴经济体经济形势的跟踪和金融风险的观察。

再次，深化金融监管体系改革，注重功能监管、依法监管和监管协调。金融监管体系需要在系统性金融风险监测、功能监管、金融监管法制化、监管协调等领域开展有针对性的改革，构建立足依法监管、重在实施功能监管、有效进行监管协调、具有系统性风险防控作用的金融监管体

系。功能监管成为日益重要的监管框架，金融监管体系需要从机构监管向功能监管转换。混业经营的不断发展，金融业务出现跨行业、跨市场的交叉，原有的机构监管模式难以防控金融风险的交叉传染，金融监管体系应该深化改革，向功能监管和行为监管的方式转变，形成机构监管、功能监管和行为监管相互统筹、有效融合的统一监管体系。

最后，实施稳健中性、合理趋紧的货币政策，保障金融体系稳健性。国内货币政策在面对美国税改和美联储加息的过程中，除了需要考虑利差的影响外，更为核心的工作是保证宏观经济和金融体系的稳定性，防止系统性风险。我国应实施货币政策和宏观审慎双支柱调控框架，保持稳健中性、合理趋紧，稳步降低金融部门杠杆率和宏观经济杠杆率。

（四）进一步深化改革开放，构建开放型经济新体制

在现行国际货币体系中，美国是中心国家，美元以主权货币作为国际货币，而传统制造业强国德国、日本，东亚新兴经济体和石油出口国等组成外围国家。中心国家向外围国家提供美元（流动性），即产生经常项目逆差，而外围国家相应向中心国家提供商品和服务，同时又将获得的美元投资美国市场，为美国的贸易逆差融资。这个中心—外围体系被杜雷（Dooley）等经济学家称为后布雷顿森林体系。全球经济失衡一般是指国际收支的失衡，特别是美国经常项目逆差和传统制造大国、东亚新兴经济体、石油输出国等的经常项目顺差。全球经济失衡被认为是2008年国际金融危机爆发的制度性根源之一。

国际金融危机以来，世界经济复苏步履艰难，全球经济再平衡路途漫漫。再平衡的根源一般被认为有两个：一是主要经济体的投资储蓄失衡，即内部失衡；二是全球化的国际分工。但是，归根结蒂，全球经济失衡的制度性根源是以美元为主导的国际货币体系。再平衡的主要途径是相关国家收敛其投资储蓄缺口、全球生产链再造和国际货币体系改革，而后两者是关于结构和制度的，是一项长期的工程。为此，再平衡最为现实的途径是相关经济体的投资储蓄缺口收敛，比如美国提高储蓄率，中国提高消费率。

后布雷顿森林体系是一个不对称的架构，决定了再平衡的责任分摊是不均衡的。理论上，中心国家应该是再平衡的核心力量，但在现有体系下，美国可以通过自主性的政策实现国内的经济目标，而将调整的责任转

嫁给外围国家。一直以来，美国也是以国内经济增长、就业和物价稳定作为政策的立脚点，而对外部失衡采取"善意忽视"，美国不会出台主动性的再平衡政策。包括中国在内的外围国家被动承担再平衡更多的责任。一方面，外围国家要承担再平衡中属于自身应该承担的责任，比如储蓄国应该提高消费率，降低储蓄率；另一方面，外围国家要承担由于美国的"善意忽视"和政策外溢效应带来的被动责任，比如美联储实行量化宽松政策以及新近美联储退出量化宽松政策后的加息及缩表都可能带来巨大的负面外溢效应。

在不平等、不平衡和不对称的国际秩序中，我国为了适应这种秩序的挑战，为了适应经济全球化新形势，必须推动对内对外开放相互促进、引进来和走出去更好结合，促进国际国内要素有序自由流动、资源高效配置、市场深度融合，加快培育参与和引领国际经济合作竞争新优势，以开放促改革。

我国 40 年来的发展成就得益于对外开放。一个国家能不能富强，一个民族能不能振兴，最重要的就是看这个国家、这个民族能不能顺应时代潮流，掌握历史前进的主动权。经济全球化是我们谋划发展所要面对的时代潮流。20 年前甚至 15 年前，经济全球化的主要推手是美国等西方国家，今天我们反而被认为是世界上推动贸易和投资自由化便利化的最大旗手，积极主动同西方国家形形色色的保护主义作斗争。这说明，只要主动顺应世界发展潮流，不但能发展壮大自己，而且可以引领世界发展潮流。

我们现在搞开放发展，面临的国际国内形势与以往有很大不同，总体上有利因素更多，但风险挑战不容忽视，而且都是更深层次的风险挑战。这可以从四个方面来看：一是国际力量对比正在发生前所未有的积极变化，新兴市场国家和发展中国家群体性崛起正在改变全球政治经济版图，世界多极化和国际关系民主化大势难逆。二是世界经济逐渐走出国际金融危机阴影，西方国家通过再工业化总体保持复苏势头，国际产业分工格局发生新变化。特别是量化宽松政策的分化走势以及美国逐步深化货币正常化趋势，将使国际货币金融体系产生新的不确定性。三是我国在世界经济和全球治理中的分量迅速上升，我国是世界第二经济大国、最大货物出口国、第二大货物进口国、第二大对外直接投资国、最大外汇储备国、最大旅游市场，成为影响世界政治经济版图变化的一个主要因素。四是我国对外开放进入引进来和走出去更加均衡的阶段，我国对外开放从早期引进来为主转为大进大出新格局，这个格局的变化使得外商直接投资、企业部门资本流动、金融部门资本流动甚至居民的短期资本流动显得更加频繁，在人民币汇率双向波动、趋于均衡以及美国等货币政策出现重大变化的条件下，资本流动的脆弱性是我国在应对量化宽松政策和资本流动管理中最值得关注的问题。

在全球分工体系之中，每个国家具有不同的资源禀赋，具有差异化的绝对优势和相对优势，但是，双边以及多边的合作有利于构建一个更加有效的资源配置方式，有助于提升整个国际社会的福利水平，这种跨国际、区域以及市场的资源配置方式是经济合作共赢的基础，但是，这种机制的形成则有待于外交力量的先行与拓展，内外资源配置的交互是以坚实的经济融合作为桥梁纽带的。比如，传统的国际贸易与投资、新兴的"一带一路"倡议、充满矛盾的南海共同开发等都需要扎实的经济融合机制。当然，贸易投资、发展倡议以及分歧分化缓释也是内外交互的应有之义，在多极化的社会中，经济合作就是多主体、多层次、多渠道、多样化的交互过程，交互程度越深入，资源配置效率就越高，效能提升就越显著。

（五）有效统筹内外两个市场，重点防范内外共振风险

首先，防范化解美国等经济体政策变化的外溢风险不仅需要在金融货币领域进行有效防范，而且需要从宏观经济整体以及经济体制机制的视角来全局、系统、全面地考虑金融风险问题，坚持系统协调，坚持深化改革，坚持政策统筹，坚决守住不发生系统性金融风险的底线。系统性金融风险防范应提升至国家经济发展战略转型的高度上进行统筹。

其次，持续关注美国加息、缩表及税改对人民币汇率和资本流动的影响，增强人民币汇率弹性。在美国政策调整下，美元指数将呈现出更大的波动性。目前，由于市场担心特朗普政府政策不确定性以及税改导致的公共债务影响，美元指数一路走低。这需要注意两个方面：一是美元走势是否持续走弱，还是会再度走强，这对于我国的政策选择至关重要。如果是前者，那么我国应该抓住这个"窗口期"深化外汇制度改革，中央银行应最大限度减少外汇市场干预，使人民币汇率更多地由市场决定，以市场化和具有弹性的汇率形成机制来缓释人民币短期波动风险。如果是后者，那么需要重点考虑如何防止人民币贬值、资本流出等预期，并避免消耗大量外汇储备。

其次，加强对美国 QE 退出以及其他经济体 QE 实施及变化带来的与国内政策调控相叠加的冲击进行前瞻性调整。合理投放货币，避免货币市场过度波动。完善微观审慎和宏观审慎相结合的审慎政策框架，加强对短期资本流动的监测和预警。防范货币的套利交易（Carry Trade），对借入低利率货币（如日元）投资于高利率货币（如人民币）金融资产的交易进行限制，限制利用日元贷款进入国内市场进行套利和投机交易。

再次，重点深化人民币汇率机制改革，提高人民币汇率制度的弹性，以价格和市场手段缓释外部政策变化对我国经济和金融体系的冲击。有效统筹短期资本流动管理、中长期汇率机制改革、长期资本项目开放以及人民币国际化的关系，构建内外市场有效互动、内外风险防控有效的制度安排。适度调整外汇储备的资产结构，防范金融体系系统性估值冲击。随着中国持有的美国长期国债到期，对于美国 QE 退出，一方面可维持对美国国债投资总量，另一方面将持有的美元国债组合尽快从长期逐步调整成短期，重新投资于期限不超过 3 个月的美国国债。从而使我国的投资组合具有更好的流动性，缓释中国陷入美国国债"美元陷阱"效应。同时，防范美国货币政策调整对全球其他货币的影响，比如对欧元、英镑、日元和人民币等的影响，防止汇率波动对我国汇率相对稳定以及人民币资产价格的估值体系造成实质性冲击。

最后，统筹外溢风险应对、汇率制度改革、资本项目开放和人民币国际化的关系。稳步推进促进国民经济可持续发展的人民币国际化，将人民币资本项目可兑换作为金融开放的最后"防火墙"。根植国内实体经济和涉外经济发展，以人民币国际化合理引导预期，提振消费投资信心。加快中国经济结构调整和自身去杠杆化，实现国内资本市场和房地产市场稳健发展。在人民币产品交易系列不断健全，广大国民的金融选择权更为充分后，"稳中有进"加快人民币资本项目可兑换。把握资本账户开放节奏，必要时加强资本流动管理。在美国政府税改、美联储加息和缩表的政策环境下，应根据人民币贬值压力和外汇储备稳健性情况，基于系统性金融风险防范的要求，统筹人民币汇率形成机制、资本项目开放和人民币国际化，重点把握资本账户的开放节奏，必要时仍然可以采用加大资本流动管理的方式来缓释外部冲击，防止资本巨量流出，防范化解系统性金融风险。

参 考 文 献

[1] 曾刚：《"脱实向虚"风险防范与金融助力实体经济发展》，载《改革》，2017（10），第39～41页。

[2] 董昀、李鑫：《供给侧视角下的城镇化、创新与经济增长：理论述评》，载《城市与环境研究》，2017（3），第37～52页。

[3] 费兆奇、李堪：《我国货币市场联动机制面临的突出问题与政策建议》，载《经济纵横》，2017（3），第101～105页。

[4] 费兆奇、杨成元：《中国债券市场杠杆率问题研究——基于各投资主体杠杆率的测算和分析》，载《新金融》，2017（9），第59～64页。

[5] 费兆奇、杨晓龙：《加快推进我国财政库底目标余额管理制度建设》，载《银行家》，2017（10），第71～73页。

[6] 高海红等：《二十国集团与全球经济治理》，第226～227页，北京，中国社会科学出版社，2016。

[7] 胡滨、星焱：《金融助力农业供给侧改革》，载《中国金融》，2017（10），第52～54页。

[8] 胡滨、杨楷：《监管沙盒的应用与启示》，载《中国金融》，2017（2），第68～69页。

[9] 胡滨、郑联盛：《金融科技倒逼监管改革》，载《中国经济报告》，2017（9），第91～94页。

[10] 胡滨：《系统性金融风险来源及防范》，载《改革》，2017（8），第41～44页。

[11] 胡滨：《新时代的普惠金融》，载《金融博览》，2017（12），第37页。

[12] 胡志浩：《中国应尽快建立系统性金融风险防控体系》，载《农村金融研究》，2017（11），第7～12页。

［13］金玲：《英国脱欧：原因、影响及走向》，载《国际问题研究》，2016（4），第 24～36 页。

［14］李广子、王健：《消费信贷如何影响消费行为？——来自信用卡信用额度调整的证据》，载《国际金融研究》，2017（10），第 55～64 页。

［15］李行健、李广子：《中概股退市的动机及其溢价来源研究》，载《经济科学》，2017（4），第 47～62 页。

［16］李扬、全先银：《危机背景下的全球金融监管改革：分析评价及对中国的启示》，载《中国金融》，2009（17），第 14～16 页。

［17］李扬：《中国国家资产负债表 2016》，北京，中国社会科学出版社，2016。

［18］零壹数据：《中国 P2P 借贷服务行业白皮书 2014》，第 48 页，北京，中国经济出版社，2014。

［19］刘元春等：《金融危机后非常规货币政策工具的兴起、发展及应用》，载《国际经济评论》，2017（2），第 62～78 页。

［20］汤柳：《欧版量化宽松政策前景难料》，载《中国金融》，2011（11），第 63～64 页。

［21］汤柳：《欧元贬值对全球经济的影响》，载《中国金融》，2015（12），第 72～74 页。

［22］唐旭茂：《美联储量化宽松政策对中国资本市场的冲击效应研究》，载《世界经济研究》，2015（6），第 12～23 页。

［23］王晋之、胡滨：《互联网消费信贷风险分析与应对——基于"京东白条"案例的分析与思考》，载《金融与经济》，2017（3），第 41～45页，第 53 页。

［24］王向楠、边文龙：《市场集中造成了中国财产险的高价格吗?》，载《经济科学》，2017（5），第 48～64 页。

［25］习近平：《决胜全面建成小康社会夺取新时代中国特色社会主义伟大胜利——在中国共产党第十九次全国代表大会上的报告》，2017 年 10 月 27 日。

［26］习近平：《切实把思想统一到党的十八届三中全会精神上来》，载《求是》，2014（1），第 1～3 页。

［27］习近平：《习近平谈治国理政（第二卷）》，北京，外文出版

社，2017。

[28] 谢平、邹传伟：《金融危机后有关金融监管改革的理论综述》，载《金融研究》，2010（2），第 1～17 页。

[29] 新华社：《第五次全国金融工作会议通稿》，2017－07－17。

[30] 岩田一政、左三川郁子、日本经济研究中心：《负利率政策》，东京，日本经济新闻出版社，2016。

[31] 易纲：《关于国际金融危机的反思与启示》，载《求是》，2010（20），第 8～10 页。

[32] 殷剑峰：《负利率与长期停滞：日本的教训和启示》，载《新金融》，2016（9），第 4～7 页。

[33] 尹振涛：《虚拟货币市场风险》，载《中国金融》，2018（7），第 47～48 页。

[34] 尹振涛：《中国金融监管框架改革的逻辑》，载《银行家》，2018（4），第 18～21 页。

[35] 尹中立、洪正华、梅子豪：《A 股股价缘何分化》，载《中国金融》，2018（4），第 63～64 页。

[36] 尹中立：《银行需主动适应宏观审慎管理》，载《中国金融》，2017（23），第 69～70 页。

[37] 张平、刘霞辉、袁富华：《中国经济转型的结构性特征、风险与效率提升路径》，载《经济研究》，2013（10），第 4～17 页。

[38] 郑联盛、胡滨、王波：《我国引发系统性金融风险的潜在因素与化解之策——基于时间和空间维度的分析》，载《经济纵横》，2018（4），第 87～93 页。

[39] 郑联盛：《美国金融市场调整的根源》，载《中国金融》，2018（4），第 61～62 页。

[40] 郑之杰：《关于提升 GDP "质量、结构、效能" 的思考》，载《经济研究》，2015（1），第 20～22 页。

[41] 郑之杰：《美退出量化宽松政策思考》，载《中国金融》，2017（5），第 11～13 页。

[42] 郑之杰：《走近全球量化宽松》，第 20～22 页，北京，社会科学文献出版社，2015。

［43］周莉萍：《全球负利率政策：操作逻辑与实际影响》，载《经济学动态》，2017（6），第 132~142 页。

［44］周小川：《守住不发生系统性金融风险的底线》，载《党的十九大报告辅导读本》，北京，人民出版社，2017。

［45］G20：《二十国集团领导人汉堡峰会公报》，德国汉堡，2017 - 07 - 08。

［46］Adrian, Tobias, and Hyun Song Shin, "Procyclical Leverage and Value – at – Risk", *Review of Financial Studies*, 2014（2）：373 – 403.

［47］Anderson, R. & Y. Liu, "How Low Can You Go? Negative Interest Rates and Investors' Flight to Safety", *Regional Economist*, 2013（1）：12 – 13.

［48］Bernanke, B., and M. Gertler, "Monetary Policy and Asset Price Volatility", *In New Challenges for Monetary Policy*, 2017（10）：77 – 128.

［49］Bernanke, B. "What Tools Does the Fed Have Left? Part 1：Negative Interest Rates", Brookings Institution（blog）, https：//www. brookings. edu/blog/ben – bernanke/2016/03/18/what – tools – does – the – fed – have – left – part – 1 – negative – interest – rates/Bernanke, 2016.

［50］Blanchard, O. et ., "A Prolonged Period of Low Real Interest Rates?, Secular Stagnation：Facts, Causes and Cures", London：Centre for Economic Policy Research, 2011（1）：2 – 14.

［51］Borio, C., and H. Zhu., "Capital Regulation, Risk – Taking and Monetary Policy：A Missing Link in the Transmission Mechanism", *BIS Working Paper*, 2008.

［52］Bowman, D. et al., "Interest on Excess Reserves as a Monetary Policy Instrument：The Experience of Foreign Central Banks, Board of Governors of the Federal Reserve System", International Finance Discussion Papers, 2016（3）：996.

［53］Bowman, D., F. Cai, S. Davies, and S. Kamin, "Quantitative Easing and Bank Lending：Evidence from Japan", *Working Paper*, 2014.

［54］Brunnermeier, M. & Y. Kob, "The 'reversal rate'：Effective Lower Bound on Monetary Policy", BIS Research Network Meeting, 2016.

[55] Buiter, W. & N. Panigirtzoglou, "Vercoming the Zero Bound on Nominal Interest Rates with Negative Interest on Currency: Gesell's Solution", *Economic Journal*, 2003, (490): 723 – 746.

[56] Busch, B. and Matthes, J., "Brexit – The Economic Impact", IW Report , Cologne Institute for Economic Research, 2016.

[57] Carlos, A. et al., "Negative Interest Rate Policies: Sources and Implications", *CEPR Discussion Paper*, 2016.

[58] Ecchetti, S., "The Case of the Negative Nominal Interest Rates: New Estimates of the Term Structure of Interest Rates During The Great Depression", *Journal of Political Economy* , 2009 (6): 1111 – 1141.

[59] Chodorow – Reich, G., "Effects of Unconventional Monetary Policy on Financial Institutions", NBER Working Paper, 2014 (20230): 155 – 227.

[60] Claessens, S., N. Coleman and M. Donnelly, "Low – for – long Interest Rates and Net Interest Margins of Banks in Advanced Foreign Economies", Federal Reserve Board, IFDP Notes, 2016.

[61] Coeuré, B., "Assessing the Implications of Negative Interest Rates", *BIS Central Bankers'* Speeches, 2016a.

[62] Coeuré, B., "Monetary Policy in a Low – growth Environment", *BIS Paper*, 2016b.

[63] Constâncio, V., "The Challenge of Low Real Interest Rates for Monetary Policy", *BIS Central Bankers' Speeches*, 2016.

[64] ESRB, "The ESRB Handbook on Operationalising Macroprudential Policy in the Banking Sector", *ESRB Report*, 2015.

[65] ECB, "Capturing the Financial Cycle in Euro Area Countries", 2016.

[66] ECB, "Financial Stability Review", 2014.

[67] ECB, "Financial Stability Report", 2017.

[68] Fichtner, F. et al., "Brexit Decision Puts Strain on German Economy", *DIW Economic Bulletin*, 2016 (6): 359 – 362.

[69] Fischer, S., "Why are Central Banks Pursuing Long – run Price Stability?", Achieving Price Stability, Proceedings Economic Policy Symposium Jackson Hole, 1996: 7 – 34.

［70］Freedman, C. , "Comment on Overcoming the Zero Bound on Inter-est Rate Policy ", *Journal of Money, Credit and Banking*, 2000（32）: 1 – 1057.

［71］Gary, S. , "Central Bank Balances and Reserve Requirements", *IMF Working Paper*, 2011（11）: 36.

［72］Gertler, Mark, and Peter Karadi. E. , "Framework for Analyzing Large – Scale Asset Purchases as a Monetary Policy Tool", *International Journal of Central Banking*, 2013（1）: 5 – 53.

［73］Gesell, S. 1916. , "Die natürliche Wirtschaftsordnung, Available in Englisch as The Natural Economic Order", London: Peter Owen Ltd. , 1958.

［74］Goodfriend, M. , "Overcoming the Zero Bound on Interest Rate Poli-cy", *FRB Richmond Working Paper*, 2010（2）: 3.

［75］Gray, S. , "Central Bank Balances and Reserve Requirements", *IMF Working Paper*, 2011（11）: 36.

［76］Hall, R. , "The Routes Into and Out of the Zero Lower Bound", Prepared for the Federal Reserve Bank of Kansas City's Jackson Hole Symposi-um, Global Dimensions of Unconventional Monetary Policy, 2013.

［77］Hameed, A. and A. Rose. , "Exchange Rate Behavior with Nega-tive Interest Rates: Some Early Negative Observations ", http: // faculty. haas. berkeley. edu/ arose.

［78］Ho, S. , Ji Zhang, and H. Zhou, "Hot Money and Quantitative Ea-sing: The Spillover Effects of us Montary Policy on the Chinese Economy", Working Paper, 2014（2）: 75.

［79］IMF, "Staff Guidance Note on Macroprudential Policy", *IMF Policy Paper*, 2016.

［80］IMF, "Global Financial Stability Report", 2016.

［81］IMF, "World Economic Outlook", 2016.

［82］IMF, "Monetary Policy and Financial Stability", 2015.

［83］Ireneusz, J. , "Income Disparities and Poverty in the European U-nion MemberStates, " in Beyond Globalisation: Exploring the Limits of Globalisa-tion in the Regional Context Conference Proceedings, 2010. http: // conference. osu. eu/globalization/publ/14 – jazwinski. pdf.

[84] Irwin, G. , "Brexit: the Impact on the UK and the EU", *Global Counsel*, 2015.

[85] Joyce, M. , and M. Spaltro, "Quantitative Easing and Bank Lending: a Panel Data Approach", *Working Paper*, 2016.

[86] Kannoo , K. , "EU Financial Market Access after Brexit", CEPS Policy Brief, 2016.

[87] Keynes, J. M. , "The General Theory of Employment, Interest and Money", Cambridge University Press, 1936.

[88] Krugman, P. , "The Return of Depression Economics", New York: W. W. Norton and Company, 1999.

[89] Lagarde, C. , "We Need Forceful Policies to avoid the Low – growth Trap", IMFBlog, 2016, https: //blogs. imf. org.

[90] McCallum, B. , "The Oretical Analysis Regarding a Zero Lower Bound on Nominal Interest Rates", *NBER Working Paper*, 2000（7677）: 20 – 25.

[91] Mersch, Y. , "Low Interest Rate Environment: An Economic, Legal and Social Analysis", BIS Speech at the University of the Deutsche Bundesbank, Hachenburg, 2016.

[92] Minsky Hyman, "The Financial Fragility Hypothesis: Capitalist Process and the Behavior of the Economy in Financial crisis", Cambridge: Cambridge University Press, 1982: 69 – 71.

[93] Mishkin, F. , "Monetary Policy Strategy: Lessons from the Crisis", Proceedings of the Sixth ECB Central Banking Conference, Frankfurt, 2010（2）: 18 – 19.

[94] Olsen, Øystein. , "Integrating Financial Stability and Monetary Policy Analysis", Speech Given at the Systemic Risk Centre, London School of Economics, London, April 27, 2015.

[95] Pally, T. , "Why Negative Interest Rate Policy is Ineffective and Dangerous", *Working Paper*, 2016（2）: 172.

[96] Ranson, D. , "The Positive Side of Negative Interest Rates", Na-

tional Center for Policy Analysis, Issue Brief, 2016 (2): 195.

[97] Rodnyansky, A., and O. Darmouni., "The Effects of Quantitative Easing on Bank Lending Behavior", *Review of Financial Studies*, 2016 (30): 3858 – 3887.

[98] Rogoff, Kenneth., "Debt Suercycle, Not Secular Stagnation", IMF, 2014.

[99] Siegel, L. & C. Sexauer, "Five Mysteries Surrounding Low and Negative Interest Rates", *Journal of Portfolio Management*, 2017 (3): 77 – 86.

[100] SNB., "Negative Interest Rates: Practical Consequences and Legal Issues", *NB Bulletin*, 2015.

[101] Stein, J. C., "Monetary Policy as Financial Stability Regulation", *Quarterly Journal of Economics*, 2012 (1): 57 – 95.

[102] Summers, L., "Price stability: How should Long – term Monetary Policy be Determined?", *Journal of Money, Credit and Banking*, 1991 (3): 625 – 631.

[103] Summers, L. Speech in IMF fourteenth annual research conference in honor of Stanley Fischer, 2013. http: //larrysummers. com.

[104] Summers, Larry, "Secular Stagnation: Facts, Causesandcures", Larrysumers. comlarrysummers. com/2014/08/28/secular – stagnation – facts – causes – and – cures/, 2014.

[105] Taylor, J., "Discretion Versus Policy Rules in Practice", Carnegie – Rochester Conference Series on Public Policy, 1993 (1): 195 – 214.

[106] UK Inequality Rising More Quickly than under Thatcher, RT, July 21, 2013, https: //www. rt. com/news/uk – inequality – growth – thatcher – 382.

[107] Yellen, J. L., "Opening Remarks: The Federal Reserve's Monetary Policy", ToolkitSpeech , 2016.

后　记

随着中国与世界经济互动的程度日益加深，中国经济受外部政策冲击的程度日益显著，加强对国外宏观经济政策特别是货币政策实践与影响研究成为重要的任务。中国社会科学院金融研究所组织所内外专业研究人员从事量化宽松货币政策的相关研究，我们的研究首先简要回顾了金融危机的历史进程，再以量化宽松货币政策的基本框架和政策实践为核心，重点讨论了美国、欧元区、日本等经济体的政策实践，最后较为深入地全面讨论美国量化宽松政策退出以及美联储其他政策变化对中国银行业、房地产行业、货币政策以及整个经济金融体系的影响。

本书的研究计划、框架设计以及绪论等由胡滨承担，第二章量化宽松货币政策的理论、根源与发展由多人撰写，第一节由郑联盛撰写，王一涵、夏诗园、郑联盛、范云朋等负责第二节至第五节的写作，周莉萍主要撰写全球负利率政策部分；第三章美国量化宽松政策及其正常化分析，主要由肖立晟、郑联盛等撰写；第四章日本量化宽松政策及其"退出"之路，主要由尹振涛、刘亮等撰写；第五章欧元区量化宽松政策及其未来之路，主要由汤柳等撰写；第六章全球量化宽松政策及其退出的影响：基于理论的分析，主要由林楠撰写；第七章全球量化宽松政策的影响：基于中国银行业的分析，主要由李广子等撰写；第八章量化宽松政策退出对中国的影响由多人撰写，第一节由蔡真完成，第二节由费兆奇撰写，第三节主要郑联盛、王向楠等撰写。本书的统稿由胡滨、郑联盛、尹振涛、夏诗园等承担。

本研究得到国家开发银行刘勇首席经济学家，研究院沈继奔副院长、冯进路处长、蔡宁博士，业务发展局于泓达副处长等的大力支持，也得益于中国金融出版社黄海清老师等的筹划、支持与辛苦付出，在此一并感谢！

　　由于本书致力于回顾过去十年全球量化宽松政策的演进，涉及了主要的经济体及其政策实践，限于时间和水平，我们的观察和研究可能存在诸多的不足，请广大读者多指正。